IDEIA

IMPRENSA DA UNIVERSIDADE DE COIMBRA
COIMBRA UNIVERSITY PRESS

EDIÇÃO
Imprensa da Universidade de Coimbra
Email: imprensa@uc.pt
URL: http//www.uc.pt/imprensa_uc
Vendas online: http://livrariadaimprensa.uc.pt

DIRECÇÃO
Maria Luísa Portocarrero
Diogo Ferrer

CONSELHO CIENTÍFICO
Alexandre Franco de Sá | Universidade de Coimbra
Angelica Nuzzo | City University of New York
Birgit Sandkaulen | Ruhr-Universität Bochum
Christoph Asmuth | Technische Universität Berlin
Giuseppe Duso | Università di Padova
Jean-Christophe Goddard | Université de Toulouse-Le Mirail
Jephrey Barash | Université de Picardie
Jerôme Porée | Université de Rennes
José Manuel Martins | Universidade de Évora
Karin de Boer | Katholieke Universiteit Leuven
Luís Nascimento | Universidade Federal de São Carlos
Luís Umbelino | Universidade de Coimbra
Marcelino Villaverde | Universidade de Santiago de Compostela
Stephen Houlgate | University of Warwick

COORDENAÇÃO EDITORIAL
Imprensa da Universidade de Coimbra

CONCEÇÃO GRÁFICA
António Barros

PRÉ-IMPRESSÃO
Mickael Silva

PRINT BY
CreateSpace

ISBN
978-989-26-1090-0

ISBN DIGITAL
978-989-26-1091-7

DOI
http://dx.doi.org/10.14195/978-989-26-1091-7

DEPÓSITO LEGAL
406571/16

© MARÇO 2016, IMPRENSA DA UNIVERSIDADE DE COIMBRA

RICŒUR EM COIMBRA

Receção filosófica da sua obra

MARIA LUÍSA PORTOCARRERO
JOSÉ BEATO

IMPRENSA DA UNIVERSIDADE DE COIMBRA
COIMBRA UNIVERSITY PRESS

SUMÁRIO

Nota Editorial
Maria Luísa Portocarrero 9

La Huella de Paul Ricœur en la Península Ibérica
Marcelino Agís Villaverde 13

Paul Ricœur – pensar entre, um pensar diferente em Filosofia
José Eduardo Alves Jana 43

O conflito das filosofias do sujeito e a
dimensão narrativa da autocompreensão
Manuel Luís Judas 53

O que nos faz pensar: Paul Ricœur na escola do Biranismo
Luís António Umbelino 63

A filosofia social de Paul Ricœur
Gonçalo Marcelo 81

Hermenêutica e psicoterapia: da narração ao narrador
Paula Ponce de Leão 99

Encarnação, atestação e esperança: Paul Ricœur leitor de Gabriel Marcel
José Manuel Beato 115

Ricœur e os clássicos: tempo, narrativa e memória
Martinho Soares 157

Sentido ético do perdão em Paul Ricœur: perdoar o imperdoável
Fernando Acílio Saldanha 195

Identidade narrativa e envelhecimento
Maria Luísa Portocarrero 215

RICŒUR EM COIMBRA: RECEÇÃO FILOSÓFICA DA SUA OBRA
RICŒUR IN COIMBRA: PHILOSOPHICAL RECEPTION OF HIS WORK

Coord. Ed.: Maria Luisa Portcarrero; José Manel Beato

Resumo

Por ocasião do centenário do nascimento de Paul Ricœur, este volume junta o tributo de professores, novos investiga¬dores e estudantes de doutoramento em redor de temas que marcaram a receção da obra deste filósofo em Portugal e, especialmente, na Universidade de Coimbra.

Cada capítulo demonstra a fecundidade do pensamento de Ricœur que, enraizado na "tradição reflexiva", assumindo a mensagem das "filosofias da existência", articulando Fenomenologia e Hermenêutica, adquire, hoje, crescente relevância. Esta é uma filosofia que promove o diálogo entre disciplinas, autores e culturas e supera divisões teóricas em ordem a enfrentar as exigências da praxis. Desta inspiração plural e deste desafio emerge um pensamento exigente e, simultaneamente, capaz de dialogar com diversas áreas do saber como: a psi¬coterapia, a história, as neurociências, a bioética, as ciências sociais e os estudos literários.

Palavras-chave: Paul Ricœur, centenário, receção, Coimbra.

Abstract

At the occasion of Paul Ricœur's centenary, this volume gathered a tribute of several scholars, young researchers, and Ph.D students around the main themes that marked the reception of this philosopher's work in Portugal and, especially, in the University of Coimbra.

Each chapter demonstrates the vigour of Ricœur's thought in its many dimensions: its rootedness in the "reflexive tradition" of philosophy, its "existentialist" horizon, and its articulation of Phenomenology and Hermeneutics. This philosophical project has, today, an enormous range of influence. It is a project that promotes dialogue between disciplines, authors, and cultures, overcoming theoretical divisions in order to face the demands of praxis. From this rich and plural inspiration comes the ability to meet with other fields of thought, namely psychotherapy, history, neuroscience, bioethics, social sciences, and literary studies.

Keywords: Paul Ricœur, centenary, reception, Coimbra.

NOTA EDITORIAL

O volume *Ricœur em Coimbra: Receção filosófica da sua obra* resulta do colóquio internacional com o mesmo nome realizado em Março de 2013 na Faculdade de Letras da Universidade de Coimbra.

No ano em que se comemoraram os cem anos do nascimento do filósofo francês, falecido em 2005, a linha de investigação *A racionalidade hermenêutica* do Centro de Estudos Clássicos e Humanísticos organizou um pequeno colóquio evocador de saudade e de merecida homenagem. Neste acto participaram o professor Marcelino Villaverde, os professores Paula Ponce de Leão, Maria Luísa Portocarrero, Luís Umbelino e todos os antigos doutorandos do projecto que defenderam as suas dissertações sobre Ricœur e temas ou filósofos por quem ele foi decisivamente influenciado[1].

Esta foi uma homenagem sentida de quem em Coimbra ou a partir de Coimbra muito pensou, durante longos anos, a filosofia de P. Ricœur e sobre ela apresentou a sua dissertação de doutoramento.

O volume inicia-se com uma interessante exposição e reflexão histórica de Marcelino Agís Villaverde sobre a presença de P. Ricœur na

---

[1] Realizaram as suas teses de doutoramento sobre Paul Ricœur, os doutores: Eduardo Alves Jana «*Imanência e transcendência do humano: os contributos de Pedro Laín Entralgo e P. Ricœur*»; Fernando Acílio Maia Saldanha «*Do Sujeito Capaz ao Sujeito de Direito: o problema da Responsabilidade e da Justiça em P. Ricœur*»; Gonçalo Nuno Falcão Coutinho Marcelo «*The Course of Conflict: A Study in the Thought of Paul Ricœur*»; Manuel Luís Monteiro Judas, «*Linguagem e Filosofia em P. Ricœur: o contributo da Psicanálise e do Estruturalismo*»; Martinho Tomé Martins Soares «*A Narrativa histórica: entre Tucídides e P. Ricœur*»,

Península Ibérica e sobre o efeito histórico da Hermenêutica filosófica em Portugal e Espanha.

O capítulo segundo reflecte sobre o filósofo P. Ricœur como um pensador entre culturas, mediando disciplinas, autores, reflectindo entre o método fenomenlógico e a filosofia clássica, entre o empenhamento universitário e o compromisso com a praxis. Em suma, Eduardo Jana, autor desta reflexão defende que, em Ricœur, a Filosofia é fundamentalmente ação e compromisso na cidade.

O terceiro capítulo, de Manuel Luís Monteiro Judas, trata da questão da narrativa como representação da temporalidade própria das peripécias da acção do sujeito concreto e como forma de acolher a diversidade das suas experiências e avaliações, dos seus motivos e projectos.

O quarto capítulo aborda, no contexto do diálogo entre Ricœur e J.P. Changeux, o tema da ética deliberativa de Ricœur em vista dos âmbitos da genética e das neurociências, como propostas de renovação do antigo sonho de conhecimento integral do pensamento humano. Neste texto são denunciados com P. Ricœur os equívocos deste sonho e revela-se que uma tal crítica encontra as suas raízes em Maine de Biran, filósofo com o qual Ricœur dialoga e sobre o qual o doutor Luís Umbelino elaborou a sua dissertação de doutoramento.

O quinto capítulo, de Gonçalo Marcelo, medita sobre os elementos que na obra de P. Ricœur permitem falar de uma filosofia social que claramente se distinga da sociologia. Esta reflexão não pretende de modo algum partir da neutralidade axiológica da filosofia política liberal. Ela é constitutivamente hermenêutica.

O sexto capítulo de Paula Ponce de Leão pensa a narração como meio de construção de si mesmo e como primeiro lugar da relação psicoterapêutica. Analisa o sentido das três *mimesis* de *Tempo e narrativa* mostrando a importância da *mimesis* I no contexto das psicoterapias.

O sétimo capítulo de José Manuel Beato aborda a influência decisiva de G. Marcel em P. Ricœur, nomeadamente, na via longa da sua hermenêutica e centra-se nos temas da encarnação, da atestação e da esperança.

O oitavo capítulo, de Martinho Soares, reflecte sobre a leitura que Ricœur faz de Aristóteles e Sto. Agostinho para pensar por meio da narrativa o fenómeno do tempo vivido. Evoca o diálogo que o próprio Martinho Soares estabelece na sua dissertação de doutoramento[2] entre a epistemologia histórica de P. Ricœur e a historiografia fundadora de Tucídides. Conclui por meio de apontamentos sobre futuros e possíveis cruzamentos entre Ricœur e os clássicos.

O capítulo nove encara o problema ético do perdão em P. Ricœur mostrando como ele se inscreve numa lógica de superabundância e de dom, segundo um gesto extraordinário de reconhecimento das capacidades regeneradoras do ser humano culpado.

O último capítulo de Maria Luísa Portocarrero reflecte sobre o tema ricœuriano da identidade narrativa para pensar, no contexto da distinção entre identidade *idem* e identidade *ipse,* o fenómeno do envelhecimento. Esta reflexão parte do livro *Em nome da Terra* de Vergílio Ferreira, tentando mostrar como nele *a ipseidade* do personagem central se mantém apesar dos desgastes e acidentes do envelhecer.

Coimbra, Janeiro de 2015
Maria Luísa Portocarrero

---

[2] SOARES, M. T. M. - *História e ficção em Paul Ricœur e Tucídides.* Coimbra: Faculdade de Letras, 2010.

LA HUELLA DE PAUL RICŒUR EN LA PENÍNSULA IBÉRICA
PAUL RICŒUR'S PATH IN THE IBERIAN PENINSULA

Marcelino Agís Villaverde[1]

Resúmen

El presente trabajo muestra la presencia de Paul Ricœur en la Península Ibérica (Portugal y España). No pretendo ofrecer de manera exhaustiva todas las visitas del filósofo a ambos países y todos los eventos académicos y científicos organizados para difundir su pensamiento. La cercanía intelectual y el afecto con Paul Ricœur me permitieron acompañarlo en diversos eventos que tuvieron lugar en España, Portugal y en otros países. Doy testimonio de ellos en este trabajo, reconociendo que otras personas podrán completar desde su óptica personal dicho testimonio y contribuir a relatar momentos que hoy ya forman parte de la historia de la filosofía contemporánea en la Península Ibérica.

Palabras-clave: Ricœur; hermenéutica en Portugal; hermenéutica en España; historia del pensamiento contemporáneo en la Península Ibérica.

---

[1] marcelinoagis@usc.es
Catedrático de Filosofía da Universidade de Santiago de Compostela (España), Director do Departamento de Filosofía e Antropoloxía Social. Áreas de pesquisa: Hermenéutica Filosófica, Correntes actuais da Filosofía, Filosofía española

Abstract

This chapter focuses on the presence of Paul Ricœur in the Iberian Peninsula (Portugal and Spain). My aim is not to provide an exhaustive account of all the philosopher's visits to both countries, neither of all the academic and scientific events organized to disseminate his thought in these countries. Intellectual affinity and affection with Paul Ricœur allowed me to accompany him on various events that took place in Spain, Portugal and other countries. I address them in this chapter, recognizing that others might add their own personal perspective to my testimony and contribute to sharing moments that are already part of the history of contemporary philosophy history in the Iberian Peninsula.

Keywords: Ricœur, Hermeneutics in Portugal, hermeneutics in Spain, history of contemporary thought on the Iberian Peninsula.

En las X Jornadas Internacionales del Hispanismo Filosófico, celebradas en Santiago de Compostela en abril del año 2011, he realizado una primera incursión en la historia de la Hermenéutica en España, con especial atención a la huella dejada por Paul Ricœur[2]. El presente Coloquio organizado por la colega y amiga Luisa Portocarrero en la Universidade de Coímbra me ha animado a proseguir esta investigación, incorporando la presencia de Paul Ricœur en Portugal. Ni en el caso de España, ni mucho menos en el caso de Portugal, pretendo ofrecer de manera exhaustiva todas las visitas del filósofo a ambos países y todos los eventos académicos y científicos organizados para difundir su pensamiento. La cercanía intelectual y el afecto con Paul

---

[2] Cf. AGÍS VILLAVERDE, M. - Paul Ricœur en España. In *Crisis de la Modernidad y Filosofías Ibéricas. Actas de las X Jornadas Internacionales del Hispanismo Filosófico*. Madrid: Fundación Ignacio Larramendi – Universidad de Santiago de Compostela, 2013. p. 481-498.

Ricœur me permitieron acompañarlo en diversos eventos que tuvieron lugar en España, Portugal y en otros países. Doy testimonio de ellos en el presente trabajo, reconociendo que otras personas podrán completar desde su óptica personal dicho testimonio y contribuir a relatar momentos que hoy ya forman parte de la historia de la filosofía contemporánea en la Península Ibérica.

Sorprende que siendo Ricœur un filósofo "viajero", que visitó por razones académicas o científicas universidades de toda Europa, América e incluso Asia, haya tardado tanto en venir a la Península Ibérica (España y Portugal). Las razones que explican este retraso son muy variadas y tienen que ver tanto con la recepción de su obra en España y Portugal[3] como con motivos personales del propio autor[4]. Lo cierto es que no será hasta la década de los ochenta cuando Ricœur comience a venir España con relativa frecuencia, desplazándose a distintas ciudades españolas para participar como ponente en Simposios, cursos de verano o actos académicos, organizados por distintas universidades españolas, entre otras, la Universidad Complutense de Madrid, la Universidad Autónoma de Madrid, varias universidades catalanas y, por supuesto, la Universidad de Santiago de Compostela.

---

[3] En 1969 se publica en la editorial Taurus de Madrid *Finitud y Culpabilidad*, con una introducción de José Luis Aranguren. Habrá que esperar hasta el año 1980 para asistir a la publicación de un nuevo libro de Ricœur, en este caso *La metáfora viva*, publicado en Las Ediciones Europa de Madrid, traducido por Agustín Neira, el traductor predilecto de Ricœur en lengua española. La situación no es la misma en lo que respecta a las ediciones sudamericanas, en particular, las traducciones publicadas en Buenos Aires, pero estos libros no circularon prácticamente por España. Para una información más detallada sobre las traducciones realizadas en España y Portugal cf. VANSINA, F. D. - *Paul Ricœur: Bibliography 1935-2000*. Leuven: University Press, 2000, p. 31 ss.

[4] En una ocasión le pregunté a Paul Ricœur por qué tardó tanto en visitar España. Me contestó, entonces, que prefirió esperar al fin de la dictadura para hacerlo. Ricœur expresó públicamente esta misma idea de aguardar a que España recuperase la libertad y la democracia para visitarla. Lo hizo, por ejemplo, en un homenaje que se rindió al poeta Federico García Lorca en el marco de congreso celebrado sobre el pensamiento de Paul Ricœur en Granada. Paul tomó la palabra, a petición de la organización, para expresar no sólo la admiración por el poeta sino para explicar las razones de su tardío conocimiento de España y, consecuentemente, de su inactividad académica en nuestro país hasta después de la muerte de Franco.

En cuanto a las visitas a Portugal, si mis datos son correctos, las realiza poco después, en la década de los años 90.

A) Presencia de Paul Ricœur en España

Coincidirá su presencia física en España a partir de los años ochenta con la aparición de un gran número de traducciones de sus obras y de monografías y estudios sobre su pensamiento. Es un aspecto fácilmente comprobable gracias a la exhaustiva bibliografía publicada por Fr. Vansina en el año 2000 y actualizada recientemente, en donde se recogen las principales publicaciones de y sobre Paul Ricœur en español. Contamos, además, con un trabajo de Alfredo Martínez Sánchez titulado "Recepción de Paul Ricœur en español: bibliografía en castellano", que nos permite reconstruir la penetración del pensamiento de Ricœur en el ámbito hispano hasta el año 2003[5].

1) Granada

Especialmente relevante fue su participación en el "Simposio Internacional sobre el pensamiento filosófico de Paul Ricœur", celebrado en Granada del 23 al 27 de noviembre de 1987. El Departamento de Filosofía de la Universidad de Granada, dirigido entonces por el profesor Pedro Cerezo Galán, había iniciado en el año 1986 la organización de Simposios Internacionales dedicados al pensamiento y obra de filósofos contemporáneos de especial relevancia. El primero de estos Simposios lo dedicaron a W.V. Quine. Al año siguiente "el Departamento escogió la Filosofía Hermenéutica como objeto de es-

---

[5] MARTÍNEZ SANCHEZ, A. - Recepción de Paul Ricœur en español: bibliografía en Castellano. *Revista Ideas y Valores*. Bogotá: Colombia, N° 127, (abril 2005) p. 73-98.

tudio, y se decidió dedicar el Simposio a la importante e influyente figura de Paul Ricœur"[6].

La actas de este Simposio recogen con bastante fidelidad lo que fue la participación de Paul Ricœur, tanto en el texto de su conferencia inaugural titulado "Auto-compréhension et histoire", como en el comentario a cada una de las ponencias presentadas. Cada una de ellas ofrece una particular visión de la obra de Ricœur, salvo la del profesor Manuel Maceiras Fafián (Universidad Complutense de Madrid) que presenta una visión global del recorrido filosófico de Ricœur hasta esa fecha, calificando su filosofía como una "ontología militante". El profesor Antonio Pintor-Ramos (Universidad de Salamanca) disertó sobre Ricœur y la fenomenología; Tomás Calvo Martínez (Universidad de Granada) sobre el tránsito de una hermenéutica simbólica a otra textual; Juan Manuel Navarro Cordón (Universidad Complutense de Madrid) sobre la matriz ontológica del pensamiento de Paul Ricœur; Mauricio Beuchot (Universidad Nacional Autónoma de México), sobre el binomio hermenéutica y verdad en el psicoanálisis según Ricœur; José Mª Rubio Ferreres (Universidad de Granada) y Guy Petitdemange (Centre Sèvres de París) sobre hermenéutica del lenguaje religioso y del relato bíblico; Olivier Mongin (Director de la Revista *Esprit*) habló sobre la dimensión política de la filosofía de Ricœur; y Mariano Peñalver, autor de una tesis doctoral sobre Ricœur defendida en la Universidad de Sevilla, que publica después como libro, (siendo el primero sobre el pensamiento del filósofo francés aparecido en España),[7] presenta una ponencia sobre el parentesco profundo entre dos de las principales obras hermenéuticas de Ricœur: *La Metáfora Viva* y *Tiempo y Narración*.

---

[6] CALVO MARTÍNEZ, T. Y.; ÁVILA CRESPO, R. - Introducción. In *Paul Ricœur: los caminos de la hermenéutica. Actas del Symposium Internacional sobre el Pensamiento Filosófico de Paul Ricœur.* Barcelona: Anthropos, 1991, p. 7.

[7] PEÑALVER SIMÓ, M. - *La búsqueda del sentido en el pensamiento de Paul Ricœur. Teoría y práctica de la comprensión filosófica de un discurso.* Sevilha: Publicaciones de la Universidad de Sevilla, 1978.

Las actas no recogen, desafortunadamente, el contenido de la Mesa Redonda sobre *La Metáfora Viva*, en la que participaron los profesores Juan José Acero (Universidad de Granada), Carlos Baliñas Fernández (Universidad de Santiago de Compostela), José Luis Martínez Dueñas (Universidad de Granada) y el profesor Juan Moreno. Sí disponemos, en cambio, del texto de las Comunicaciones presentadas por los profesores Jorge Pérez de Tudela y Velasco (Universidad Autónoma de Madrid), Patricio Peñalver (Universidad de Murcia), Ángel Gabilondo (Universidad Autónoma de Madrid), Isidro Muñoz Triguero (Facultad de Teología de Granada), Remedios Ávila Crespo (Universidad de Granada), José Antonio Pérez Tapias (Universidad de Granada) y José Aranguez Sánchez (Catedrático de Instituto, Granada).

2) Madrid

Tras abandonar Granada, Ricœur participa del 30 de noviembre a 3 de diciembre de 1987 en el coloquio "Filosofía y lenguaje en la obra de Paul Ricœur", organizado en la Facultad de Filosofía de la Universidad Complutense. Un evento en el que participarán, entre otros profesores, Manuel Maceiras Fafián, José Luis López Aranguren, Cándido Pérez Gallego o Quintín Racionero.

Dos años después, en 1989, Ricœur participará en el Coloquio Internacional "Pensadores Franceses Contemporáneos", organizado por la Facultad de Filosofía y Ciencias de la Educación de la Universidad Complutense de Madrid, en colaboración con la Embajada de Francia. El Coloquio se dedica al tema "Metafísica y Ciencias Humanas" y se celebra los días 27, 28 y 29 de noviembre de 1989, siendo decano Manuel Maceiras Fafián, quien promueve el evento.

Volverá a Madrid en el verano de 1991 para co-dirigir con Manuel Maceiras uno de los Cursos de Verano del Escorial, de la Universidad Complutense. El curso se titula "Ética y Modernidad" y se celebra durante los días 1 a 5 de julio. Acaba de aparecer *Soi-même comme un autre* (1990), libro en el que presenta lo que denomina la "Petite Ethique", y que inaugura la filosofía práctica de Ricœur. Aspectos que explican el título del curso y su interés por las cuestiones éticas. En ambiente tan agradable, la convivencia con Paul Ricœur es grande. Asistimos juntos a un concierto de guitarra de Narciso Yepes, que la Universidad ofrece como complemento cultural a las actividades académicas. También tiene lugar, por deseo expreso de Ricœur, una comida en el comedor universitario con los jóvenes investigadores de la obra ricœuriana, a la que asisten, entre otros, el profesor Agustín Domingo Moratalla, que en el año 1996 defendería en la Universidad Pontificia de Comillas (Madrid) una tesis doctoral titulada *Creatividad, ética y ontología. La fenomenología hermenéutica de Paul Ricœur*.

Ricœur vuelve a Madrid en el año 1993, con motivo de su nombramiento como Doctor Honoris Causa de la Universidad Complutense. Presidió la ceremonia el Rector Gustavo Villapalos y fue el padrino el prof. Manuel Maceiras Fafián, a la sazón decano de la Facultad de Filosofía. Fue un acto solemne al que asistimos un importante número de profesores y amigos de diversos lugares de España, un acto que se abrió con una breve pieza de Händel entresacada de la "Música para los fuegos acuáticos", que desde entonces asoció a Ricœur.

La última vez que visita Madrid es en noviembre de 1996 para impartir una serie de lecciones en la Universidad Autónoma, en el marco del curso de doctorado "Decir y no decir: el sujeto implicado", curso dirigido por el profesor Ángel Gabilondo. La publicación de dichas lecciones en forma de libro con el título *La lectura del tiempo pasado: memoria y olvido* anticipa de forma sintética algunos de los temas de *La mémoire, l'histoire, l'oubli*, que aparecería cuatro años después. Una publicación que nos permite conocer la prolongada maduración de este libro y, sobre todo, cómo Ricœur ensaya ante el inestimable laboratorio del aula sus propuestas filosóficas. Hecho que no pasa desapercibido para Ángel Gabilondo, responsable de la edición junto con Gabriel

Aranzueque, quien comenta al respecto: "La entrega de lo que se presentó como un trabajo en curso, un curso en verdad en curso, no sólo responde al proceder que la labor de toda fecunda investigación reclama, sino a un estilo que es un modo de existencia, aquél que tiene en cuenta la palabra y el hacer de los otros. Esta puesta en público es, en primer lugar, un gesto de reconocimiento agradecido"[8]. También en lo relativo al carácter anticipatorio de la temática de estas lecciones con respecto a la obra mayor de Ricœur sobre la memoria, la historia y el olvido que se publicaría en Francia en el año 2000 nos dice el prof. Gabilondo: "*Las lecturas de la Autónoma* son, en esa medida, atisbo de otros trabajos, campo de juego para nuevos textos, materia de estudio, y apuntan a algún libro por-venir. Tienen el carácter adecuado para procurar la satisfacción de asistir al surgir de cuestiones y labores"[9]. Efectivamente, antes incluso de que aparezca *La mémoire, l'histoire, l'oubli,* aparecerá en la *Revue de Métaphysique et de Morale* un artículo de Ricœur titulado "La marque du passé", que recoge la quinta lección, y parcialmente también la tercera, que Ricœur pronuncia en la Universidad Autónoma de Madrid[10]. En cuanto al contenido Ricœur lo describe en los siguientes término: "Mi investigación va a desarrollarse entre el polo de la memoria, en cuanto ente *del* tiempo, y el del olvido, en cuanto obra del tiempo destructor. Espero que nadie se sorprenda al encontrarse con una recensión de aporías en lugar de con una construcción firme. Creo efectivamente que la cuestión de la memoria plantea un problema muy descuidado por los filósofos, comenzando por mí mismo cuando relacioné directamente el tiempo y el relato, e hice caso omiso de la mediación de la memoria entre el tiempo vivido y las configuraciones narrativas. El olvido, a su vez,

---

[8] GABILONDO, A. - Presentación. In RICŒUR, P. - *La lectura del tiempo pasado: memoria y olvido*. Madrid: Arrecife – UAM, 1999, p. 7.

[9] Op. Cit., p. 11.

[10] Cf. RICŒUR, P. - La marque du passé. *Revue de Métaphysique et de Morale*. N° 1 (Jan.-Mar. 1998) p. 7-31.

a excepción de Nietzsche, como veremos, ha sido ignorado por los filósofos y se ha considerado únicamente el enemigo que combate la memoria, el abismo del que ésta extrae el recuerdo"[11]. Una exposición de motivos que coincidirá en parte con lo expresado en el Prefacio de *La mémoire, l'histoire, l'oubli*.

3) Cataluña

También en Cataluña, a pesar de haber estado en pocas ocasiones, dejaría Ricœur una huella indeleble en una selecta nómina de filósofos y profesores de Filosofía. El Diario AVUI, al dar la noticia de su fallecimiento, glosa de la siguiente manera la relación de Paul Ricœur con Cataluña: "La presencia de Paul Ricœur en Catalunya ha sido frecuente, sobre todo las últimas dos décadas, y ha dejado, más que discípulos, amigos y estudiosos de su obra. Entre nosotros han seguido de cerca su pensamiento filósofos como el eclesiástico Josep María Via y el monje de Montserrat Andreu Marquès, que le apadrinaron cuando recibió el doctorado honoris causa el 2001 por la Universidad Ramon Llull. Pero también Josep M. Esquirol, Raúl Gabás, Xavier Rubert de Ventós -coincidió con él seis meses en Nueva York-, Ángel Castiñeira y, entre otros, Josep M. Terricabres, que le llevó a la Universidad de Girona el 1990 como profesor invitado a la cátedra Ferrater Mora para que explicase las claves de su pensamiento. Paradójicamente, ninguno de sus libros ha sido traducido al catalán, por más de una veintena en castellano. La filosofía catalana es así de deslenguada"[12].

Josep Maria Esquirol i Calaf, profesor de Filosofía Política de la Universidad de Barcelona, publicará en mayo de 1991 en la Revista *El Ciervo* de Barcelona una entrevista realizada a Paul Ricœur sobre

---

[11] RICŒUR, P. - *La lectura del tiempo pasado*, p. 13.
[12] *AVUI*. Barcelona (22 Mayo 2005)

aspectos generales de su obra y de su pensamiento. Fue con motivo de una visita de Ricœur a Barcelona, invitado por el Instituto de Humanidades y el Instituto de Estudios Mediterráneos. Ricœur acababa de publicar *Soi-même comme un autre*, obra con la que inauguraba su etapa "práctica" dedicada a las cuestiones ético-políticas, por lo que aunque contesta amablemente las cuestiones relativas a la deuda contraída con la fenomenología o su tratamiento de la temporalidad en el relato en su trilogía *Temps et récit*, se aprecia un mayor interés cuando Esquirol le formula una pregunta perteneciente a esta temática. "Estoy muy contento de esta pregunta, -afirma Ricœur- ya que mi campo de trabajo actual se mueve claramente en esta dirección"[13]. Posteriormente, en 1997, Josep Maria Esquirol será el encargado de la edición de un libro colectivo sobre Ricœur titulado: *Ètica i religió en Lévinas, Ricœur i Habermas*[14].

Ricœur ya había estado en 1990 en la Universidad de Girona para impartir un curso sobre su pensamiento invitado por la Cátedra Ferrater Mora y volverá a Cataluña en el año 2001 para recibir un Doctorado Honoris Causa conferido por la Universidad Ramon Lull. La propuesta de dicho Doctorado Honoris Causa parte de la Facultad de Filosofía de Catalunya-URL que, en sesión de su Junta de Facultad celebrada el 16 de diciembre de 1999, acuerda conceder el grado de Doctor Honoris Causa a Paul Ricœur. El acto se celebrará en abril del año 2001 y será el prof. Andreu Marquès el encargado de hacer la "Laudatio" de Ricœur[15]. Marquès conoce a Ricœur en su época de estudiante en la Universidad de Lovaina en el curso 1965-66. Un primer encuentro

---

[13] ESQUIROL I CAFAL, J.M. - Entrevista a Paul Ricœur. *Revista El Ciervo*, Barcelona. Mayo (1991), p. 19.

[14] ESQUIROL I CAFAL, J.M. ed. lit. - *Ètica i religió en Lévinas, Ricœur i Habermas*. Barcelona: Cruïlla, 1997..

[15] Tanto el discurso de Laudatio pronunciado por Andreu Marqués como el Discurso de Paul Ricœur en dicho acto están publicados en la Revista *Trípodos*. Barcelona. Nº 11 (2001).

que no se limitará al plano del conocimiento personal sino del que nacerá un artículo sobre Paul Ricœur[16].

4) Santiago de Compostela y Galicia

Mención aparte merece la vinculación de Ricœur con Santiago de Compostela. El día 3 de diciembre de 1987 Paul Ricœur visitaba por vez primera la ciudad, invitado por el profesor Carlos Baliñas Fernández, Director del Departamento de Filosofía de nuestra Universidad. Su primer acto abierto al gran público fue una conferencia titulada "La identidad narrativa", organizada en el Aula de Cultura de la Caja de Ahorros de Galicia, una gran sala en la que se organizaban grandes eventos culturales. La presencia de Ricœur generó una gran expectación en la ciudad que llenó la sala de curiosos para los que la hermenéutica probablemente era una palabra desconocida pero que acudieron, de cualquier forma, atraídos por el gran predicamento intelectual del filósofo francés en la filosofía contemporánea.

El avión de Ricœur se retrasó a causa de las malas condiciones meteorológicas del aquel día de comienzos de diciembre y el público tuvo que esperar lo justo para aumentar la expectación. Un retraso mayor probablemente habría hecho desistir a muchos y a abandonar la sala pero nadie se movió de sus asientos. De forma que cuando finalmente llegó Ricœur el aplauso fue ensordecedor.

Quise concentrarme en la conferencia, que seguíamos a través de un aparato de traducción simultánea, pero la idea de que el destino me había ofrecido una señal para concretar el tema de mi Tesis Doctoral y la emoción me impidió seguir el hilo argumental de sus

---

[16] MARQUES, A. - Abast teològic de l'obra de Paul Ricœur. *Cuestiones de vida Cristiana*. Nº 33-34 (1966) p. 188-202.

palabras. La obra de Ricœur no era, ciertamente, desconocida para mí. Las primeras noticias en torno a sus trabajos hermenéuticos las había encontrado en la obra de Mircea Eliade. Recuerdo haber leído apresuradamente con motivo de su visita la versión española de *Finitud y Culpabilidad,* un libro publicado en el año 1969 (reed.1982) y que contaba con una introducción del gran moralista español José Luis Aranguren. Eran muchas las cosas, los proyectos, los planes que, mientras hablaba Ricœur, pasaban por mi cabeza y mis pensamientos no me permitieron prestar atención a sus palabras. Por fortuna, aquel texto puede leerlo después y reflexionar sobre él, reconociéndolo como una de sus aportaciones más originales.

Me dirigí a él en francés al terminar la conferencia, previa autorización de Carlos Baliñas, el organizador del acto. Al día siguiente me encontré con Paul Ricœur en el Hostal de Los Reyes Católicos. El hotel en el que estaba hospedado era un soberbio edificio renacentista mandado construir por los Reyes Católicos como Hospital de Peregrinos, reconvertido en Parador Nacional de Turismo. Hablé con él a lo largo de una hora, esta vez en inglés, de la encrucijada en la que me encontraba tras finalizar mi licenciatura, de mis trabajos sobre Mircea Eliade, de mi interés por la Hermenéutica Filosófica. Acordamos que si obtenía una beca para estancias en el extranjero, él dirigiría mi investigación doctoral en París.

Muy oportunamente el Ministerio de Educación y Ciencia (MEC) abrió una convocatoria para estancias en el extranjero de investigadores y le escribí a Ricœur solicitando la preceptiva carta de aceptación para dirigir mi investigación en París. Su respuesta llegó a vuelta de correos, en septiembre de 1988, y no mucho tiempo después la resolución favorable del MEC. De esta forma, lo que había nacido como un sueño era una realidad y, a comienzos del año 1989, me establecí en París. Ricœur no sólo era el gran filósofo que conocía a través de sus obras sino una persona cercana y dispuesta a ayudar a los jóvenes, como en muchas ocasiones pude comprobar.

El 4 de enero de aquel año 1989 me instalé en el Colegio de España de París, en el corazón de la *Cité Universitaire*. A esta primera estancia en la capital francesa seguirían otras, tanto en París como en otras ciudades españolas y europeas y, cómo no, la inolvidable experiencia de ser su invitado en sus cursos de la *Divinity School* de Universidad de Chicago en el año 1990.

La estancia en la Universidad de Chicago me permitió avanzar extraordinariamente en las lecturas de mi Tesis Doctoral. En el año 1990 había terminado mi Beca del Plan de Formación de Personal Investigador y había ganado un concurso como profesor Ayudante. Un contrato que exigía presentar la Tesis Doctoral al finalizar los dos primeros años, para obtener la renovación por un período de otros dos años. Mi trabajo se movía dentro de unos determinados plazos pero no tuve en ningún momento la sensación de ir contrarreloj, en parte porque las numerosas estancias en el extranjero me permitieron concentrarme en las lecturas. Tener a mi disposición las bibliotecas de París y Chicago simplificó la adquisición de la bibliografía en inglés y francés. Paul Ricœur discutía conmigo regularmente el resultado de mis lecturas, lo que me obligaba a preparar guiones relativamente amplios para presentar los resultados. Un trabajo que realizaba siempre en París, normalmente en su casa de Chatenay. Los encuentros en otras ciudades, en razón de su participación en cursos o conferencias, eran siempre un motivo para evocar experiencias compartidas, contar novedades y programar nuevos proyectos. Soñaba por entonces con unir el nombre de Paul Ricœur a nuestra centenaria Universidad pero la presentación de la Tesis Doctoral posponía cualquier plan.

El 11 de mayo del año 1992 me entrevisté con Ricœur nuevamente en París, esta vez después de haber entregado el original completo de mi Tesis Doctoral en borrador para su revisión. Ricœur valoró positivamente el trabajo realizado y autorizó su defensa como Tesis Doctoral, entregándome en mano una breve carta para el profesor Carlos Baliñas Fernández, director de la Tesis[17].

Paul Ricœur aceptó amablemente presidir el tribunal de mi Tesis Doctoral titulada *El discurso filosófico: análisis desde la obra de Paul Ricœur*. La fecha de la defensa quedó fijada para el día 24 de septiembre de 1992. Habían transcurrido casi cuatro años desde que le había presentado por primera vez el esquema de mi investigación en la primera visita a París y, desde entonces, había compartido con Ricœur muchas experiencias no sólo académicas sino también personales.

En el Salón de Grados de la vieja Facultad de Filosofía se reunieron un conjunto de profesores y alumnos que no acaban de comprender cómo un filósofo de la talla de Ricœur había accedido a participar en el tribunal que juzgaría la tesis doctoral del insignificante investigador que yo era entonces. Viajó a Santiago aceptando únicamente las dietas de un profesor universitario e incluso tuvo al día siguiente un encuentro con los profesores de la Facultad de Filología. La reunión fue promovida por el Prof. Darío Villanueva, Catedrático de Teoría de la Literatura que formaba parte también del tribunal de mi tesis doctoral y que pocos años después, en el año 1994, se convertiría en Rector de la Universidad de Santiago. Formaron parte también del tribunal los profesores A. Torres Queiruga (Santiago), M. Maceiras Fafián (Madrid) y Andrés Ortiz-Osés, de la Universidad de Deusto (Bilbao), uno de los introductores de la Hermenéutica en España y un estudioso de gran originalidad en el ámbito de la hermenéutica simbólica.

---

[17] "11 de mayo de 1992 / Querido Profesor Baliñas: / He leído la tesis de Marcelino Agís. Es un trabajo notable, muy bien compuesto y argumentado. La dificultad era la de situar el discurso filosófico entre las formas ordinarias de discurso y de mostrar, sin embargo, su especificidad. Las tres partes finalizan con un capítulo que eleva al plano filosófico las nociones de texto, de referencia, de conceptualizad, etc. / La obra, en mi opinión, puede ser presentada al acto de defensa de la tesis, pero deberá ser revisada para la publicación. Recomiendo a nuestro joven amigo a someterse a sus directivas que son preponderantes. / Para usted muy cordialmente. / Paul Ricœur".

Aquello fue tan sólo el punto de partida de una relación fecunda establecida entre el filósofo francés y la Universidad compostelana, una de las últimas que quiso visitar en el año 2003, acompañado por Catherine Goldenstein, desoyendo los consejos médicos que le recomendaban non emprender este viaje a causa de su precaria salud. La casualidad quiso que justo un año después del acto de defensa de mi Tesis Doctoral, del 23 al 25 de septiembre de 1993, Ricœur volviese a Santiago de Compostela para inaugurar los I Encuentros Internacionales de Filosofía en el Camino de Santiago, dedicados al tema "El Discurso Filosófico". La visita tuvo una gran transcendencia, no sólo porque Ricœur inauguró con su conferencia "Discours, métaphysique et herméneutique du soi" aquellos primeros Encuentros Internacionales, que a partir de entonces se celebrarían cada dos años en las ciudades de Santiago, A Coruña y Pontevedra, sino porque pronto nacería y se constituiría formalmente la Sociedad Interuniversitaria de Filosofía (SIFA). Firmaron el acta fundacional una selecta nómina de profesores españoles y de otros países europeos, entre ellos el propio Paul Ricœur.

El curso académico 1994-95 supuso para la Universidad de Santiago de Compostela una extraordinaria proyección exterior al conmemorarse el quinto centenario de la Universidad. Para festejar dicha efeméride la Universidad organizó una serie de eventos en los que participaron profesores e intelectuales de prestigio internacional. De nuevo el azar jugó a nuestro favor porque justamente en aquel año nos habíamos comprometido a organizar la segunda edición de los Encuentros Internacionales de Filosofía, que acordamos dedicar al tema "Simbolismo y Hermenéutica". Mi vida como profesor universitario comenzaba a complicarse. Desde el año 1994, fecha de la toma de posesión del profesor Darío Villanueva como Rector de la USC, había adquirido nuevas responsabilidades al asumir por primera vez un cargo académico como responsable de planificación docente de la universidad. Y en el año 1995 recibí la primera invitación para permanecer el mes de mayo en la Universidad de Perugia como profesor invitado.

Entre los eventos del V Centenario de la Universidad se organizó un ciclo de conferencias a cargo de grandes figuras internacionales denominado "Foro Universitario". El Rector, admirador de la obra de Paul Ricœur, nos llamó a Carlos Baliñas y a mí para pedirnos que el Departamento de Filosofía propusiese a Paul Ricœur como Doctor Honoris Causa de la Universidad. Sería el primero en ser nombrado con motivo del Quinto Centenario y el primero en inaugurar el Foro Universitario en el que también participarían otras figuras internacionales como el teólogo Hans Küng, el premio Nobel de Literatura Camilo José Cela, o la escritora brasileña Nélida Piñón, entre otros. Un ciclo cuyas actas fueron publicadas posteriormente por la USC bajo mi cuidado. Logramos sin dificultad que el Departamento de Filosofía apoyase por unanimidad solicitar el nombramiento de Paul Ricœur como Doctor Honoris Causa. La Junta de Gobierno, contando con los buenos oficios del Rector, aprobó dicho nombramiento y la fecha para celebrar el acto quedó fijada para el día 23 de noviembre de aquel año 1995. En función de ella se estableció la fecha del 22 de noviembre para celebrar la conferencia inaugural del Foro Universitario, que pronunciaría Paul Ricœur sobre el Tema "Justicia y Verdad". Y, cómo no, la Sociedad Interuniversitaria de Filosofía hizo coincidir la celebración de sus II Encuentros Internacionales de Filosofía en el Camino de Santiago, que tendrían lugar los días 20, 21 y 22 de noviembre.

Recuerdo perfectamente que en el mes de mayo, antes de comenzar en la Universidad de Perugia el curso de postgrado, consagrado a Paul Ricœur y a la Hermenéutica, llamé por teléfono a Ricœur desde el despacho del decano de la Facoltà di Léttere e Filosofía, prof. Antonio Pieretti. Paul Ricœur atendió el teléfono, como en otras ocasiones, pero su voz era débil y temblorosa. Me explicó que había sufrido un "accidente cerebral" a causa de un problema circulatorio y que su estado de salud era muy delicado. No recuerdo haber comenzado nunca un curso con tal tristeza y preocupación, aunque naturalmente nada dije a los voluntariosos estudiantes que asistían al mismo. La enfermedad de Ricœur se prolongó en el tiempo y hubo que posponer el acto de nombramiento como Doctor Honoris Causa de la Universidad para el año siguiente, lo mismo que la conferencia del Foro Universitario, quedando fijadas ambas fechas para los días 27 y 28 de febrero, respectivamente. No pudimos retrasar en cambio la celebración de los II Encuentros Internacionales porque la maquinaria organizativa estaba ya muy avanzada.

Finalmente, la salud de Ricœur mejoró y pudo estar nuevamente con nosotros en Santiago en febrero del año 1996. Guardo de aquella visita una simpática anécdota que ilustra la personalidad de mi maestro francés. De los preparativos de la visita se encargó la secretaría del Rector directamente, pero pidiendo frecuentemente mí ayuda. Le pedimos sus medidas para hacer la toga que llevaría en el acto de nombramiento como Doctor Honoris Causa; las medidas de su cabeza para acertar con la talla del birrete; la medida de su dedo anular para darle al joyero encargado de adaptar el anillo de oro con el *sigilum* de la Universidad que se le entregaría como recuerdo; le informamos del tiempo que debía durar su conferencia del Foro Universitario. En fin, todo fue preparado cuidadosamente… o, casi todo. La víspera del acto académico, por la mañana, el Secretario General de la Universidad nos sugirió realizar un ensayo en el Salón Noble del Palacio de Fonseca donde se celebraría. Yo le iba traduciendo al francés sus indicaciones y Ricœur asentía, acompañando su habitual cortesía con alguna sonrisa llena de complicidad. Todo fue bien hasta que el Secretario General le dijo: "Y ahora, Monsieur Ricœur, es cuando debe pronunciar la lección". "¿Qué lección? Nadie me dijo que debía preparar una lección para el acto" Nos quedamos perplejos, mirándonos y sin saber qué decir. Fue Paul Ricœur quien, con su generosidad sin límites, rompió el silencio y nos tranquilizó a todos: "No hay problema. Esta tarde escribiré el texto". También en esta ocasión Paul estaba hospedado en el Hostal de Los Reyes

Católicos, en el corazón de la plaza del Obradoiro y a los pies de la Catedral de Santiago que tanto le gustaba visitar. Por la tarde se retiró a su habitación y escribió un hermoso texto sobre la necesaria interrelación entre la filosofía y la ciencia. Un texto, por cierto, que permanece inédito porque el texto definitivo que entregó para la publicación del correspondiente libro conmemorativo era más amplio y desarrollaba otra temática.

La conferencia del Foro Universitario, titulada "Justicia y Verdad", se celebró en el salón de actos de la Facultad de Medicina, un inmenso salón para 500 personas que se quedó pequeño para escuchar a Ricœur. Yo tuve el honor de presentarlo ante tan nutrido auditorio, por gentileza del Rector que presidió el acto y de Carlos Baliñas, que sería su padrino al día siguiente en el acto de investidura como Doctor Honoris Causa de la Universidad de Santiago de Compostela.

Cada visita no estuvo exenta de anécdotas y esta de 1996 tampoco. Como secretario de organización de los Encuentros Internacionales de Filosofía me ocupaba de los aspectos organizativos y ese año, no sé muy bien la razón, custodiaba el billete del avión de Paul Ricœur en el bolsillo de mi americana. Más he aquí que terminado en Congreso decidí vestir una ropa más informal para acompañar a Paul al aeropuerto. Cuando intenté entregarle su billete, una vez en el aeropuerto, me di cuenta del olvido. No había tiempo material para ir a buscarlo y entregárselo. Supongo que mi cara era fiel expresión de la desolación que sentía y Ricœur bromeó conmigo acerca de mi memoria y trató de consolarme. En el mismo aeropuerto conseguimos que pudiera regresar a París en un vuelo que salía por la tarde. Regresamos juntos a mi casa, compartimos una taza de té y aprovechó para llamar a Simone, su esposa, y decirle que no llegaría a la hora prevista sino más tarde. Es en estos momentos cuando verdaderamente se conocen a las personas.

En aquel curso académico 1995/96, tan pletórico de acontecimientos, aparecería mi primer libro sobre Paul Ricœur titulado *Del símbolo a la metáfora: introducción a la filosofía hermenéutica de Paul Ricœur*, una monografía enriquecida por un Prólogo del propio Ricœur que se publicó en francés y español. En él Ricœur, generoso hasta el extremo, declara que dicho libro le había "ayudado a comprender su propio pensamiento". Al año siguiente, ganaba por oposición la plaza de Profesor titular de Universidad, consolidando una carrera académica deudora en muchos aspectos de mis dos maestros: el compostelano Baliñas y el francés Ricœur.

Tras un paréntesis de dos años, Ricœur volvería a Santiago en 1998 para participar en una edición extraordinaria de los Encuentros Internacionales de Filosofía en el Camino de Santiago, la cuarta, dedicada al tema "Identidad y Cultura: reflexiones desde la Filosofía". Como muestra del interés de Paul Ricœur por la cultura y, al mismo tiempo, como demostración que nunca sintió pereza para viajar, puedo decir que al finalizar su estancia en Santiago, nos pidió que le ayudásemos a adquirir un billete de avión para hacer una escala en Bilbao y poder conocer el Museo Guggenheim, obra del canadiense Frank O. Gehry, que se había inaugurado el 18 de octubre de 1997.

Entre tanto la SIFA le había nombrado Presidente Honorario de la asociación en el año 1997, el mismo en el que se publicaría el libro *La Filosofía y sus márgenes: homenaje al prof. Carlos Baliñas Fernández*, para el que Paul Ricœur nos envió un trabajo titulado "Universalidad e historicidad". La conferencia inaugural de estos IV Encuentros Internacionales de Filosofía, celebrados del 3 al 5 de diciembre de 1998, fue pronunciada por Ricœur con el título "El paradigma de la traducción". Un congreso, por cierto, en el que se presentaron las Actas de los dos primeros Encuentros, reunidos en un único volumen con el título de *Hermenéutica y responsabilidad*, cuya coordinación editorial me correspondió. En este voluminoso libro aparecieron, en francés y español, las conferencias de Ricœur "Discours, métaphysique et herméneutique" y "Justice et Vérité", ambas pronunciadas en Santiago. A partir de entonces se han ido publicando con regularidad los volúmenes de las Actas de los Encuentros, editados alternativamente por los Servicios de Publicaciones de las Universidades de Santiago de Compostela y La Coruña.

Fue en ese mismo año 1998, cuando apareció en Barcelona un número monográfico de la prestigiosa Revista Anthropos dedicado a Paul Ricœur, cuya coordinación me correspondió, gracias a la confianza depositada por su director, Ramón Gabarrós, y el apoyo del profesor y filósofo Andrés Ortiz-Osés. En dicho número colaboraron, además del propio Paul Ricœur, destacados especialistas españoles y extranjeros en su obra. Tuve la oportunidad de mostrárselo a Paul Ricœur en su visita a Santiago y, tras revisar el índice, le llamó la atención el título del artículo de Domenico Jervolino, profesor del Instituto Filosófico de Nápoles y buen amigo de Ricœur: "El Cogito herido y la ontología problemática del último Ricœur". Paul Ricœur me miró y me dijo: "del último no, del penúltimo Ricœur". A la vista de las obras fundamentales del filósofo francés que todavía quedaban por aparecer (*La mémoire, l'histoire, l'oublie,* 2000; *Le juste II,* 2001; *Parcours de la reconaissance,* 2004), sus palabras, si bien pronunciadas con su fina ironía, eran rigurosamente ciertas.

La última visita de Paul Ricœur a Santiago de Compostela tuvo lugar en noviembre de 2003. Fue para pronunciar la conferencia inaugural de los VII Encuentros Internacionales de Filosofía, dedicados al tema "Hermenéutica y Responsabilidad: Homenaje a Paul Ricœur", el día 20 de noviembre de 2003. No estuvimos seguros hasta el último momento si Paul Ricœur podría afrontar el viaje a causa de su delicado estado de salud. Finalmente, pudo más su deseo de estar con nosotros que sus mermadas condiciones físicas. Pronunció la conferencia inaugural de Congreso titulada "La lutte pour la reconnaissance et l'economie du don". Participó después en el debate y pude comprobar hasta qué punto Ricœur cobraba energía rodeado de sus amigos españoles y gallegos, reunidos en Santiago de Compostela para la ocasión. El día 22 de noviembre pronunciaría en la Universidad de La Coruña, tras el almuerzo, un emocionante discurso de despedida que todavía resuena en el corazón y en la memoria de todos los que asistimos a aquella última visita de Paul Ricœur a Santiago de Compostela. Su camino y su obra estaban hechos: sólo restaba partir, nos dijo con una gran serenidad de espíritu.

Fallecería el día 20 de mayo del año 2005, el mismo año en el que vio la luz el libro *Hermenéutica y responsabilidad: Homenaje a Paul Ricœur*, que recogía las Actas de los VII Encuentros Internacionales de Filosofía en el Camino de Santiago e incorporaba un conjunto de trabajos de profesores recogidos por Fernanda Henriques, de la Universidad de Evora. Tan pronto como lo tuve en mis manos envié dos ejemplares al domicilio de Paul Ricœur. Abre el libro la conferencia inaugural que Ricœur pronunció ese 20 de noviembre de este año 2003 en Santiago para inaugurar los VII Encuentros Internacionales de Filosofía, seguida de la traducción española de dicho texto: "La lucha por el reconocimiento y la economía del don".

Al año siguiente (2006) aparecería otro trabajo de Paul Ricœur en el libro homenaje a Carlos Baliñas Fernández, titulado *La tarea de pensar*. Ricœur nos envió para la ocasión el trabajo titulado "Considération sur la triade: le sacrifice, la dette, la grâce selon Marcel Henaff". Por desgracia no pudo acordar la aparición de este libro.

El día 21 de mayo de 2006 se celebró en el Salón de Actos de la Facultad de Filosofía de la Universidad de Santiago de Compostela una Jornada de homenaje a Ricœur, con motivo de cumplirse el primer aniversario de su muerte. El acto fue organizado por la Sociedad Interuniversitaria de Filosofía (SIFA), de la que Paul Ricœur fue presidente Honorario hasta su muerte. En dicho homenaje póstumo, inaugurado por el decano de la Facultad de Filosofía, participaron los profesores Carlos Baliñas Fernández (Universidad de Santiago de Compostela y Presidente de la SIFA); Jesús Ríos Vicente (Universidad de La Coruña y Vicepresidente de la SIFA); Ángel González Fernández (Universidad de Santiago de Compostela y vocal de la SIFA); y Marcelino Agís Villaverde (Universidad de Santiago y Secretario de la SIFA).

Los textos de sus intervenciones aparecerían publicados en el número monográfico de la Revista ÁGORA –Papeles de Filosofía- (vol. 25, nº 2, 2008), coordinado por Marcelino Agís Villaverde. Un número inaugurado por un trabajo del propio Paul Ricœur titulado: "La vida: un relato en busca de narrador", traducido del francés por el investigador compostelano José Luis Pastoriza Rozas, y que incluía Estudios de Marcelino Agís Villaverde (USC), Jérôme Porée (Université de Rennes); Giuseppe Martini (Università Católica de Roma); Gabriela Castro (Universidade dos Açores); Angel González Fernández (USC); María Luisa Portocarrero Silva (Universidade de Coimbra); Paula Ponce de Leão (Instituto Superior de Psicología Aplicada); Olivier Abel (Facultad libre de Teología Protestante de París); Francesca Brezzi (Università di Roma II). Fueron publicados como Notas en este mismo número los trabajos de Carlos Baliñas Fernández (USC), Daniella Ianaotta (Università di Roma II); Constança Marcondes Cesar (Pontificia Universidade Católica de Campinas, Brasil); Domenico Jervolino (Instituto Filosófico de Nápoles) y Catherine Goldenstein (Fonds Paul Ricœur).

La huella dejada por Paul Ricœur en Santiago de Compostela, tanto desde el punto de vista personal y humano, como académico y científico es muy grande y sigue muy presente entre nosotros. Como dato más reciente, baste decir que en los X Encuentros Internacionales de Filosofía en el Camino de Santiago, celebrados entre los días 4 y 5 de noviembre de 2010, sobre el tema "Raíces del Pensamiento Europeo: Filosofía, Cultura, Valores", el pensamiento de Paul Ricœur estuvo presente en las ponencias de varios de los profesores participantes. Y en los XII Encuentros Internacionales de Filosofía en el Camino de Santiago, celebrados en Santiago de Compostela el 26 y el 27 de septiembre de 2013, se dedicó una sección al centenario del filósofo, titulada "Identidad narrativa y memoria: el relato a prueba del tiempo. Homenaje a Paul Ricœur en el centenario de su nacimiento". Un panel en el que participaron Manuel Maceiras (Madrid), Antonio Pieretti

(Perugia), Luisa Portocarrero (Coímbra), Gabriela Castro (Açores), Paula Ponce de Leão (Lisboa), Agustín Domingo Moratalla (Valencia), Michel Renaud (Lisboa) y Marcelino Agís (Santiago), Acilio da Silva Estanqueiro Rocha (Braga).

B) Presencia de Ricœur en Portugal

El pensamiento de Paul Ricœur tiene una gran presencia en Portugal. La *Revista Portuguesa de Filosofía* que edita la Facultad de Filosofía de la Universidade Católica Portuguesa de Braga publicó en el año 1990 un número monográfico dedicado a Paul Ricœur, con artículos de Paul Ricœur, Michel Renaud, Acílio da Silva Estanqueiro Rocha, Fernanda Henriques, Manuel Sumares y José Miguel Dias Costas[18]. Desde entonces las publicaciones sobre Paul Ricœur en Portugal no han cesado hasta el día de hoy.

1) Lisboa

También Ricœur visitó en varias ocasiones Portugal. Tuve la oportunidad de acompañarlo en dos de estas visitas. La primera en el año 1994, con motivo del Simposio Internacional "Ética e o futuro da democracia"[19]. Un simposio celebrado en el marco del programa "Lisboa 94, capital europeia da Cultura", en el que se dieron cita nombres célebres de la filosofía europea. Ricœur pronunció en aquella ocasión la conferencia "La crise de la conscience historique

---

[18] Cf. *Revista Portuguesa de Filosofia*. Braga. Vol. 46, nº 1 (Fev. Mar. 1990).

[19] Se han editado las actas de este congreso: ALVES, João Lopes, ed. lit. - *Ética e o Futuro da Democracia*. Lisboa: Colibri - Sociedade Portuguesa de Filosofia, 1998.

et l'Europe"[20]. El congreso tuvo lugar del 25 al 28 de mayo de 1994 y, por gentileza de la organización, puede hospedarme en el hotel Tivoli de Lisboa junto a Paul Ricœur y los demás congresistas. Un lujoso hotel situado en la Avenida da Liberdade, en el corazón de la capital lisboeta. Mi esposa Eva María y yo acompañamos a Ricœur los días del congreso y visitamos juntos la ciudad. La facilidad para comunicarme y comprender el portugués me convirtió, sin proponérmelo, en el intérprete, sino oficial por lo menos "oficioso", de aquella estancia en Lisboa. De ella guardo una entrañable anécdota: en uno de los viajes en taxi que tomamos para visitar la ciudad, el taxista, al ver la familiaridad con la que hablaba con Ricœur, me pregunto si Paul era mi abuelo. Le traduje la pregunta a Ricœur y exclamó: "sólo intelectual".

La segunda visita a Portugal de Paul Ricœur, de la que fui testigo, tuvo lugar en Lisboa el 1 de julio del año 1999 (jueves), organizada por Paula Ponce de Leão, profesora del Instituto Superior de Psicología Aplicada. En dicha institución se celebró una sesión memorable en la que participaron, además de Paul Ricœur, Michel Renaud, Luisa Portocarrero, Marcelino Agís y Paula Ponce de Leão, entre otros. Están recogidas todas las conferencias pronunciadas durante dicha jornada en un libro[21]. Es imposible, sin embargo, recoger la cálida acogida que Paula Ponce de Leão deparó a Paul Ricœur, hospedado en su casa, y a todos los demás profesores que participamos en dicha sesión.

Más recientemente se ha organizado en Lisboa el Congreso Internacional "Reading Ricœur Once Again: Hermeneutics and Practical Philosophy", celebrado en la Universidade Nova de Lisboa del 7 al 10 de julio del año 2010, que contó con el apoyo oficial de lo *Fonds Ricœur*, del *International*

---

[20] Cf. RICŒUR, P. - La crise de la conscience historique et l'Histoire. In ALVES, João Lopes, ed. lit. - *Ética e o Futuro da Democracia*, p. 29-35.

[21] PONCE DE LEÂO, P.; MÉLO, A., ed. lit. - *Paul Ricœur: uma homenagem*. Lisboa: ISPA, 2002.

Institute for Hermeneutics y de la *Society for Ricœur Studies* de la Unidade I&D Linguagem, Interpretação e Filosofia (Universidade de Coimbra) y de lo Centro de História da Cultura (Universidade Nova de Lisboa). Formaron parte del comité organizador Gonçalo Marcelo (Universidade Nova de Lisboa), Carlos João Correia (Universidade de Lisboa), Cristina Beckert (Universidade de Lisboa), Fernanda Henriques (Universidade de Évora), Gabriela Castro (Universidade dos Açores), Luís Manuel Bernardo (Universidade Nova de Lisboa), Maria João Coelho (Universidade Nova de Lisboa), Maria Luísa Portocarrero (Universidade de Coimbra), Michel Renaud (Universidade Nova de Lisboa), Paulo Pires do Vale (Universidade Católica Portuguesa), Sara Fernandes (Universidade de Lisboa).

2) Viseu

Aunque sin la presencia de Ricœur, en entre el 4 y el 8 de noviembre de 1997, se celebrarían en Viseu, organizadas por el Instituto Piaget, las "II Conferencias Internacionais de Epistemologia e Filosofía: Heidegger, H. Arendt, F. Pessoa, P. Ricœur". En ellas presenté la comunicación titulada "Paul Ricœur: Del tiempo a la Historia, de la Historia al Tiempo". Una Institución que años más tarde publicaría mi libro *Paul Ricœur: a força da razão compartida*[22]. Fue precisamente en esa visita en la que conocería a la joven investigadora María Antonia Jardim, interesada en realizar una tesis doctoral sobre Paul Ricœur que se presentaría en la Facultad de Psicología y Ciencias de la Educação de la Universidade de Porto en el año 2002, dirigida por el Dr. Joaquim Luis Coimbra y codirigida por Paul Ricœur y por mí, posteriormente editada como libro[23].

---

[22] AGÍS VILLAVERDE, M. - *Paul Ricœur: a força da razão compartida*. Lisboa: Piaget, 2003.

[23] Cf. JARDIM, Mª. A. - *Da hermenêutica à Ética em Paul Ricœur: Contributos para um desenvolvimento educativo e moral através da literatura*. Porto: Universidade Fernando Pessoa, 2003.

3) Coímbra

Una de las Universidades portuguesas que más atención prestaron a la obra de Paul Ricœur fue la de Coímbra de la mano de la profesora Luisa Portocarrero Ferreira da Silva. La Dra. Luisa Portocarrero organizó cursos de mestrado, congresos, desarrolló distintos proyectos de investigación y promovió la realización de varias tesis doctorales consagradas al estudio de la filosofía ricœuriana en muy diversos aspectos. He tenido ocasión de participar, entre otros eventos, en el Seminario de Mestrado que organizó en la Facultad de Letras, Departamento de Filosofía, Comunicação e Informação, en el mes de mayo del año 2000, con una intervención titulada "Do mundo da vida ao mundo do texto: fenomenología e hermenêutica em Paul Ricœur".

Entre los congresos organizados en Coímbra por M. L. Portocarrero destacan las "Jornadas Internacionais: Mal, símbolo e justiça", que tuvieron lugar en la Facultad de Letras, organizadas en esta ocasión desde la Unidade I&D LIF, los días 8 y 9 de noviembre de 2000, cuyas actas se editaron al año siguiente[24], así como el Coloquio Internacional: "The Hermeneutic Rationality", celebrado los días 1 y 2 de octubre de 2009, cuyas actas se publicaron en Alemania al año siguiente[25]; y el Coloquio Internacional "Ricœur em Coimbra. Receção filosófica da obra. No centenario do nascimento do filósofo", celebrado en la Facultad de Letras da Universidade de Coímbra, los días 15 y 16 de marzo de 2013, de cuyas actas forma parte el presente trabajo.

Tuve también oportunidad de formar parte del tribunal, entre otras, de las siguientes tesis doctorales dirigidas por la profesora

---

[24] Cf. PORTOCARRERO, M. L., ed. lit. - *Mal, Símbolo e Justiça: Actas das Jornadas Internacionais realizadas em Coimbra nos dias 8 e 9 de Dezembro de 2000*. Coimbra: Faculdade de Letras da Universidade de Coimbra, 2001.

[25] Cf. PORTOCARRERO, M. L; UMBELINO, L. A.; WIERCINSKI, A., ed. lit. - *Hermeneutic rationalitiy = La rationalité herméneutique*. Münster: LIT Verlag, 2010.

Portocarrero: "Do sujeito capaz ao sujeito de direito: um percurso pela filosofía de Paul Ricœur", elaborada por Fernando Acílico Maia Saldanha y defendida con éxito en la Universidad de Coímbra el 13 de marzo de 2009; "O sujeito capaz em Paul Ricœur. Da crise do *Cogito* à dimensão relacional da pessoa", elaborada por Manuel Luis Monteiro Judas y defendida con éxito el 4 de noviembre del 2011 en la Universidad de Coimbra.

A partir del año 2008 la Dra. Portocarrero coordinó el proyecto de investigación internacional titulado "A Racionalidade Hermenêutica: entre afectividade e norma", en el que participaron profesores de distintas universidades europeas, entre ellas Rennes (Francia) y Santiago de Compostela (España). Un proyecto que permitió proseguir la investigación sobre la hermenéutica de Paul Ricœur y temas afines.

4) Évora

Tres acontecimientos de gran importancia para la difusión del pensamiento Ricœurirano tendrán lugar en Évora, pocos meses después del fallecimiento de Ricœur. El primero la organización del Coloquio Internacional "A Hermenêutica de Paul Ricœur e os percursos da filosofía do século XX", coordinados por la profesora Fernanda Henríques de la Universidad de Évora y en el que colaboraron el Centro de Filosofía de la Universidad de Lisboa, representado en la organización por el profesor Carlos Joâo Correia y la Universidad de Coímbra, representada por la profesora María Luisa Portocarrero. Un congreso internacional que tuvo lugar entre los días 3, 4 y 5 de noviembre de 2005 y cuyas actas recogen el conjunto de las ponencias presentadas[26].

---

[26] HERNRIQUES, F. ed. lit. - *Paul Ricœur: temas e percursos*. Coimbra: Ariadne, 2006.

El segundo acontecimiento que tuvo lugar en Évora coincidiendo con el Coloquio Internacional antes mencionado fue la exposición bibliográfica "Ricœur em língua portuguesa", coordinada por Margarida Almeida Amoedo. Una exposición estructurada en torno a cinco núcleos temáticos: I. Obras de Paul Ricœur; II. Obras sobre o pensamento de Paul Ricœur; III. Capítulos de Obras; IV. Artigos em publicações periódicas; V. Dissertações de mestrado e doutoramento sobre a obra de Paul Ricœur. Un acervo bibliográfico proveniente de tres fuentes fundamentales: la Biblioteca Geral de la Universidade de Évora; las diferentes bibliotecas universitarias portuguesas que las cedieron para la ocasión; y la aportación de particulares. Desde entonces se han publicado muchas obras sobre el pensamiento de Ricœur y alguna traducción de las obras mayores del autor, como es el caso de la reciente traducción de *La simbolique du mal*, con motivo del centenario del nacimiento del filósofo[27].

El tercer evento que tuvo lugar en el transcurso de este congreso fue la presentación para Portugal del libro *Hermenéutica y Responsabilidad. Homenaje a Paul Ricœur*, que recoge las Actas de los VII Encuentros Internacionales de Filosofía en el Camino de Santiago, celebrados en Santiago de Compostela con la presencia de Paul Ricœur los días 20, 21 y 22 de noviembre de 2003. Una obra editada por la Universidade de Santiago de Compostela en colaboración con el Centro de Filosofía de la Universidade de Lisboa y por la Universidade de Évora y enriquecida con los textos de profesores portugueses aportados por la profesora Fernanda Henriques de ésta última Universidad[28].

---

[27] Cf. RICŒUR, P. - *A simbólica do mal*. Trad. Portuguesa. Lisboa: Edições 70, 2013, con Prefacio de Mª Luisa Portocarrero.

[28] AGÍS VILLAVERDE, M. [et. al.]., (ed. lit.) - *Hermenéutica y responsabilidade: Homenaje a Paul Ricœur*. Santiago de Compostela: Servicio de Publicaciones de la Universidad de Santiago de Compostela, 2005.

Conclusión

En este breve repaso por la presencia de Paul Ricœur en España y Portugal no he tratado de reflejar de forma exhaustiva todas las visitas de Ricœur a la Península Ibérica y mucho menos todos los eventos organizados en ambos países relacionados con su pensamiento sino tan sólo ofrecer un testimonio personal de un conjunto de momentos, la mayoría vividos en primera persona, que pueden contribuir a explicar la gran actualidad y vigencia del pensamiento ricœuriano en la Península.

A esta relación habría que añadir la ingente cantidad de publicaciones aparecidas desde las décadas finales del siglo XX hasta el presente, muchas de ellas recogidas en los distintos repertorios bibliográficos de F. D. Vansina, entre otros. Y desde luego quedan en la memoria y en el corazón de numerosos colegas de España y Portugal la relación humana con Paul Ricœur, persona siempre cercana y amigable, que ha conformado una comunidad peculiar que bautizó como "proches", incrementada por todos aquellos que se acercan a su obra y siguen filosofando a partir de su legado.

PAUL RICŒUR – PENSAR *ENTRE*, UM PENSAR DIFERENTE EM FILOSOFIA

PAUL RICŒUR - THINKING *BETWEEN*, A DIFFERENT WAY TO THINK IN PHILOSOPHY

José Eduardo Alves Jana[1]

Resumo

Paul Ricœur ergue-se como pensador *entre* disciplinas, *entre* áreas do saber, *entre* autores e correntes. Não num sincretismo primário, mas num diálogo frutuoso entre as suas grandes interrogações e os contributos oriundos de vários campos disciplinares, *entre* a filosofia e a linguística e as ciências da natureza, *entre* o método fenomenológico e a filosofia clássica, *entre* a filosofia continental e a filosofia da linguagem, *entre* a especulação universitária e o compromisso com os problemas teóricos e práticos, por exemplo do direito e da justiça... Por isso, o filosofar é também ação e compromisso na cidade dos homens. Estamos pois longe, muito longe da gramática do pensamento clássico.

Palavras chave: Pensar entre disciplinas; filosofia como ação e compromisso prático; crítica da gramática do pensamento clássico.

---

[1] jalvesjana@gmail.com
Professor reformado do ensino secundário. Doutor em Filosofia. Tem como áreas de interesse a Filosofia da ciência, a Filosofia prática e aplicada.

http://dx.doi.org/10.14195/978-989-26-1091-7_2

Abstract

Paul Ricœur stands as a thinker *between* subjects, *between* areas of knowledge, *between* authors and currents. His standpoint is thus not a primary syncretism, but a fruitful dialogue between the greatest questions he poses and the several contributions from different disciplinary fields, *between* philosophy, linguistics and natural science, *between* the phenomenological method and classical philosophy, *between* continental philosophy and the philosophy of language, *between* academic speculation and the engagement with theoretical and practical issues, such as law and justice, for example... That is why philosophizing is also action and commitment in the city of men. Therefore, we are far, far away from the grammar of classical thought.

Keywords: Thinking between disciplines; philosophy as action and practice commitment; critic of the classical grammar thought.

Um dos pilares mestres da filosofia clássica é a noção de substância. Pela própria semântica da palavra, substância – sub + stância – é o que está por debaixo, os alicerces, o que permanece face àquilo que se altera, a substância face aos acidentes, aquilo que é em si mesmo e não depende da existência de outra coisa, o que é invariável e uma coisa verdadeiramente é em contraposição com o que, variando, nela pode ser ou não ser.

Deste pilar matricial decorre muito do pensar ocidental. O que verdadeiramente é, leva consigo um carácter de permanência, de auto subsistência e auto suficiência.

O real é, além disso, de carácter elementar. A realidade é constituída por elementos substanciais que, existindo, se podem combinar de modo a fazerem aparecer as múltiplas formas da sua conjugação e apresentação. Mas a verdade última das coisas está nos elementos que as constituem.

Por sua vez, o conhecimento, sobretudo o trabalho filosófico, tem um carácter de mineração. Trata-se de escavar a realidade das coisas de modo a procurar o que, lá no fundo, as constitui em verdade e em permanência.

Ser e não ser não pode ser, diz-se como princípio onto-gnoseo-lógico do ser e do conhecer. O ser é e dá-se a conhecer ao homem que é capaz de ir além das aparências, da volatilidade das formas acidentais, da impermanência das coisas, de descer da mistura composta à simplicidade dos seus constituintes. A verdade é, por natureza, universal e imutável. Esse é o projeto de "a" Ciência. Uma ciência de matriz vertical, procurando de cima para baixo os fundamentos que lá estão, mas não são imediatamente visíveis.

Mas já no século XVII surge a proposta de uma nova ciência, em que se desprezam as substâncias e se procura conhecer os fenómenos. A nova física muito depressa consegue resultados espantosos, seja em conhecimento seja em poder sobre os fenómenos. Por isso, obteve as boas graças tanto da investigação como da opinião informada. E assim se forma um novo método de conhecimento dos fenómenos, expressos por leis matemáticas, sujeitas a teste experimental. Trata-se de uma ciência mais horizontal, em que os fenómenos se explicam uns pelos outros, ainda que sem perder uma dimensão vertical, pois que os fenómenos de um nível se explicam por outros de um nível inferior.

Contudo, o pensamento filosófico mantém-se ainda muito ligado a esse pensamento substancial que vinha da antiguidade clássica. E então começa uma divisão ou mesmo oposição inconciliável, e por vezes violenta, entre as chamadas ciências e as chamadas humanidades.

É, em síntese, com Kant e a impossibilidade do conhecimento metafísico, e com Hegel e a historicidade de todo o real, que a matriz do ser e do conhecer começa a mover-se. Entretanto, as ciências davam passos significativos, com Darwin, Einstein, Heisenberg, Hubble, Edward Lorenz, Mandelbrot e muitos outros. Com eles, a realidade surge-nos com uma configuração muito diferente da que nos oferecia mesmo na física clássica.

O evolucionismo cósmico, da astrofísica à biologia, e a mecânica quântica mostram-nos um Universo único na sua natureza, intrinsecamente dinâmico e evolutivo, em última análise não constituído por elementos mas por campos de forças em interacção, com todas as partes numa interdependência continuada, num modo de ser ao mesmo tempo caótico e determinista, o que torna a imprevisibilidade o estatuto do conhecimento da natureza, ainda que neste oceano de incerteza se encontrem pequenas ilhas de certeza.

Tudo isto é quase informação de base, que não pretende trazer qualquer novidade, mas antes apresentar o enquadramento do encontro com Paul Ricœur e o seu pensamento.

Desde cedo, desde o início da sua obra filosófica, Paul Ricœur se apresenta como um pensador do agir. Não propriamente do ser, mas do agir. Decerto, influenciado pela sua experiência do campo de concentração na II Grande Guerra e da descoberta dos campos de extermínio, embora certamente também pela sua filiação religiosa no protestantismo calvinista, o problema do mal impõe-se-lhe como tema inicial de reflexão. E o mal aparece-lhe não como da ordem do ser, mas do agir. O mal não é da ordem do substancial, mas do relacional. E o homem não é o cogito auto-suficiente, que a si e em si mesmo se descobre. Pelo contrário, é em si mesmo inquietude e desproporção, pelo que não apenas é, antes tem de se descobrir num processo dialético de hermenêutica de si face aos outros, tem de se afirmar no seu poder de querer e agir[2] e questionar-se face aos efeitos que tem em si e nos outros.

Sem pretender fazer o retrato, mesmo dinâmico, do pensamento de Ricœur, podemos fazer já uma ligação *entre* esta resposta inicial e a formulação que Ricœur nos apresenta no seu pensamento final, daquilo que nos constitui a partir de dentro. O que todos procuramos

---

[2] RICŒUR, P. - *Philosophie de la volonté 1: Le volontaire et l'involontaire.* Paris: Aubier, 1949, p. 13, 47.

e constitui o problema ético (*"visée éthique"*) é uma "vida boa com e para os outros em instituições justas"[3]. Vemos, assim, que o mal não é da ordem do ser, ou do não ser, mas do relacional, ou seja, da relação entre o agir humano e os seus efeitos face a isso que todos procuramos. E isso que procuramos não é um dado metafísico, da ordem do transcendente e imutável, antes decorre das próprias relações entre os membros da sociedade. Porque são estes que, ao mesmo tempo, agem e sofrem as ações uns dos outros.

O campo ético não tem, portanto, uma determinação deontológica, um dever ser *a priori* e em si mesmo, imposto desde cima, a que os membros de uma dada sociedade se devam submeter. Dito de outro modo, não há uma ordem pré-estabelecida a que os membros de uma sociedade se devam submeter. Há, sim, a tensão ética de uma teia de relações em que os membros de uma dada sociedade já se encontram mergulhados quando enfrentam o problema de "o que fazer" e "como fazer" e uma ordem que sempre emerge dessas relações horizontais.

Não estamos perante um dinamismo teleológico, um fim determinado desde o princípio, mas um dinamismo teleonómico, em que a ordem se constrói ou emerge no próprio processo em que necessariamente nos encontramos. Como diz o poeta, "não há caminho, o caminho faz-se ao caminhar".[4]

Há, em cada momento, múltiplas possibilidades de ação. Quais delas são caminho para uma "vida boa com e para os outros em instituições justas"? Estamos agora perante uma notável inversão da filosofia tradicional. A regra do agir não está antes da ação, prévia e determinada por Deus ou pela Natureza ou pela Razão soberana. Pelo contrário, vem do futuro, futuro próximo ou distante, mas sempre um futuro que não é conhecido com certeza garantida, uma

---

[3] "Appelons «visée éthique» la visée de la «vie bonne» avec et pour autrui dans des institutions justes", RICŒUR, P.- *Soi-même comme un autre*. Paris: Seuil, 1990, p. 202.

[4] "caminante, no hay camino, / se hace camino al andar.", MACHADO, António - *Antologia poética*. Lisboa: Cotovia, 1999, p. 150.

vez que ainda não existe e a incerteza é a própria ordem do caos em que se inscreve a ação. O agir é, pois, de natureza hermenêutica. Sobre como agir, o sujeito tem sempre de interrogar-se, mas também interrogar os outros e as instituições e a natureza das coisas e dos processos. E as respostas, múltiplas por natureza, são ainda sujeitas ao princípio da incerteza com que o futuro se deixa entrever ao mesmo tempo que se esconde. E é nesse jogo entre ser e acontecer que o homem existe.

Estamos já muito longe das certezas apodíticas de uma metafísica triunfante. Mas não estamos também perdidos num mar encapelado sem estrelas que nos guiem.

"Se Deus morreu tudo é permitido?" De certo modo, sim, pois nada é proibido por uma ordem de imposição externa. Mas nada é indiferente. Porque tem consequências. E, por isso, nem tudo é permitido – pela vida – , pois algumas das possibilidades matam a "vida boa com e para os outros em instituições justas", que é a regra do viver em comum. Os homens agem *entre* si e *entre* si são também aqueles que sofrem. Por isso têm de cuidar do que fazem acontecer.

Então, a vida é uma aventura à descoberta do imprevisto, verdadeira construção criadora de um caminho entre múltiplas possibilidades. Como quem abre um carreiro no bosque, sempre em direção a algum recanto, mas nunca um recanto já conhecido. E esta é a natureza do ser homem no mundo com os outros, com as relações reguladas por instituições. Não é uma natureza dada à partida, pois se todo o acontecer se rege por leis naturais, o agir abre possibilidades que não estavam garantidas pelo simples acontecer factual. Daí que ser homem não é, nunca, apenas da ordem do acontecer regido pelas leis da natureza, mas, ainda que sempre regido por elas, também criador de novas possibilidades que só ele pode abrir. Como o engenheiro que faz uma ponte respeitando as leis da natureza, mas de uma natureza que não faz ela própria a ponte. E quem diz ponte diz... tudo o que é obra humana.

Não estamos já, como no pensamento clássico, perante uma realidade eterna e imutável, princípio metafísico do ser e do agir do homem autêntico. Nem Ulisses regressa ao lar, nem Penélope o espera.

Há, de facto, um passado que se traz ou nos traz até ao presente. Mas não é nele que o futuro está contido. Pelo contrário, é *entre* o passado que nos construiu até aqui e o futuro que se vislumbra a partir daqui que se abre a fratura do presente. O momento presente é este lugar onde se cruzam o passado e o presente, mas também eu e os outros, o meu projeto individual de ser e as exigências das instituições. É *entre* estes polos, num campo de forças várias, que se abre o meu e nosso momento presente como desafio de futuros alternativos.

A realidade não é já constituída por pontos e elementos, num espaço neutro euclidiano, mas por campos e relações. E cada um dos pontos é um nó de forças em interação. Como, aliás, a realidade física, por exemplo. O átomo é constituído por elementos, mas estes só existem no átomo. A sociedade é constituída por homens, mas estes só existem como tal em sociedade. O ser é em si mesmo relação, forças em interação, interdependências mútuas, campos em turbilhão. O homem é em si mesmo um nó de forças e de relações que o constituem e, desde logo, o inscrevem num campo que lhe dá consistência. Não há uma realidade substancial que subsiste em si mesma e que dá ao homem o ser que ele há-de ser.

Paul Ricœur diz isto mesmo de mil maneiras. Não estamos já perante um sujeito seguro de si, um cogito triunfante e auto consciente que a si mesmo se garante, mas um ser que se encontra já a existir e que só num processo dialético se descobre e se consolida: na dialética do eu e do outro, do voluntário e do involuntário, da tradição e da inovação, da identidade *idem* e da identidade *ipse*, do corpo inscrito no mundo e da consciência que se abre mediada pela alteridade, da atestação de si pelo poder de dizer e fazer perante si e perante os outros mas também da suspeita de que esse poder pode não se confirmar uma vez posto à prova...

A identidade do sujeito, sobretudo a identidade *ipse*, é essencialmente narrativa e não propriamente substantiva. O sujeito afirma-se pela narrativa que faz de si mesmo mas, de novo, afirma-se *entre* essa narrativa que ele mesmo faz e a narrativa que os outros fazem dele, e também de si mesmos. Mais uma vez, o ser homem não é um pilar seguro que se ergue sobre o chão do ser ou do mundo. O ser homem é algo que acontece *entre*.

Estamos longe, muito longe da gramática do pensamento clássico. Bem de acordo com o espírito do seu tempo, Paul Ricœur fala-nos de um homem e de um mundo não linear onde a complexidade e a relação cibernética marcam todas as formas de ser, que são sempre formas de relação. A realidade é em si mesma processo e, por isso, só um modo de pensar também ele dinâmico, inclusivo de opostos e não disjuntivo, pode dar conta das formas da existência, incluindo a humana. Por isso o homem não se sabe, antes se interroga e todo o ensaio de resposta é sempre uma hermenêutica de si e do mundo em que sempre se encontra a existir e a ter que agir na incerteza de nunca garantir aquilo que em última análise procura: a "vida boa com e para os outros em instituições justas". Mas uma tal vida nunca está dada nem garantida, antes tem de ser sempre procurada *entre* as múltiplas marcas de referência e *entre* as múltiplas possibilidades de ação. Não é assim mesmo que se nos apresenta a vida?

Termino com uma referência a uma série de esculturas de Charters de Almeida, da série "Cidades Imaginárias". Cada escultura é constituída aparentemente por um monumental conjunto de pilares que, de facto, lá estão. Mas a escultura não é verdadeiramente esses pilares. Por um lado, a escultura está no espaço, mas também ela define o espaço em que está, pois, este não lhe fica indiferente. A escultura pontua a paisagem, recria o lugar que habita. Por isso, cada escultura desta série começa por ser a relação que se abre entre ela e o espaço em que se encontra. Mas a escultura é ainda muito mais que os pilares que a constituem e o espaço circundante. Ela é, antes de mais, os espaços, os corredores, as perspetivas que *entre* esses pilares se abrem. *Entre* estes é sempre possível observar perspetivas fragmentárias da realidade circundante, mas é sobretudo possível, a partir desses fragmentos e para lá deles, criar cidades imaginárias. E não é sempre assim, *entre* as possibilidades dadas que se abrem os possíveis que nos dão acesso à criação de novas realidades? Por outro lado, ao mesmo tempo que uma escultura dessa série marca em definitivo uma dada paisagem, por exemplo na margem do Tejo, em Abrantes, *entre* ela e as outras espalhadas pelo mundo, em Macau, no Canadá, em Palmela, na Bélgica, nos Estados Unidos, em Lisboa, abre-se um espaço de diálogo, agora na horizontal, de um mundo que precisamos de imaginar de novo.

Ou, como disse Sasha Waltz, coreógrafa alemã: "O que procuro é juntar um pequeno grupo de músicos e bailarinos para explorar a noção de interstícios – as lacunas no meio da música, o espaço que existe *entre* os tons."[5]

Também Paul Ricœur se levanta como pensador *entre* disciplinas, *entre* áreas do saber, *entre* autores e correntes. Não num sincretismo primário, mas num diálogo frutuoso entre os suas interrogações e os contributos vários vindos deste processo entre vários campos disciplinares, *entre* a filosofia e a linguística e as ciências da natureza, *entre* o método fenomenológico e a filosofia clássica, *entre* a filosofia continental e a filosofia da linguagem, *entre* a especulação universitária e o compromisso com os problemas teóricos e práticos, por exemplo do direito e da justiça... Por isso, o filosofar é também ação e compromisso na cidade dos homens. Até porque convém não esquecer que há duas linhas de pensamento e ação muito na moda, muito na ordem do dia. Uma, a do individualismo mais ou menos fundamentalista, com uma desconfiança ou mesmo negação de tudo quanto é instituição, organização ou poder que não se reduza à afirmação do indivíduo. E ainda outra que vê na desconstrução e na fratura o único ato de criatividade autêntica, sem curar do que resulta, partindo do

---

[5] LISTOPAD, Jorge - Egoístas que somos. *JL*. Nº 1107 (6 Mar. 2013). Itálico nosso.

princípio, suposto evidente, de que tudo o que existe é para desconstruir, para fraturar, para partir. Paul Ricœur aponta noutra direção, na criação de "instituições justas", o que não significa uma opção contra as pessoas singulares e o seu poder individual: o ser do homem e da mulher joga-se, de forma dialética, *entre* a afirmação da identidade pessoal e a ação das instituições, que devem ser justas. E alguém se atreve a dizer que as instituições nacionais, europeias e mundiais são justas ou que caminham para se tornarem mais justas? E que nós, cidadãos, estamos a construir uma "vida boa com e para os outros"?

O desafio filosófico não é, pois, diz-nos Paul Ricœur, o de procurar a verdade última e primeira do ser homem, mas a da hermenêutica projetiva de re-construir a vida e as instituições na cidade dos homens e das mulheres de hoje e para amanhã.

Face a uma filosofia sempre à procura de fundamentos últimos e de uma verdade em si mesma absoluta, Paul Ricœur assume a impossibilidade do fundamento último e assume uma verdade hermenêutica, narrativa e relacional. Está, por isso, mais próximo do conhecimento científico tal como é praticado no seu e nosso tempo. E, desde logo, da matemática que desde Gödel se assume como um sistema de bases axiomáticas, donde a impossibilidade da fundamentação absoluta.

Paul Ricœur construiu uma obra monumental, seja pelo volume dos escritos, seja pela densidade e riqueza dos contributos que deu. Mas é a própria estrutura da obra que nos remete para um compromisso com a realidade do mundo global na sua complexidade problemática, para um diálogo entre possibilidades, pois a verdade nunca nos é dada aqui ou além. Ela é de natureza hermenêutica, seja na sua problematização, seja na sua realização em concreto no mundo. E filosofar não é mais uma atividade de mineração, mas antes uma floração primaveril, como o foi em Paul Ricœur que de um problema se abriu em sucessivas ramificações tanto teóricas como práticas.

O CONFLITO DAS FILOSOFIAS DO SUJEITO E A DIMENSÃO NARRATIVA DA AUTOCOMPREENSÃO
THE CONFLICT BETWEEN THE PHILOSOPHIES OF THE SUBJECT AND THE NARRATIVE DIMENSION OF SELF-UNDERSTANDING

Manuel Luís Judas[1]

Resumo

Perante o conflito das filosofias do sujeito, exaltado por Descartes e humilhado por Hume e Nietzsche, Paul Ricœur propõe-nos o conceito de «atestação», entendido fundamentalmente como atestação de si-mesmo, ou seja, confiança nas suas capacidades de dizer, de agir, de narrar a história da sua vida e de assumir a responsabilidade dos seus atos. São estas e outras capacidades, como as da memória e da promessa, que nos permitem conhecer a sua verdadeira identidade. Esta não é, como a das coisas ou dos animais, uma identidade substancial, mas antes, uma identidade dinâmica. Porque não deixa de fazer-se e refazer-se ao longo do tempo, responder à questão «Quem?», exige, antes de tudo, contar a história de uma vida. O tempo e a narrativa são, por isso, essenciais

---

[1] mjudas12@gmail.com
Manuel Judas nasceu em Elvas, a 1 de Dezembro de 1955. Doutorado em Filosofia Moderna e Contemporânea pela Universidade de Coimbra (2012), é membro da equipa do projeto de investigação LIF. Exerceu as funções de Coordenador de Departamento das Ciências Sociais e Humanas e de Representante de Grupo de Filosofia em vários Conselhos Pedagógicos do ensino secundário.

ao trabalho de reflexão sobre o sujeito, agente e sofredor, o que implica recorrer à experiência agostiniana de tempo e à teoria aristotélica da intriga.

Como representação temporal das peripécias da ação do sujeito concreto, a narrativa é a forma de racionalidade capaz de acolher a diversidade das suas experiências e avaliações, a complexidade dos seus sonhos, motivos e projetos. A identidade narrativa situa-se entre duas figuras de permanência no tempo – a mesmidade e a ipseidade – reunindo, simultaneamente, a permanência do caráter e a forma da manutenção de si próprio ao longo da vida.

Palavras-chaves: atestação; identidade narrativa; mesmidade e ipseidade.

Abstract

Standing before the conflict between the philosophies of the subject, a subject exalted by Descartes and humiliated by Hume and Nietzsche, Paul Ricœur proposes the concept of 'attestation', primarily understood as attestation of oneself, that is, trust in the capacities to speak, to act, to tell the story of one's life and to take responsibility for one's actions. These and other capacities, such as memory and promise, are the ones that allow us to know our real identity. Unlike the substantial identity of things or animals, this is a dynamic identity. Because it never stops to build and rebuild itself throughout time, answering the question "Who?" requires, first of all, telling the story of a life. Time and narrative are, therefore, essential to the work of reflection on the subject, acting and suffering, which implies mentioning the Augustinian experience of time and the Aristotelian theory of intrigue.

As a temporal representation of the vicissitudes of the concrete subject's actions, narrative is the ablest form of rationality to accommodate the diversity of his experiences and evaluations, the complexity of his dreams, motives and projects. Narrative identity is between two figures of permanence in time – sameness and selfhood – gathering, simultaneously, both the permanence of character and self-maintenance throughout life.

Keywords: Attestation; narrative identity; sameness and selfhood

Perante o conflito das filosofias do sujeito, exaltado por Descartes e humilhado por Hume e Nietzsche, Paul Ricœur defende a necessidade de outra conceção de sujeito: nem o eu como primeira verdade, nem o eu como a maior das ilusões. Como refere, do «'eu' dessas filosofias, dever-se-ia dizer, como há quem diga do pai, ou há de menos, ou há de mais»[2]. Esta a razão por que é preciso manter a hermenêutica do si a igual distância da certeza cartesiana e do espírito da suspeita nietzschiana, o que só é possível mediante o conceito de «atestação».

A atestação é o ato pelo qual o sujeito dá testemunho de si, seja de forma direta, por meio de atos, como falar e fazer, ou indireta através das marcas, símbolos e obras transmitidas pela grandes culturas. Ao incidir mais na questão do agir e não tanto na questão do conhecer, a atestação é fundamentalmente atestação do sujeito, ou seja, confiança nas suas capacidades de falar, fazer, narrar a sua história de vida e assumir a responsabilidade dos seus atos. Graças a estas e a outras capacidades, como as da memória e da promessa, é possível compreendê-lo lenta e gradualmente e não, como em Descartes, de uma só vez.

Pela atestação, entendida como «a certeza do si de ser um ser ativo e sofredor»[3], o sujeito assume-se na dupla dimensão que o constitui, já que ele tanto se atesta nas experiências de passividade que o revelam

---

[2] RICŒUR, P. - *Soi-même comme un autre*. Paris: Seuil, 1990, p. 15.
[3] IDEM - *ibidem*, p. 35.

na sua condição de ser finito, frágil e recetivo, como naquelas outras em que se revela ativo e capaz.

Responder à questão «Quem é o sujeito?» implica, pois, substituir o «eu» das filosofias anteriores, ora poderoso, ora humilhado, por outras figuras, essas sim, próprias de cada ser humano, como as de locutor, agente, narrador e responsável pelas suas ações. São figuras que só podem ser compreendidas mediante o contributo de diversas perspetivas, como as da filosofia da linguagem, da filosofia da ação, da teoria narrativa e da ética.

Todavia para a nossa reflexão sobre a dimensão narrativa da autocompreensão, é preciso apenas ter em conta uma das figuras: a do homem que narra a história da sua própria vida.

Como *representação temporal da ação humana*, a narrativa é, antes de mais, a via que permite compreender a identidade de cada homem. Sem ela, não teríamos acesso à diversidade das suas experiências e vivências, à complexidade das suas paixões, sonhos e projetos. Importa, por isso, como escreve Paul Ricœur, «questionar esta falsa evidência segundo a qual a vida é apenas para ser vivida e não para ser narrada»[4]. Mais: «contamos histórias porque finalmente as vidas humanas têm necessidade e merecem ser contadas»[5]. De fato, o homem é um ser que narra. E se conta a sua história de vida, começando pelas experiências da sua infância e adolescência, e se recorre à história da sua família ou comunidade, remontando às suas raízes mais remotas e profundas, é porque além de outras, sente também a necessidade de saber quem é.

Como a de uma comunidade histórica, a identidade de cada ser humano não é uma identidade substancial, mas antes viva e dinâmica. «Somos mas ainda não somos e, por isso, estamos sempre,

---

[4] RICŒUR, P. - *Écrits et conférences 1: Autour de la psychanalyse*. Paris: Seuil, 2008, p. 268.

[5] RICŒUR, P. - *Temps et récit I: L'intrigue et le récit historique*. Paris: Seuil, 1983, p. 143.

dolorosamente e ao mesmo tempo esperançosamente, a caminho de ser»⁶, diz João Maria André. Eis a razão por que a palavra tempo é, para nós, uma das mais importantes em Ricœur. Como compreender os motivos, as expetativas e incertezas do sujeito sem as estruturas temporais do passado, do presente e do futuro? Se, por um lado, é o movimento regressivo freudiano que o faz regressar ao passado, em busca das suas raízes e figuras anteriores, por outro, é o movimento progressivo hegeliano que o impele para frente, em direção a outras figuras e modos de ser-no-mundo.

Dado que não pode ser compreendido fora do tempo e, portanto, fora da narração, uma reflexão sobre o sujeito pressupõe o cruzamento da *Poética* de Aristóteles, que apresenta apenas uma teoria da intriga, com as *Confissões* de Santo Agostinho, que analisa apenas a natureza do tempo. Mas a verdade é que só cruzando o tempo com a sua história de vida, é que é possível compreender o sujeito agente e sofredor.

Ora, é a noção de «tempo narrativo» que permite a Ricœur estabelecer a relação dialética entre a experiência agostiniana de tempo e a teoria aristotélica da intriga. Assim, o tempo narrativo é o tempo vivido, aqui ou mais além, por cada ser humano ou comunidade histórica, sendo, por isso, expressão de um percurso individual ou coletivo. O nosso autor diz-nos que «*o tempo só se torna tempo humano na medida em que é articulado de um modo narrativo, e a narrativa atinge a sua significação plena quando se torna uma condição da existência temporal*»[7].

Mas a identidade de cada homem, que não deixa nunca de fazer-se e refazer-se ao longo do tempo, só pode ser compreendida mediante as suas figuras: a mesmidade e a ipseidade. A mesmidade representa, para Paul Ricœur, o conjunto de disposições distintas e rígidas, que não sendo afetado pelo tempo, permite-nos, tal como as impressões

---

[6] ANDRÉ, João - *Multiculturalidade, identidades e mestiçagem*. Coimbra: Palimage, 2012, p. 280.

[7] RICŒUR, P. - *Temps et récit I.*, p. 105.

digitais, identificar o sujeito como sendo o mesmo. Uma vez que é irredutível à mudança, compreende-se que esta figura tenha como paradigma o caráter.

Todavia, o sujeito, ao contrário das coisas e dos animais, não é uma simples identidade imutável, mas antes uma identidade marcada pelo movimento e pela mudança. A esta forma dinâmica de manutenção de si-mesmo ao longo do tempo dá-se o nome de ipseidade. Ainda que mude, o sujeito não deixa de ser o mesmo. Daí a primazia da promessa, ou melhor, da palavra dada. Sobre a sua importância, diz o antigo presidente do Federal Reserve System, Alain Greenspan:

> «É extraordinário que (...) um grande número de contratos, em especial nos mercados financeiros, seja inicialmente verbal, e só mais tarde confirmado por um documento escrito, por vezes depois de uma grande oscilação de preços»[8].

Ainda que distintas, o certo é que, à luz da vida quotidiana, estas duas dimensões da identidade pessoal tendem a coincidir, uma vez que contar com alguém é simultaneamente ter a garantia da permanência do seu caráter e do cumprimento da sua promessa.

No sentido de relacionar a mesmidade com a ipseidade, Paul Ricœur recorre ao conceito de «identidade narrativa», seja de um personagem de romance, de uma personalidade histórica, ou simplesmente de cada um de nós na nossa relação com o tempo. Traduz não só as mudanças e acontecimentos de uma vida, mas também a sua unidade e coesão. A identidade de personagem é-nos dada mediante a invenção da intriga. Significa isto que é preciso reunir finalidades, causas, acasos sob a unidade temporal da ação dos personagens. Ou seja, o escritor, ao compor uma intriga narrativa, tem pela frente, digamos assim, um exercício muito

---

[8] GREENSPAN, Alan - *A era da turbulência: Contribuições para um mundo em mudança*. Trad. Saul Barata e Maria Segurado. Lisboa: Presença, 2007, p. 280.

semelhante ao de uma criança face às suas peças de *Lego*: faz, desfaz e volta a fazer na tentativa de construir uma história com sentido. No contexto da configuração da identidade do personagem, ele pode, assim, explorar diferentes hipóteses, «desde o caso extremo» diz o nosso autor «de um ocultamento quase total entre o caráter e a ipseidade, como nos contos e lendas, até ao outro caso extremo, o da dissociação quase total entre o *idem* e o *ipse*, como em certos romances (…)»[9].

No que respeita à perda de identidade, pense-se, por exemplo, na obra o *Homem sem qualidades* de Robert Musil. Trata-se, como é óbvio, de um homem «sem propriedades», isto é, sem mesmidade – que numa situação extrema, acaba por se tornar não identificável. Já o mesmo não sucede com a obra *Dom Quixote de La Mancha* de Miguel Cervantes, em que a identidade do personagem principal, Dom Quixote, é a de um homem único e inconfundível.

O escritor pode, assim, experimentar muitas formas de ser, pensar e agir. É importante notar que essas múltiplas experiências de pensamento feitas «no grande laboratório do imaginário são também», segundo o nosso autor, «explorações realizadas no reino do bem e do mal»[10]. Podem, por isso, servir de guia ao sujeito leitor. E é bom saber que se pode contar com ele, como confessa uma leitora a Simone de Beauvoir, a propósito de uma notícia sobre a publicação das suas *Memórias*:

> «Nós gostaríamos de saber como agir na vida com os nossos maridos, as nossas profissões, os nossos filhos, os nossos desejos de realização pessoal, e você vem contar-nos as suas recordações que só a si interessam (…)»[11].

---

[9] RICŒUR, P. - *Réflexion faite: autobiographie intellectuelle*. Paris: Esprit, 1995, p. 177.
[10] RICŒUR, P. - *Soi-même comme un autre*. Paris: Seuil, 1990, p. 194.
[11] CHAPSAL, Madeleine - *Os escritores e a literatura*. Trad. Regina Louro. Lisboa: Publicações D. Quixote, 1986, p. 61.

Veja-se, no entanto, a resposta da autora de *O segundo sexo*:

> «Penso, contudo, (...) que dizendo com cuidado a verdade sobre nós próprios ajudamos outrem a compreender a sua. Escrever sobre mim é, neste momento, a maneira que mais me convém para falar aos outros sobre eles próprios»[12].

Mas não são apenas as propostas das filósofas, dos escritores e poetas as únicas que podem ajudar o sujeito a transformar o seu modo de habitar o mundo. Há também outras histórias de vida que são essenciais à formação e transformação da sua identidade, como a história dos seus pais e avós, dos seus irmãos e amigos, dos seus companheiros de trabalho e lazer. A relação da sua história de vida com algumas destas histórias é, como sabemos, muito forte. Pode até dizer-se, citando mais uma vez Paul Ricœur, que

> «as histórias de vida estão de tal maneira enredadas umas nas outras que a narração que cada qual faça ou receba da sua própria vida torna-se um segmento dessas outras narrações que são as narrações dos outros»[13].

Por outro lado, existe também uma forte relação entre a narrativa e a identidade de uma comunidade histórica. Como fonte inspiradora e transformadora, a narrativa desempenha um papel crucial na transmissão de atitudes, valores e ideais, com os quais os indivíduos se identificam e a comunidade se afirma e se reconhece. Israel é um grande exemplo disso, um povo que formou a sua identidade a partir dos seus escritos bíblicos e das suas narrativas. Se, por um lado, as narrativas nos mostram um percurso muito particular,

---

[12] IDEM - *ibidem*, p. 61.
[13] RICŒUR, P. - *Le juste I*. Paris: Esprit, 1995, p. 36.

próprio de um povo, como lembra Hannah Arendt, «sem governo, sem país e sem idioma»[14], por outro, ganham uma força ainda maior «quando evocamos a necessidade de salvar a história dos vencidos e dos perdedores»[15], como a história das perseguições nazis, dos sobreviventes sem lar e sem raízes e dos que morreram nos campos de concentração.

São, pois, esses os motivos que nos levam a dizer que a narrativa é essencial à reflexão sobre a identidade de cada ser humano, de cada comunidade histórica, ou povo. São, como dissemos repetidamente, identidades que se formam e se transformam com o tempo. Essa é a razão por que a narrativa será sempre, tal como hoje, marcada não apenas pelas novas figuras de homem, mas também pelas figuras anteriores, verdadeiros testemunhos do seu desejo de ser e esforço para existir.

---

[14] ARENDT, H. - *As origens do totalitarismo*. Trad. Roberto Raposo. Lisboa: Dom Quixote, 2004, p. 9.

[15] RICŒUR, P. - *Temps et récit I*. Paris: Seuil, 1983, p. 143.

O QUE NOS FAZ PENSAR: PAUL RICŒUR NA ESCOLA DO BIRANISMO
WHAT MAKES US THINK: PAUL RICŒUR IN THE SCHOOL OF BIRANISM

Luís António Umbelino[1]

Resumo:

Situando-se no contexto do célebre diálogo entre Ricœur e Changeux, o presente trabalho assume como ponto de partida o tema da ética deliberativa ricœuriana em vista dos âmbitos da genética e das neurociências, enquanto tais âmbitos renovam o sonho antigo de "modificação do corpo" e de manifestação integral do pensamento. É nosso objectivo analisar o modo como Ricœur denuncia os equívocos sobre os quais se prossegue a ligação de fundo entre tais desígnios e, ao mesmo tempo, mostrar que tal crítica tem uma raiz que se encontra nos textos, a este respeito percussores, de Maine de Biran.

Palavras-chave: Ricœur; Biran; corpo; causa.

---

[1] lumbelino@fl.uc.pt
Professor Auxiliar da Faculdade de Letras da Universidade de Coimbra. Tem publicado, em Portugal e no Estrangeiro, nas áreas da Filosofia Reflexiva Francesa (nomeadamente sobre a obra de Maine de Biran), da Fenomenologia Francesa (em particular sobre M. Merleau-Ponty) e da Hermenêutica Filosófica (com trabalhos sobre a filosofia de P. Ricœur). Organizam-se estes trabalhos em redor de dois eixos principais de interesse: o contexto de uma filosofia do corpo e da corporeidade e o campo de uma investigação filosófica do espaço e da espacialidade.

Abstract:

Working with some main features drawn from the famous dialogue between Ricœur and Changeux, this paper begins by dealing with Ricœur's "deliberative ethics" in view of its application in the fields of genetics and neurosciences, taken to be two major fields that pursue the old dream of "modifying the body" and displaying thought. Our goal will be to analyse Ricœur's denunciation of the equivocal grounds in which the connections between these dreams take shape, and also to show that this critique has one of its roots in the innovative philosophical project of Maine de Biran.

Keywords: Ricœur; Biran; body; cause.

1.

Vem sendo amplamente estudado o contributo da ética deliberativa de P. Ricœur para pensar os lugares de fronteira porosa entre bioética e hermenêutica. Neste contexto, pela nossa parte, sempre nos pareceu incontornável tomar em consideração o célebre diálogo mantido na década de 90 entre o filósofo de Valence e o célebre neurocientista J.-P. Changeux. De facto, em tal diálogo – e apesar de um dos intervenientes permanecer surdo para o outro – Ricœur deixa-nos indicações precisas sobre o que considera ser o horizonte da sua ética deliberativa. De entre essas indicações, a mais precisa será porventura a mais simples na sua formulação: a ética deliberativa é o campo de uma *sabedoria prática* em face de situações inéditas[2].

Hoje, como é sabido, tais "situações inéditas" são, nomeadamente, aquelas que formam o quadro da reflexão bioética. Este neologismo,

---

[2] CHANGEUX, Jean-Pierre ; RICŒUR, Paul - *Ce qui nous fait penser. La nature et la règle.* Paris: Odile Jacob, 1998, p. 337.

como é também amplamente reconhecido, "vem exprimir a preocupação da sociedade em apropriar-se dos resultados da ciência através de uma reflexão sobre os resultados das ciências da vida"[3] e interroga sobretudo as implicações do desenvolvimento de duas ciências: a genética e as neurociências. Neste contexto, e para o presente trabalho, interessa-nos notar apenas que a genética e as neurociências são justamente dois campos de investigação que promovem – de uma forma quase ideológica – uma subversão da tradicional definição do humano através de uma transformação da concepção de corpo, da sua imagem e do seu ser.

De facto, pode dizer-se que o debate antigo sobre a possibilidade de "modificação do corpo", embora preparado pelo horizonte da antropologia médica das luzes e pelo paradigma da biologia do séc. XIX, com a Vacina, a teoria celular e o combate aos micróbios, se concretiza decisivamente com o que, a partir de 1973, se chamará a "manipulação genética". É o momento do nascimento do "corpo genético": um corpo que promete oferecer ao sujeito moderno o referencial último de explicação natural do humano, da sua origem, da sua formação, dos seus comportamentos e mesmo da sua evolução histórica. Na origem de tal concepção de corpo está o *gene*; ou melhor, está a possibilidade de finalmente agir sobre o *gérmen* e não apenas sobre o *soma*, o que equivale a afirmar o "corpo genético" como o nível de uma "explicação última da composição da matéria viva" a partir do qual se tornará possível descortinar, por via de uma "causalidade real"[4], todos os processos vitais e mesmo os segredos da identidade e da história pessoal.

Uma questão, no entanto, se torna incontornável, em face desta abordagem: em que sentido se afirma ser o gene a "origem" do que *eu sou capaz de fazer*, ou a "causa" de determinado comportamento? Com que ideia de "origem" e "causa" se opera quando se sustentam afirmações deste tipo? E, finalmente, com que concepção de "corpo" se trabalha quando

---

[3] ANDRIEU, Bernard - *Les cultes du corps: ethiques et sciences*. Paris: L'Harmattan, 1994, p. 268.

[4] ANDRIEU, B. - *Les cultes du corps*, p. 40

é o gene que se investiga? Não estará o uso destes termos no âmbito da genética preso de uma "amálgama semântica"[5] que cria a ilusão de falarmos *da mesma coisa* quando utilizamos a mesma palavra? Não haverá uma distância de planos de análises entre a procura da "origem" genética de um comportamento, ou a interpretação do que esteve na "origem" de determinado comportamento assumido *por mim* em relação a alguém?

É este tipo de questionamento que conduz, em particular, a leitura ricœuriana do horizonte das neurociências, horizonte que se reconhece hoje, juntamente com a genética, representar um modelo ideológico de "modificação do corpo"[6] e que o filósofo de Valence interroga na sua vertente "reducionista" no célebre encontro com J.-P. Changeux. O autor de *L'homme neuronal* não oculta a sua perspectiva orientada por uma *"epistéme* da manifestação" (P. Montebello). Afirma: a "câmara de positrões oferece imagens do cérebro características do sofrimento vivido ou imaginado", e "regista mesmo a dor provocada por queimaduras imaginárias", permitindo assim "ver mais do que o psiquiatra ou o psicólogo."[7] O corpo neuronal é, portanto, uma *origem* visível, forçada a coincidir com a sua própria exterioridade sobre um cérebro «cartografável».

Ricœur não ignorará, certamente, que a imagiologia associada às neurociências contribui decisivamente para o conhecimento cada vez mais preciso do funcionamento cerebral. Mas, desde logo de um ponto de vista epistemológico, considera ainda necessário perguntar sobre o que realmente se observa quando uma luz se acende no cérebro observado no monitor de um computador[8]. Pergunta Ricœur:

> "Passa-se qualquer coisa no meu cérebro, e quando me diz
> o que é, aumenta o conhecimento de base, do subjacente; mas

---

[5] CHANGEUX, J.P. ; RICŒUR, P. - *Ce qui nous fait penser*, p. 240
[6] ANDRIEU, B. - *Les cultes du corps*, p. 61
[7] CHANGEUX, J.-P. ; RICŒUR, P. - *Ce qui nous fait penser*, p. 69.
[8] CHANGEUX, J.-P. ; RICŒUR, P. - *Ce qui nous fait penser*, p. 72.

o que acrescenta esse conhecimento à decifração do enigma de um rosto? Acredita que compreende os rostos de alguém que passa na rua, de alguém da sua família, por saber algo sobre o que se passa nos seus cérebros?"[9]

Changeux não tem dúvidas: "Com certeza"[10]. Ricœur vê aqui o início do problema "da dualidade de discursos" inerente à passagem acrítica que a neurociência parece promover entre "comportamento observado e descrito cientificamente", de um lado e, de outro, o vivido de forma significativa. Por esta razão afirma o filósofo não compreender a seguinte tese do neurocientista: "a consciência desenvolve-se no cérebro". Na perspectiva de Ricœur,

"a consciência sabe-se (ou ignora-se e é todo o problema do inconsciente), mas o cérebro continua a ser definitivamente um objecto de conhecimento, e nunca pertencerá à esfera do corpo próprio. O cérebro não 'pensa' no sentido de um pensamento que se pensa"[11];

somos nós que pensamos. Alguns momentos mais à frente, Ricœur é ainda mais claro sobre a sua posição:

"o meu problema consiste, de facto, em saber se é possível modelizar a experiência no sentido experimental do termo. A compreensão que tenho do meu lugar no mundo, de mim mesmo, do meu corpo e de outros corpos, deixa-me modelizar sem prejuízos? Isto é, sem prejuízos epistemológicos, sem perda de sentido?"[12]

---

[9] IDEM - *ibidem*, p. 119.
[10] IDEM - *ibidem*, p. 119.
[11] IDEM - *ibidem*, p. 66.
[12] IDEM - *ibidem*, p. 90.

2.

Herdeiro do horizonte fenomenológico, Ricœur sustentará que "o mental vivido implica o corporal, mas num sentido da palavra corpo irredutível ao corpo objectivo, tal como é conhecido das ciências da natureza"[13]. Assim, entre o corpo-objecto e o corpo-próprio (seja o meu corpo sobre o qual falo, o teu corpo ao qual me dirijo, ou o seu corpo cuja história conto) Ricœur considera resistir um "dualismo semântico" que exprime uma dualidade de perspectivas[14] (que não de substâncias) mediante a qual apenas se torna possível pensar a complexidade do corpo no seu aparecer: corpo-objecto e corpo da existência corporal subjectiva.

Neste sentido, Ricœur retoma as possibilidades de pensamento primeiro abertas por Maine de Biran[15] que, à descoberta da evidência interior do corpo do esforço ou da apercepção de si, acrescenta uma interrogação sobre o problema da constituição de um conhecimento representativo do corpo. Em particular, orienta as suas preocupações o falso problema que a consideração do tema do corpo quase sempre acarreta:

> "a de se julgar dever negar a consciência, se se toma como dado o conhecimento objectivo do corpo, passando em silêncio a presença imediata do corpo à consciência, isto é, se se toma como *primeira* a representação objectiva do corpo, que na verdade não é senão um fenómeno secundário e já composto."[16]

No limite, tal conhecimento representativo deverá seguir o modelo da *física*, que reclama o ponto de vista exterior da localização num espaço impessoal e uniforme, e é conduzido pelo exemplo do tocar e da visão

---

[13] IDEM - *ibidem*, p. 25.
[14] IDEM - *ibidem*, p. 26.
[15] IDEM - *ibidem*, p. 53.
[16] MONTEBELLO, Pierre - *Le vocabulaire de Maine de Biran*. Paris: Ellipses 2000, p. 15.

na consideração dos objectos. Ora, um objecto é, antes de mais, uma unidade de resistência "impenetrável", fixa, heterogénea e que se opõe ao eu. Com toda a evidência, portanto, há que concluir que

> "todas essas qualidades, tidas pelos físicos como propriedades primordiais ou atributos essenciais dos corpos, não entram igualmente na essência real do corpo, que consiste inteiramente na resistência ao nosso esforço."[17]

De facto, torna-se, desde logo, necessário pensar uma dissemelhança entre a resistência absoluta e invencível de um objecto e a resistência disponível, dócil sem deixar de ser consistente, do *termo imediato de aplicação do esforço*. A resistência absoluta constitui a essência do corpo exterior; a resistência dócil e proporcional à força-eu reveladora do sentimento *sui generis* de causalidade subjectiva é, por seu lado, como já vimos, a essência do corpo *próprio*. Segundo Maine de Biran, pois, analogamente, à impenetrabilidade do corpo objectivo, que detém na sua solidez o movimento do tocar, contrapõe-se a penetrabilidade do corpo próprio pela força da vontade. E à representação espacial do corpo objectivo contrapõe-se a evidência *interior* do corpo próprio que, acompanhando a própria relação de esforço, se desvenda como tecido consistente da própria consciência de si e de todos os seus modos activos; dito de outro modo, à resistência da extensão exterior do corpo objectivo, contrapõe-se a resistência interiorizada do corpo próprio, extensão ou espaço interior que acompanha todos os modos da individualidade consciente.

Ora, neste sentido, *ser o corpo do esforço* e *conhecer o seu corpo à maneira dos objectos exteriores*, ou seja, como algo impenetrável, extenso, inerte, sólido, tridimensional, etc., nunca poderá, então, significar o

---

[17] MAINE DE BIRAN - *Essai sur les fondements de la psychologie: 2º Vol.* Paris: Vrin, 2001. (Œuvres ; VII-2) p. 293. As obras de Maine de Biran serão sempre citadas na edição MAINE DE BIRAN - *Œuvres*. Publiées sous la direction de François Azouvi. Paris: Vrin, 1984-2001. 19 vol.

mesmo. Não será isto dizer pouco: o corpo próprio e o corpo exterior "são dados em pontos de vista irredutíveis um ao outro" e, nesta medida, podem ser ditos *dois corpos* essencialmente distintos no seu modo de presença[18]. Antecipando de certo modo a célebre distinção fenomenológica entre *korper* e *leib*, Biran considera que o corpo da identidade aperceptiva e o corpo representável "à maneira dos objectos exteriores", não têm o mesmo significado, não dizem respeito ao mesmo modo de presença do corpo, não se encontram no mesmo plano de análise; na verdade, esses dois tipos de conhecimento são essencialmente diferentes[19] e entre eles nenhuma comparação é possível.

"Que analogia – questiona criticamente Maine de Biran – poderá existir entre o conhecimento representativo da posição, do jogo, das funções dos órgãos, tal como as pode conhecer um anatomista ou um fisiólogo, (...) e o *conhecimento interno* (...) no contínuo resistente (...)"[20]?

Com isto, Biran não pretende negar a relevância do conhecimento representativo, ou reduzir o conhecimento do corpo ao âmbito interior do esforço aperceptivo; pretende tão-somente traçar diferenças. A ignorância de tais diferenças tem sido, considera Biran, fonte de erros graves e equívocos funestos: ao não se distinguir o corpo do sentimento imediato de si e o corpo passível de representação objectiva, está-se apenas a um passo de acreditar ser possível encontrar no "corpo figurado a verdade última do corpo e também a verdade derradeira do pensamento."[21]

---

[18] MAINE DE BIRAN – *Essai sur les fondements de la psychologie: 2º Vol*, p. 282. Cf. AZOUVI, François - Maine de Biran: La science de l'homme. Paris: Vrin, 1995, p. 249.
[19] MAINE DE BIRAN – *Essai...* p. 327. Cf. AZOUVI, François - Conscience, identification et articulation chez Maine de Biran. *Revue de Métaphysique et de Morale*. Nº 3 (1983), p. 476 e ss.
[20] MAINE DE BIRAN - *Essai sur les fondements de la psychologie: 1º Vol*, p. 163-164.
[21] MONTEBELLO, Pierre - *La décomposition de la pensée. Dualité et empirisme transcendantal chez Maine de Biran*. Grenoble: Jérôme Million, 1994, p. 172.

Sempre que uma teoria filosófica, psicológica ou fisiológica, pretende submeter o pensamento ao imperativo da representação, sonegando a sua realidade individual, fá-lo, segundo Biran, sobre o esquecimento do sentido íntimo, do horizonte subjectivo do pensamento e, por conseguinte, sobre o esquecimento de um registo de presença irrepresentável do corpo do próprio que faz assentar as suas teses. Stahl, Bonnet, Cabanis, Pinel, Gall, para citar apenas alguns dos autores que Biran confronta criticamente, lavram no esquecimento desta diferença evidente: é por isso que julgarão possível encontrar o pensamento, o eu, a subjectividade pessoal num qualquer *relevo sensível* – como se o pensamento, a diferença das faculdades activas, a consciência de si, pudessem encontrar-se primeiro *num dado local observável* e não, absurdo derradeiro, no próprio acto de ser consciente de si.

Ricœur trabalha, a nosso ver, na esteira desta possibilidade biraniana quando sustenta, por exemplo, contra Changeux, não ver

"nenhuma passagem de uma ordem do discurso para a outra: ou falo de neurónios, etc. e estou numa certa linguagem, ou falo de pensamentos, de acções, de sentimentos e alio-os ao meu corpo, com o qual mantenho uma relação de posse, de pertença."[22]

Como Biran, também o filósofo de Valence nunca deixará de ser claro nas suas dúvidas em relação a qualquer perspectiva que julgue possível "ler" os estados vividos sobre exterior cartografável. Servindo-se de uma "semântica dos discursos recebidos", Ricœur questionará sobretudo os riscos evidentes de tal transposição, que vê traçar-se no uso equívoco de termos como "capacidade", "função", "corpo" ou "causalidade".

Há, a este propósito, um momento que reputamos decisivo no debate, quando Changeux declara:

---

[22] CHANGEUX, J.-P. ; RICŒUR, P. - *Ce qui nous fait penser*, p. 26.

> "É mesmo possível revelar uma influência do ambiente sobre a expressão de certos genes, o que diz directamente respeito ao neurobiológico (...). [E] se é claro no que se refere à genética, por que razão não haveria de o ser para a relação entre estrutura neuronal e a organização do cérebro, por um lado, e as suas funções, o psiquismo, por outro?".

Ao que Ricœur contrapõe:

> "As minhas reservas não dizem respeito, de modo algum, aos factos que referiu, mas sim ao uso não crítico que faz da categoria de causalidade na passagem do neuronal para o psíquico. É uma questão de saber se é possível alargar o discurso da correlação do plano semântico para o plano ontológico, o das explicações últimas"[23].

3.

Com este questionamento Ricœur retoma e actualiza, uma vez mais, um debate iniciado por Maine de Biran no momento histórico em que se tenta, pela primeira vez, a transposição das metodologias das ciências da natureza para a então nascente *ciência do homem*. Tal transposição implicaria considerar que também no estudo do homem se deveria aplicar o modelo de *evidência* e *precisão* recolhido das ciências da natureza, modelo que se assenta, precisamente, na redução da ideia de *causa* a mero valor nominal, ou resultado de um processo de generalização de factos observáveis nas respectivas regularidades e analogias. A transposição de um tal método para a ciência do homem trará a esta última a mesma exigência de redução da ideia de causa a valor nominal. A questão, para

---

[23] IDEM - *ibidem*, p. 60.

Biran, é a de saber se uma ciência *do homem* poderá dispensar aquilo a que o filósofo chama valor individual de causa que se desvenda originariamente no próprio sentimento de ser uma causalidade subjectiva.

O método experimental, tal como Biran o reconhece por influência de Prévost[24], *restabelece a ordem científica* apurando e circunscrevendo os factos particulares para os reunir, através da comparação de regularidades, em classes a partir das quais, finalmente, formula leis que tornam manifesta a respectiva causa comum[25]. A ciência experimental é ciência que observa, classifica, formula leis, procura *causas*. O centro do debate deverá situar-se aqui, no que se entende por "causa" em contexto experimental: e segundo Biran, uma "causa" em contexto experimental será um termo que resumirá o carácter de generalização das leis científicas (puramente descritivas). Dito de modo mais simples, será um termo a que se atribui um valor puramente nominal[26]. Neste sentido, poderá afirmar-se que a ciência moderna se constitui não *apesar de* ter varrido do seu campo de aplicação as causas primeiras da antiga metafísica (ocultas e desconhecidas), mas *porque* substitui à tradicional investigação das causas o estudo dos fenómenos e respectivas leis de sucessão através de "causas experimentais", ou valores convencionais progressivamente mais gerais. Ora, o que surpreende neste processo, segundo Maine de Biran, é que, no final, o trabalho com *causas experimentais* não consegue nunca suprimir um outro sentido de *causalidade* que se funda num valor – mais antigo e que resiste à generalização exteriorizante – *individual* de "causa" que acompanha o próprio sentimento de si e que, nessa medida, não poderá deixar de se insinuar no espírito do cientista. Será por isso que os partidários da nova ciência, quando "anunciam sem restrições que os termos de causa não exprimem nada para além dos *factos generalizados* (...), caem numa ilusão

---

[24] Cf. MAINE DE BIRAN – *Mémoire sur la décomposition de la pensée* [Version courronée]. Paris : Vtin, 1988. (Œuvres ; III) p. 29, n. Ver ainda, por exemplo, MAINE DE BIRAN - *Commentaires sur les philosophies du XIX° siècle*. Paris : Vrin, 1990. (Œuvres ; XI-3), p. 363-366.

[25] MAINE DE BIRAN - *Mémoire sur la décomposition de la pensée* [Version courronée], p. 27

[26] AZOUVI, F. - *Maine de Biran...*, p. 105.

momentânea"[27], na medida em que, pelo seu próprio exemplo, comprovam que a "noção de causa é fundamental e íntima ao espírito humano, que ela se mistura em todas as representações objectivas dos nossos sentidos, e entra necessariamente nos sentimentos dos nossos actos"[28].

O "regresso secreto" de um valor reflexivo de causa não representa, em rigor, qualquer problema para o trabalho científico no âmbito das ciências da natureza. Laborando sobre factos físicos observáveis[29], efectivamente, apenas precisa de estabelecer como *causa* a *lei* que explica as respectivas regularidades observadas. Será esta opção que, longe de comprometer os resultados desse trabalho, os permite e legitima. Importa, no entanto, considerar se será igualmente sem prejuízos que as mesmas metodologias científicas[30] e idênticos princípios orientadores se adaptarão aos vários âmbitos de uma *ciência do homem*[31] – ou seja, se o estudo do que é *propriamente humano no homem* pode fazer a economia do valor reflexivo de causa e ponderar um único modelo de causalidade (e um único modelo de experiência).

O ponto é determinante: segundo Biran, em tratando-se de fenómenos *do homem,* a presença de diferentes valores de *causa* torna-se incontornável. Consideremos a questão da *sensibilidade* que, no contexto do estudo do homem, se pretende que assuma o lugar *nominal*[32] que o princípio da atracção universal desempenha no horizonte newtoniano.

---

[27] MAINE DE BIRAN – *Mémoire sur la décomposition de la pensée* [Version courronée], p. 30.

[28] MAINE DE BIRAN – *Mémoire sur la décomposition de la pensée* [Version courronée], p. 314.

[29] MAINE DE BIRAN – *Mémoire sur la décomposition de la pensée* [Version courronée], p. 30-31. Ver ainda, por exemplo, MAINE DE BIRAN - *De l'aperception immédiate*. Paris: Vrin, 1995. (Œuvres ; IV) p. 42.

[30] MAINE DE BIRAN - *Mémoire sur la décomposition de la pensée* [Version courronée], p. 19; Num mesmo sentido, *Mémoire…* [Version remaniée], p. 302

[31] MAINE DE BIRAN – *Mémoire sur la décomposition de la pensée* [Version courronée], p. 32. «Ici la physiologie procède absolument de la même manière que les autres branches de la physique dans la classification des faits et la recherche des causes qui n'est qu'une suite de cette première opération de classer.»

[32] LE ROY, George - *L'expérience de l'effort et de la grâce chez Maine de Biran*. Boivin & Cie, 1937, p. 128-129. «Ce n'est pas en imposant à ces faits un nom commun, celui de gravitation, par exemple, qu'on peut avoir l'espoir d'en rendre compte. On ne fait, en toute rigueur,

O termo *sensibilidade* evoca, justamente, pelo menos dois sentidos: por um lado, o sentido convencional – como o definiu Diderot na *Encyclopédie* – de propriedade que, nos corpos vivos, têm certas partes de perceber as impressões dos objectos externos e de produzir, em consequência, movimentos proporcionais ao grau de intensidade dessa percepção[33]; por outro lado, não pode deixar de traduzir no espírito do investigador a evidência de se *sentir*, a certeza de ser e se saber um ser que sente. Dois valores estão aqui presentes: um, determinado pelo cálculo dos fenómenos e tendo o seu modelo na generalização de fenómenos unidos por analogias manifestas; o outro, determinado individualmente e tendo o seu modelo no facto totalmente interior a que corresponde o sentimento de si. Uma vez que a alteração do princípio de causalidade[34] pela física implica que se considerem somente valores convencionais ou gerais, ao perfilhar-se o primado de tal horizonte aceitar-se-á, consequentemente, como necessário – face ao perigo de recuperar um qualquer princípio *interior, desconhecido* – utilizar apenas, como critério de conhecimento, leis gerais estabelecidas abstractamente com base na observação. Não obstante, embora o uso individual nunca seja verdadeiramente eliminado no espírito do *fisiólogo* ou do *metafísico discípulo de Bacon* (como não o era no espírito do físico), não pode ser assumido em contexto de investigação. O uso nominal de causa – e consequente homogeneização terminológica – conduzirá então a todos os equívocos: um mesmo termo passará, enfim, a designar, como se de factos idênticos se tratasse, tanto o que no homem não depende do *eu* e é susceptível de ser generalizado, como o que no homem depende do *eu* e apenas é passível de ser conhecido individualmente[35].

---

que noter des ressemblances, décrire des phénomènes et les rapprocher sous un même titre : on croit connaître les faits, mais ont leur donne seulement un nom. Au reste, le physicien ne peut se conformer indéfiniment à l'idéal qu'il s'est forgé.»

[33] DIDEROT, D. – Sensibilité. In *Encyclopédie*, cit. por BAERTSCHI, Bernard - *L'ontologie de Maine de Biran*. Friburg: Éditions Universitaires, 1982, p. 38.

[34] MAINE DE BIRAN - *Nouvelles considérations sur les rapports du physique et du moral ; suivies de Textes relatifs à la physiologie autour de 1820*. Paris: Vrin, 1990 (Œuvres; IX), p. 17

[35] MAINE DE BIRAN - *Nouvelles considérations...* p. 16.

A anfibologia decorrente do duplo uso de termos[36] como *sensibilidade* resistirá e dela se nutrirão todas as passagens indevidas entre o exteriormente generalizável e o interiormente individualizado, entre o representável e o apercebido, entre a classificação fisiológica e a metafísica. De facto, esclarece Biran,

> o "fisiólogo depois de empregar primeiro o termo *sensibilidade* na sua acepção própria, como signo de uma *faculdade* ou de uma propriedade íntima do seu ser individual, transporta em seguida, talvez sem se aperceber, a expressão de uma ordem de factos, que apenas podem existir ou ser concebidos do ponto de vista interior de um sujeito que se sente *único*, para uma ordem paralela, mas completamente diferente, de fenómenos compostos que se representam ou se imaginam no exterior, no jogo dos instrumentos orgânicos"[37].

Deste modo, perderá o critério de distinção entre o âmbito da própria fisiologia e o âmbito metafísico – no sentido de ciência dos princípios das ideias –, enredando-se, por conseguinte, nas mais nefastas confusões quando julga factualmente idêntico o que a sua linguagem confunde. Ao descrever fisiologicamente a capacidade de receber impressões do ser vivo, achar-se-á em condições de explicar a faculdade de sentir, entrando no terreno da *metafísica* sem reconhecer a diferença de planos de análise e de tipos de factos.

Ora, para Biran, os modos da *experiência interior* não são nem melhor nem primitivamente conhecidos no exterior do *eu*, numa generalização nominal arbitrária, mas sim no próprio *eu*. Nesta medida, a consideração radical do tema da *causalidade* deve transformar-se num vector que, na

---

[36] Cf. MAINE DE BIRAN – *Mémoire sur la décomposition de la pensée* [Version couronée], p. 32. Mesmo sentido em MAINE DE BIRAN - *Nouvelles considérations...* p. 16.

[37] MAINE DE BIRAN - *Mémoire sur la décomposition de la pensée* [Version remaniée], p 318.

perspectiva de Biran, nos coloca no âmago de uma "ciência reflexiva dos actos ou estados do sujeito pensante" dados como "factos do sentido íntimo". Estes últimos, justamente, não poderiam ser concebidos ou imediatamente apercebidos

> "na sua produção, fora do conhecimento ou do sentimento íntimo do seu princípio ou da sua causa produtiva, não sendo esta causa outra senão o *sujeito* ou o *eu*, que apenas existe *para ele próprio* enquanto se conhece e apenas se conhece enquanto age".[38]

Tais factos são, pois, irredutíveis quer a uma absolutização num exterior material, quer a uma idealização sobrevoante decorrente de *ideias inatas, formas puras* ou *entidades teológicas*. Cumpre demonstrar, desde logo, que o próprio facto primitivo na ordem do sentido íntimo deve condensar uma certeza de si que se desvenda, precisamente, no sentimento originário de uma causalidade subjectiva. No esforço sinto-me causa; sou um acto apercebido; sei-me existir como causa do meu próprio agir – eis um facto evidente por si. O trabalho do fisiólogo, "que observa do lado de fora [e] não se ocupa senão das circunstâncias, dos meios ou do jogo dos instrumentos que concorrem para uma função"[39] revelar-se-á, neste sentido, segundo em relação à investigação que, concentrada sobre o próprio sujeito,

> "procura na função somente a parte que aí pode assumir a consciência [que], partindo do jogo conhecido ou suposto dos instrumentos orgânicos (...), remonta sempre (...) à força *eu* (...) que o produz em certos casos com o sentimento da sua acção"

---

[38] MAINE DE BIRAN - *De l'aperception immédiate*. p. 25.
[39] MAINE DE BIRAN – *Mémoire sur la décomposition de la pensée* [Version courronée], p. 100.

– força essa que é causa *já sempre* conhecida *claramente nos limites da própria reflexão do sujeito*. Nem o fisiólogo, nem o físico são capazes de identificar a estreita linha por onde *desse modo* caminha a consciência. As diferenças não podem ser ignoradas e, nessa medida, será uma tarefa maior traçar limites, delimitar fronteiras, identificar linhas de demarcação para o que é *propriamente humano*: o sujeito que se sabe não se reduz às modificações de uma *sensibilidade passiva*, nem se esgota nos jogos orgânicos da contractilidade ou do sistema nervoso. Entre *actividade* e *passividade* (faculdades activas e passivas) a identidade não é completa[40]. Supor verdadeira essa identidade conduziria a *ciência do homem* a um impasse: a homogeneização de factos distintos apenas poderia ser feita em função de fenómenos definíveis operatoriamente e susceptíveis de manipulação metodológica; mas se se assumisse que todos os fenómenos são redutíveis a causas ponderáveis metodologicamente e determináveis experimentalmente, optar-se-ia por considerar esses fenómenos renunciando a defini-los na ordem da experiência ou, o que é o mesmo, a negá-los – como *Erlebnisse*.

Assim se compreendem as posições de Maine de Biran: recusará manifestamente a possibilidade de conhecimento dos *modos mais íntimos* a partir do seu suposto *relevo* sensível; combaterá a transposição da experiência pessoal do interior para o exterior, como a extensão da observação exterior até ao interior; revoltar-se-á contra o esquecimento da especificidade do sentido que nasce do próprio poder que o *eu* tem de se conhecer ao agir sobre si mesmo; enfim, denunciará com vigor qualquer tentativa de separar o "pensamento" da *consciência de si* para ser considerado fora do próprio sujeito que pensa.

---

[40] Cf. por exemplo, MAINE DE BIRAN - *Mémoire sur la décomposition de la pensée* [Version couronée], p. 113 ; 119; 122

4.

Mais do que um conjunto de avisos sobre os limites do bio-poder genético e neuronal, mais do que uma crítica superficial e anacrónica aos desenvolvimentos científicos, é necessário mostrar a que ponto o problema maior que se coloca às "ciências da vida" é o problema da "incarnação no interior do corpo". Uma ética da deliberação forjada numa interrogação radical sobre o sentido da corporeidade saberá, nesta medida, que não se decide do *mesmo modo* sobre um corpo genético ou neuronal e sobre um corpo onde se joga o enigma da minha própria incarnação. Sobre aqueles decide-se com base numa soma de informações técnicas, sobre uma abundância de relatórios, comunicações e observações especializadas (muitas vezes ampliados equivocamente por comissões de deontologia e bioética), que procuram a "origem" como antecedente à maneira de uma causa material[41]; sobre o corpo da minha incarnação reclama-se uma outra abordagem: aquela que pare o excesso de comunicação, os abusos de informação, a necessidade de *ver* não importa o quê e regresse a uma "origem" que justifique, ou seja, que guarde poderes de orientação e significado propriamente humanos. Parar o barulho, apagar as imagens para acordar tacitamente, para estabelecer uma conivência silenciosa com o outro no seu corpo infigurável: eis o que por vezes se impõe, mesmo contra os nossos desejos.

---

[41] ANDRIEU, B. - *Les cultes du corps*, p. 65

A FILOSOFIA SOCIAL DE PAUL RICŒUR
PAUL RICŒUR'S SOCIAL PHILOSOPHY

Gonçalo Marcelo[1]

Resumo

Embora Ricœur nunca tenha escrito nenhuma obra especificamente dedicada à fundamentação de uma filosofia social, a verdade é que se conseguem encontrar diversos elementos esparsos de filosofia social nos seus livros e artigos. Por conseguinte, é possível reconstruir hermeneuticamente esses elementos e propor uma filosofia social de índole ricœuriana.

Essa filosofia terá como *terminus a quo* a constituição intersubjetiva dos seres humanos – e a sua tessitura simultaneamente passiva e ativa, suscetível de ser afetada pela alteridade e ao mesmo tempo dependente do reconhecimento alheio para se poder constituir de forma saudável – sendo o seu *terminus ad quem* a tentativa de elaboração de instituições que sejam justas e que permitam a melhor realização possível do princípio da liberdade.

---

[1] goncalomarcelo@gmail.com.
Gonçalo Marcelo é licenciado em Filosofia e doutorado em Filosofia Moral e Política pela Universidade Nova de Lisboa. É Professor Assistente Convidado da Católica Porto Business School e bolseiro de Pós-Doutoramento da FCT (SFRH/BPD/102949/2014), desenvolvendo um projeto sobre a noção de razão no CECH (Univ. de Coimbra), em parceria com o CEGE (Católica Porto) e o Departamento de Filosofia da University of Columbia (Nova Iorque). É também tradutor de filosofia e co-editor da revista *Ricœuriana*. Interessa-se por hermenêutica, teoria crítica, filosofia contemporânea, ética e filosofia política e social.

http://dx.doi.org/10.14195/978-989-26-1091-7_5

Tendo como pano de fundo este ideal utópico mas mobilizador da ação humana, esta filosofia acaba por permitir a deteção de fenómenos patológicos – a análise das patologias sociais tornada célebre pela Teoria Crítica – da realidade social e possibilita a crítica desses mesmos fenómenos.

Este artigo reconstitui essa filosofia social e apresenta alguns dos fenómenos sociais cuja crítica ela possibilita (por exemplo, a crítica das ideologias através do recurso à utopia, a crítica das instituições injustas ou alienantes, a análise dos fenómenos de "crise" social que atravessamos, entre outros).

Palavras-chave: Ética, Filosofia Social, Instituições, Paul Ricœur, Teoria Crítica

Abstract

Although Ricœur never wrote any specific book thematically grounding a project worthy of being called a "social philosophy", we can still find sparse elements of such a project in his writings. Consequently, it is not impossible to hermeneutically reconstruct those elements in order to put forward something akin to a "Ricœurian social philosophy". That philosophy will have the intersubjective constitution of human beings – simultaneously passive and active, being affected by alterity and dependent on patterns of recognition in order to be successfully constituted in a healthy manner – as its starting point, while its goal will be the constitution of just social institutions allowing for a better realization of the principle of freedom. Bearing that utopian and yet mobilizing ideal in mind, this philosophy will also serve as the yardstick with which we can detect pathological phenomena – the so-called social pathologies famously depicted by Critical Theorists – of social reality, and therefore criticize them. This paper partially reconstructs this "Ricœurian social philosophy" and presents some of the social phenomena that it enables us to assess and criticize: the critique of ideologies by utopias, the critique of unjust institutions or the analysis of the phenomena of social crises.

Keywords: Critical Theory, Ethics, Institutions, Paul Ricœur, Social Philosophy

I. Introdução

Paul Ricœur, que se dedicou a tantos e tão diversos domínios filosóficos, muitos dos quais renovou e revigorou profundamente, nunca escreveu aquilo a que se possa chamar com propriedade uma filosofia social. Apesar da ausência desta tematização, não se absteve de analisar a tessitura constitutiva do imaginário social, através das noções de ideologia e utopia[2], de levar até ao limite as possibilidades de desenvolvimento de uma teoria da ação humana, simultaneamente inspirada pela filosofia analítica e pela fenomenologia, nem de desenvolver aquilo a que chamava a sua "fenomenologia do homem capaz", coroada por uma "pequena ética" que desemboca numa ontologia das capacidades fundamentais do ser humano.[3] Para além disso, a tão propalada capacidade de leitura e o frequente recurso ao diálogo com os seus contemporâneos levaram Ricœur a interpelar indiretamente interlocutores que se colocam explicitamente na tradição da filosofia social, tais como Axel Honneth e Jürgen Habermas, bem como a pensar temas que se revestem de uma importância fulcral para esta área da filosofia: por exemplo, o reconhecimento social[4] ou os fenómenos a que globalmente se possa chamar "crise". Perante estes elementos esparsos, e tendo em conta as opções fundamentais e o pano de fundo da filosofia ricœuriana, não parece, por conseguinte, impossível levar a cabo uma reconstrução hermenêutica daquilo que possa ser uma filosofia social inspirada por Paul Ricœur.

---

[2] RICŒUR, P. - *Lectures on Ideology and Utopia*, edited by George Taylor. New York: Columbia University Press, 1986.

[3] RICŒUR, P. - *Soi-même comme un autre*. Paris: Seuil, 1990.

[4] RICŒUR, P. - *Parcours de la reconnaissance*. Paris: Stock, 2004, principalmente o terceiro estudo, "la reconnaissance mutuelle", p. 245-378.

II. Âmbito e Definição da Filosofia Social

Este artigo, cujo âmbito é meramente introdutório, terá por conseguinte um carácter vagamente programático de enunciação dos traços principais desta filosofia. Todavia, teremos porventura de definir em primeiro lugar o que é a filosofia social, uma vez que ela não é a confundir nem com a filosofia política, nem com a ética, nem com a sociologia, embora esteja em permanente interação com todos estes domínios. Este esforço de clarificação é tanto mais necessário quanto não existe em Portugal, propriamente, uma tradição de filosofia social, como existe, por exemplo, na Alemanha. Também em França esta tradição não existe, ou melhor, os esforços de desenvolvimento da mesma são extremamente recentes, levados a cabo por autores como Franck Fischbach[5], Stéphane Haber[6] ou Emmanuel Renault[7]. Esta ausência não é de admirar, uma vez que foi em França que a sociologia como ciência deu os primeiros passos; este esforço de autonomização foi levado a cabo graças a um corte epistemológico com todo o subjetivismo, toda a autointerpretação que marca a filosofia e, de forma mais vincada, a filosofia hermenêutica. Não precisamos sequer de nos reportar a Auguste Comte, cujo positivismo não granjeia hoje em dia grande crédito, para diagnosticar este corte epistemológico. Na senda de Durkheim, toda a sociologia lida com "factos sociais" objetiváveis, observáveis do ponto de vista da terceira pessoa, mensuráveis e, hoje em dia, analisados por todo um manancial de técnicas empíricas, tais

---

[5] FISCHBACH, Franck - *Manifeste pour une philosophie sociale*. Paris: La Découverte, 2009.

[6] HABER, Stéphane - *L'aliénation: vie sociale et expérience de la dépossession*. Paris: P.U.F., 2008.

[7] RENAULT, Emmanuel - *Souffrances Sociales*. Paris: La Découverte, 2008. A título de introdução à filosofia social de Renault, poder-se-á igualmente ler a entrevista que me concedeu em 2011: MARCELO, Gonçalo; RENAULT, Emmanuel - Reconnaissance, Critique Sociale et Politique. Entretien de Gonçalo Marcelo avec Emmanuel Renault. *Études Ricœuriennes* / Ricœur Studies 2. Nº 1 (2011) p. 134-149.

como as entrevistas, e passíveis de ser tratados quantitativamente. A propósito deste corte epistemológico, e da objetividade a que esta ciência social aspira, mesmo um sociólogo tão impregnado de filosofia como Bourdieu[8] denuncia aquilo a que chama a "ilusão biográfica", os seus charmes e as suas ratoeiras.

Neste sentido, a filosofia social diverge da sociologia na medida em que pretende ser um olhar mais omnienglobante sobre a sociedade, algo como uma *Weltanschaaung*, que não tem de, à partida, desenvolver análises empíricas nem recorrer aos métodos quantitativos. O trabalho que desenvolve é, por conseguinte, eminentemente conceptual. Se a sociologia é, a maior parte das vezes, descritiva e a se a filosofia política dos nossos dias é esmagadoramente normativa[9], a filosofia social pretende abranger ambas as vertentes. Segundo Franck Fischbach, no seu *Manifeste pour une philosophie sociale*, a diferença entre a filosofia política e a filosofia social reside, antes de mais, no ponto de partida que cada uma delas assume. A filosofia política, nomeadamente a de cariz analítico que é hoje em dia dominante, é marcada por um debate sobre a teoria da justiça (logo, o seu alcance é social) mas esconde um pressuposto antropológico de base. Esse pressuposto antropológico é o da definição dos indivíduos como sendo puramente autónomos e racionais, capazes de deliberar de forma completamente desafetada sobre aquilo que possa ser uma sociedade justa e, para mais, de providenciarem por si mesmos os meios de que necessitam para sobreviver

---

[8] BOURDIEU, Pierre - L'illusion biographique. In *Actes de la recherche en sciences sociales*. Vol. 62, n°1 (1986) p. 69-72.

[9] Não pretendo com esta descrição esquemática fazer um diagnóstico demasiado redutor ou simplista das diversas possibilidades diferentes que a filosofia política comporta. Certamente nem toda a filosofia política é eminentemente normativa; as variantes genealógicas inspiradas por Nietzsche e Foucault, incluindo as análises biopolíticas, situam-se certamente a jusante (ou por vezes a montante) do estrito problema normativo associado à enunciação de normas. Todavia, há que reconhecer a influência dominante do neo-contratualismo rawlsiano, especialmente na filosofia política de tendência analítica. O carácter vincadamente normativo da proposta de Rawls acaba por marcar, em certo sentido, toda a discussão posterior.

e ter sucesso na vida. Ou seja, a filosofia política, pelo menos desde John Rawls para cá, com o seu forte cunho neo-kantiano, parte do pressuposto da autonomia quase absoluta do sujeito, a que não é alheia alguma influência da teoria da escolha racional. O modelo de razão que subjaz a esta definição puramente procedimental é descrito com mestria por Charles Taylor, que a designa como sendo uma razão descomprometida (*disengaged reason*) própria de um si "pontual", isto é, sem consistência substantiva.[10]

Ora, a filosofia social, pelo menos tal como é apresentada por Honneth[11] e Fischbach, parte da constatação oposta. Ou seja, sem querer negar, de forma alguma, a agência individual e coletiva dos sujeitos, a sua capacidade de serem interpelados pelo sentido e mesmo de o constituírem e o visarem como *telos* das suas ações, a filosofia social decide ainda assim partir da tessitura intersubjetiva das redes sociais que enformam e constituem o sujeito. Não é que não exista um si e que as categorias da identidade ou da subjetividade sejam ilusórias; é que para elas se constituírem de forma sã, têm necessariamente de passar pela mediação da intersubjetividade. Neste sentido, os sujeitos com os quais a filosofia social lida são sujeitos de afetos, sujeitos frágeis, vulneráveis, que sofrem e que dependem da constituição efetiva de relações positivas a si[12], tais como a estima ou o respeito, para

---

[10] TAYLOR, Charles - *Sources of the Self. The making of the modern identity*. Cambridge: Cambridge University Press, 1989, especialmente capítulos 8 "Descartes's Disengaged Reason" (p. 143-158) e 9 "Locke's Punctual Self" (p. 159-176).

[11] HONNETH, Axel - Pathologien des Sozialen. Tradition und Aktualität der Sozialphilosophie. In *Das Andere der Gerechtigkeit*. Frankfurt: Suhrkamp, 2000, p. 11-69.

[12] Este é uma das teses principais de Honneth em Kampf um Anerkennung. A constituição daquilo a que possamos chamar sentimentos morais reflexivos, i.e., aqueles que "sentimos por nós mesmos" e, mais especificamente, os que assumem as formas positivas da autoconfiança, do auto-respeito, e da autoestima, dependem do reconhecimento conferido por outrem. Não poderei relacionar-me de forma sã comigo mesmo, se esse reconhecimento me for sistematicamente negado pelos meus parceiros de interação. Nesse sentido, todo o reconhecimento, para Honneth, é reconhecimento recíproco. Veja-se HONNETH, Axel - *Kampf um Anerkennung. Zur moralischen Grammatik sozialer Konflikte*. Frankfurt: Suhrkamp, 1991.

poderem levar a cabo uma vida "boa", uma vida "realizada". Assim sendo, não colocam só a questão do que é uma sociedade "justa" e de como lá chegar; para além disso, também colocam as mesmas questões em relação à sociedade "decente", a sociedade "boa", como o fazem Avishai Margalit[13] e Maeve Cooke[14]. Isto é, a sociedade que providencia condições objetivas para o florescimento da vida humana, que providencia aos seus cidadãos as *capabilities*, como insistem Amartya Sen e Martha Nussbaum[15], tanto as pequenas liberdades como os grandes direitos, para que os indivíduos não sejam submergidos pelo poder do negativo ao ponto de as suas subjetividades correrem o risco de se dissolver.

Consequentemente, e para resumir a proposta em poucas palavras, a filosofia social parte do ponto de vista do coletivo, da sociedade enquanto tal, e tenta perceber como é que ela se pode organizar para que possam ser providenciadas aos cidadãos as condições acima expostas. Assim sendo, a perspetiva que tem é uma perspetiva ética, mas a de uma ética que não é só a ética individual, mas também a ética institucional. Preocupa-se em eliminar as situações de desrespeito e de falta de reconhecimento intersubjetivo, como os fenómenos de humilhação e de exclusão, mas também com a esclerose e eventual morte das instituições, com a evolução das sociedades e das relações interpessoais, com a interação entre os factores sistémicos, como as inovações tecnológicas e as mutações do capitalismo, e a qualidade de vida das pessoas. Preocupa-se igualmente com as mudanças políticas, as técnicas de controlo social que se podem espelhar na biopolítica, o nível de liberdade e democracia das sociedades. Numa palavra, a filosofia social não é neutra, não pretende partir

---

[13] MARGALIT, Avishai - *The Decent Society*. Harvard: Harvard University Press, 1998.

[14] COOKE, Maeve - *Re-Presenting the Good Society*. Cambridge: Mass. M.I.T. Press, 2006.

[15] NUSSBAUM, Martha; SEN, Amartya, ed. lit. - *The Quality of Life*. Oxford: Oxford University Press, 1993.

da suposta neutralidade axiológica da filosofia política liberal[16]. Ou seja, e isto já é uma tese minha, a filosofia social é constitutivamente hermenêutica[17]; isto porque parte sempre já de uma determinada interpretação da facticidade, uma pré-compreensão do mundo em que estamos inseridos. No entanto, não se limita a registar este estado de coisas; pelo contrário, visa influenciá-lo porque, simplesmente, no mundo dos assuntos humanos, no mundo atravessado pelos valores e quando se lida com a vida das pessoas, nem tudo é igual, nem todas as possibilidades devem ser consideradas como sendo equivalentes.

Talvez a proposta se torne mais clara se enunciarmos algumas das contribuições da tradição filosófica que podem ser consideradas como pertencendo a este domínio da filosofia social. Segundo Fischbach, alguns dos conceitos principais de filosofia social têm o condão de ser simultaneamente descritivos e normativos, na medida em que descrevem situações que em seguida criticam, visando a obtenção de uma situação mais autêntica. Tomemos as análises heideggerianas de *Das Man*, a famosa vida anónima descrita em *Sein und Zeit*[18]. Ou ainda a descrição do homem unidimensional[19] feita por Marcuse,

---

[16] A denúncia da suposta neutralidade axiológica pode ser encontrada, com modulações diferentes, quer no programa da teoria crítica (HORKHEIMER, Max - Traditional and Critical Theory. In *Critical Theory. Selected Essays*. New York: Continuum, 1972, p. 188-243) quer nos vários autores da tradição hermenêutica (de Heidegger a Ricœur, passando por Gadamer) que insistem na nossa inserção no círculo hermenêutico e, assim, no carácter pré-reflexivo que guia toda a experiência. Esta impossibilidade é completamente evidente no domínio das ciências sociais, as quais tendem a gerar conceitos que são, para usar a expressão de Alasdair MacIntyre, "essencialmente contestados": veja-se MACINTYRE, Alasdair - The Essential Contestability of Some Social Concepts. *Ethics*. Vol. 84, n°1 (Oct. 1973) p. 1-9.

[17] Uma apresentação mais detalhada desta tese pode ser encontrada em MARCELO, Gonçalo - Making Sense of the Social. Hermeneutics and Social Philosophy. *Études Ricœuriennes / Ricœur Studies* 3. N° 1 (2012) p. 67-85.

[18] HEIDEGGER, Martin - *Sein und Zeit*. 18ª ed. Tübingen: Max Niemeyer Verlag, 2001, especialmente capítulo 4 da primeira parte "Das In-der-Welt-sein als Mit- und Selbstsein. Das 'Man'", §§ 25-27, p. 114-129.

[19] MARCUSE, Herbert - *One-Dimensional Man: Studies in the Ideology of Advanced Industrial Society*. Boston: Beacon Press, 1964.

bem como a denúncia marxista da alienação no trabalho, do fetichismo da mercadoria, da reificação das pessoas[20], ou a crítica da razão instrumental levada a cabo por Adorno e Horkheimer[21]. Todos estes autores não se limitam a enunciar a existência dos fenómenos que acabámos de citar. Qualquer leitura, ainda que superficial, das obras em que descrevem estes fenómenos, torna evidente que, a seguirmos as conclusões deles, temos de aceitar que seria *preferível* um mundo no qual o ser humano não cedesse à tentação da vida anónima, não usasse a sua razão de forma meramente instrumental para dominar os outros e a natureza, não os tratasse como objetos, não estivesse condenado a viver uma vida de escravidão no trabalho. Não podemos dizer que isto sejam análises propriamente sociológicas. Serão, possivelmente, análises simultaneamente sociais e existenciais que, em última instância, fornecem conceitos englobantes, os quais, isso sim, poderão talvez ser explorados de forma diferente pela sociologia. Através destes conceitos e destas análises, a filosofia social tende a

---

[20] Estou a colocar entre parênteses a interpretação determinista da filosofia de Marx e a assumir que é possível encontrar nela a possibilidade de um expressivismo parcialmente baseado numa crença na agência humana. Taylor defende a interpretação expressivista da filosofia de Marx em *Sources of the Self* (*op. cit.*) e Honneth tenta reconstruir, em "Pathologien des Sozialen" (*op. cit.*), precisamente as análises da alienação, do fetichismo e da reificação que fazem da filosofia marxista uma filosofia social. Sobre a alienação, vejam-se os *Manuscritos Económico-Filosóficos* (Lisboa: Edições 70, 1993), i.e., os manuscritos de 1844, principalmente a secção "O trabalho Alienado", p. 157-172 do primeiro manuscrito. Sobre o fetichismo da mercadoria, veja-se o primeiro volume do *Capital* (Lisboa: Edições Avante, s/d), principalmente a primeira secção do tomo I, «Mercadoria e Dinheiro». Quanto à reificação, o termo (*Verdinglichung*) é usado por Marx de forma esporádica no *Capital*, mas a ligação explícita entre este fenómeno e o fetichismo da mercadoria foi desenvolvida principalmente por Lukács em *História e Consciência de Classe* (São Paulo: Martins Fontes, 2003). Todo este complexo de fenómenos aponta para as consequências da organização do trabalho e da produção e consumo no capitalismo avançado: tende-se a tratar as pessoas como *coisas*, e as coisas como *deuses*, para além de se criarem impedimentos quase estruturais à auto-realização enquanto expressão do trabalho humano. Assim sendo, ainda que se rejeite a filosofia da história de Marx e a dialética "científica" que propõe, o diagnóstico operado por estes conceitos continua a ser, até certo ponto, válido no âmbito de uma filosofia social.

[21] HORKHEIMER, Max; ADORNO, Theodor - *Dialektik der Aufklärung. Philosophische Aufsätz*. New York: Social Studies Association, 1944.

adoptar uma metáfora médica e a produzir *diagnósticos*[22] sobre o estado de saúde das sociedades, em relação aos múltiplos aspetos que já mencionámos.

III. A Filosofia Social de Ricœur

Feita esta sucinta apresentação, resta saber em que medida é que Ricœur pode apresentar uma filosofia social. Tomarei como ponto de partida a hermenêutica ricœuriana porque o paradigma hermenêutico acaba por ser o pressuposto constante de todas as suas explorações na filosofia da ação. Nas coletâneas de textos intituladas *Du texte à l'action*[23] e *Hermeneutics and the Human Sciences*[24], Paul Ricœur lança as bases de uma metodologia hermenêutica que possa ser aplicada às ciências sociais e, mais especificamente, à análise da ação humana. Esta hermenêutica da ação humana tem como base a construção

---

[22] A metáfora do diagnóstico pode ser usada de diferentes formas, boas ou más. No entanto, não deve ser esquecido que, neste contexto a que me refiro, ela é usada de forma simplesmente analógica: quem a enuncia compara a sociedade existente com um critério normativo, uma norma ou valor de saúde. No entanto, como tornaremos claro mais adiante, a origem da norma não tem de ser propriamente inventada, pode provir da própria tradição já constituída em que nos inserimos (e, logo, pode ser uma normatividade *enraizada*); por outro lado, a forma errada de interpretar o critério da saúde seria fazê-lo coincidir, de forma neo-nietzschiana, com um ideal de *força*. Ora, este ideal, se levado à letra, poderia levar a situações de exclusão de todos aqueles que não conseguissem corresponder à norma. Parte da história da modernidade pode ser entendida desta maneira: identificação do "normal" com uma determinada característica (por exemplo, a racionalidade) e exclusão da categoria que concomitantemente é criada por oposição (por exemplo, o patológico enquanto irracional). A obra de Foucault mostra com mestria como um critério deste género pode levar, em última instância, a projetos de controlo social. No entanto, quando os autores que tenho vindo a citar enunciam o critério da saúde e a metáfora do diagnóstico, fazem depender o valor da saúde de um critério democrático e inclusivo, i.e., precisamente o contrário da perversão do ideal da saúde que acabo de descrever. A conclusão a tirar é que embora esta metáfora seja útil, deve tomar-se uma especial precaução ao usá-la.

[23] RICŒUR, P. - *Du texte à l'action. Essais d'herméneutique II.* Paris: Seuil, 1986.

[24] RICŒUR, P. - *Hermeneutics and the Human Sciences: Essays on Language, Action and Interpretation.* ed. bye John B. Thompson. Cambridge: Cambridge University Press, 1981.

narrativa da identidade através da famosa *via longa* da objetivação nas instituições e nas obras da cultura, bem como na permanente interação com o outro. Neste contexto, a interpretação da ação humana é considerada como uma obra aberta, isto é, um acontecimento cujo sentido pode ser permanente reinterpretado. Ricœur leva a analogia até ao ponto de considerar que a ação pode ser "lida" como um texto.[25] Isto não significa que fique preso num paradigma meramente linguístico – evidentemente, não crê que a ação *seja* linguagem; a ação continua a ser iniciativa, capacidade de começar algo novo no mundo. Assim sendo, a ênfase da teoria da ação que desenvolve acabará por ser colocada precisamente na *agência* dos sujeitos.

E é em *Soi-même comme un autre* que Ricœur dará um passo decisivo neste sentido, ao criticar a semântica de uma ação sem agente, tal como a podemos encontrar na obra de Donald Davidson. Para além disso, ao colocar como pedras angulares da sua antropologia do homem capaz a capacidade de *agir* e a de *narrar*, e ao acentuar sempre que esta agência é simultaneamente acompanhada de uma irredutível passividade (o autor fala sempre de *l'homme agissant et souffrant*) Ricœur lança as bases de uma teoria da identidade que consegue escapar ao perigo da reificação. Isto porque a ipseidade, ao assumir o seu caráter narrativo e, logo, constitutivamente reinterpretável *ad infinitum*, evita o tipo de fechamento e de reducionismo que tantas vezes é imputado aos defensores da política da identidade. Ou seja, os agentes, quer individuais, quer coletivos, poderão contar a história, poderão contar a *sua* história, mas nunca poderão reivindicar a exclusividade ou sequer a completude do sentido. Como se vê no *Rei Édipo*[26], só no final compreendemos a forma como a trama se entreteceu. Em certo sentido, o fechamento da história só acon-

---

[25] Veja-se «Le modèle du texte: l'action sensée considérée comme un texte», in *Du texte à l'action*, p. 205-236.

[26] SÓFOCLES - *Rei Édipo*. Lisboa: Edições 70, 2012.

ce no *fim* da mesma. E mesmo depois de contada, a pluralidade de interpretações que a tradição lhe consagra abre os factos narrados a uma permanente reconstrução de sentido.

Que uma análise hermenêutica, de cunho ricœuriano, da ação humana possa fundar uma filosofia social e, para mais, análises sociológicas aplicadas, fica provado, por exemplo, com o recente livro de Johann Michel, *Sociologie du Soi*[27]. Neste livro, o autor analisa as técnicas de construção e reconstrução da identidade pessoal de diversos descendentes de pessoas envolvidas na guerra da Argélia, mostrando de que forma se desenvolve a construção da memória e o consequente impacto nas identidades dos descendentes, mesmo quando o acontecimento significativo em causa não pertence à memória biográfica, mas ainda assim se repercute na memória histórico-semântica. No entanto, o meu objetivo é mostrar que o âmbito desta aplicação hermenêutica às ciências sociais pode ser ainda alargado, e que, em última instância, pode figurar como alternativa às metodologias meramente construtivistas da filosofia rawlsiana e pós-rawlsiana.

Na realidade, as críticas a uma teoria da justiça puramente procedimental e que abstém de se pronunciar sobre conceções substantivas do "bom" têm surgido com abundância nas últimas décadas, e Ricœur acaba por partilhar muitas das reservas dos autores que criticam uma versão estrita do universalismo procedimental. Por exemplo, em *Le juste*, Ricœur, depois de expor os méritos de *A Theory of Justice*[28], faz a pergunta seguinte: como é que um pacto a-histórico, isto é, que é colocado fora da história por provir da ficção de uma posição original onde, sob um véu de ignorância, os sujeitos deliberariam de forma a encontrar os princípios de justiça que regeriam a suposta sociedade

---

[27] MICHEL, Johann - *Sociologie du Soi. Essai d'herméneutique apliquée*. Rennes: Presses Universitaires de Rennes, 2012.

[28] RAWLS, John - *A Theory of Justice*. Cambridge: Harvard University Press, 1971 e RICŒUR, P. - Une théorie purement procédurale de la justice est-elle possible? In *Le Juste*. Paris: Esprit, 1995.

futura, pode ser vinculativo em sociedades que são sempre já históricas, contingentes, feitas de tradições vivas e regras concretas? Esta questão, que à partida pode parecer algo rebarbativa, é na realidade muito pertinente. Ricœur, na esteira de Gadamer, defende que se tenham em conta e se recuperem as tradições significativas que formam a vida social. Por conseguinte, se é verdade que podemos falar de uma filosofia social em Ricœur, e se o exercício desta filosofia pressupõe um determinado tipo de racionalidade, um uso específico da razão, não é menos verdade que esse uso nunca poderá ser o de uma razão abstrata, desligada, puramente construtivista. Na realidade, embora Ricœur não o afirme explicitamente quando discute Rawls, o uso da razão que aqui é feito é o de uma razão *reconstrutiva*, no sentido exato que esta expressão assume em Honneth, e que é partilhado, embora usando outra designação, por Michael Walzer.[29]

Façamos um esforço de clarificação deste possível caminho alternativo para a filosofia social. Em *Interpretation and Social Criticism* Walzer distingue precisamente três metodologias possíveis de análise da sociedade e de busca dos melhores valores, regras e leis para a reger: aquilo a que chama descoberta, invenção e interpretação. O método da descoberta seria aquele que assumisse a existência objetiva deste conjunto de entidades e portanto os tentasse "descobrir" para depois eventualmente os aplicar. A teoria mais próxima desta descrição que possamos encontrar será eventualmente aquela que se

---

[29] HONNETH, Axel - Rekonstruktive Gesellschaftskritik unter genealogischen Vorbehalt. In *Pathologien der Vernunft*. Frankfurt: Suhrkamp, 2007, p. 57-69 e WALZER, Michael - *Interpretation and Social Criticism*. Cambridge, Mass.: Harvard University Press, 1987. Na realidade, Honneth chama "Reconstruktion" àquilo a que Walzer chama "interpretation" e ambos os sentidos destas expressões aproximam-se de forma significativa daquilo que Ricœur definia nos anos 60 como uma "herméneutique comme récollection du sens", a qual era colocada nos antípodas da hermenêutica da suspeita. Veja-se RICŒUR, P. - *De l'interprétation. Un essai sur Freud*. Paris: Seuil, 1965, p. 38-41. Em todos os casos, aquilo que está em causa é a aplicação de uma hermenêutica que não seja meramente destrutiva ou desmistificadora e que, pelo contrário, vise discernir, clarificar aquilo que é dito através de um processo "reconstrutivo".

encontra expressa na *República* de Platão[30] e que, teoricamente, nos levaria ao princípio anipotético. Este tipo de método é dificilmente defensável nos dias de hoje e só pode ser aplicado diretamente em sociedades cujo regime corresponda efetivamente a uma teocracia, como, por exemplo, o Irão. O segundo método, o da invenção, é precisamente o de Rawls, aquele que tenta chegar à melhor construção racional possível, mas sem se perguntar necessariamente, *ex post factum*, se todas as sociedades a poderão aceitar da mesma maneira. Podemos relembrar, de forma um pouco caricatural, a administração Bush a congratular-se com a entrada no Iraque em 2003, argumentando que, como se tratava de um ato de libertação, de afastamento de um ditador e consequente instauração da democracia, os iraquianos receberiam o exército americano... com flores. Que o resultado efetivo desta intervenção militar sirva para nos lembrar que por vezes não é a justiça de um princípio o único fator a ter em conta: ainda há que pensar de que forma é que esse princípio se adequa às formas de vida e às tradições das sociedades que queremos analisar. Finalmente, o princípio da interpretação defendido por Walzer acaba por estar muito próximo da hermenêutica ricœuriana. Segundo Walzer, os princípios de moralidade que "descobrimos" ou "inventamos" acabam por ser muito parecidos... com aqueles que efetivamente já temos. Isto porque cada sociedade é constituída por ideais históricos, textos fundadores, rituais, cerimónias, conjuntos de práticas instituídas. Logo, aquilo que o crítico social fará será mais parecido com uma descrição densa[31]

---

[30] PLATÃO - *A República*. Lisboa: Fundação Calouste Gulbenkian, 2010.

[31] A noção de "descrições densas" (*thick descriptions*) foi popularizada por Clifford GEERTZ em *The interpretation of cultures*. New York: Basic Books, 1973), livro no qual explica que, na realidade, o termo provém de Gilbert Ryle. Em sentido estrito, Geertz associa este termo à pesquisa etnometodológica aplicada nas ciências sociais e, mais especificamente, na antropologia. Todavia, o uso deste termo acabou por se tornar extremamente influente no contexto da filosofia política, principalmente nos adeptos do denominado "comunitarismo", como Taylor e Walzer. Assim sendo, a noção de "descrição densa" acaba por vir a designar apenas uma descrição que tenha em conta o contexto daquilo que é descrito (seja isso um comportamento, uma tradição, um valor). Para se

dessas práticas, uma elucidação desses textos, do que propriamente uma invenção absoluta dos ideais e das práticas perfeitas. Não que com isto se diga que nada de novo possa existir na sociedade e que tudo o que façamos seja recuperar os princípios antigos. A questão é que eles é que devem ser o nosso ponto de partida. Como explica Honneth numa entrevista feita comigo e que me permito mencionar[32], o que é mais importante é percebermos como é que normas já existentes e supostamente aceites, acabam por ser vagas, não são entendidas ou são mal aplicadas. Para dar apenas um exemplo, se é verdade que aceitamos a justiça do princípio do mérito, porque é que muitas vezes pactuamos tacitamente com práticas de corrupção?

Por outras palavras, dada a inelutabilidade do conflito de interpretações, aquilo que o filósofo pode fazer é tomar parte nele. Neste sentido, Ricœur é de uma grande ajuda, na medida em que a sua hermenêutica tematiza precisamente a dialética entre a tradição e a inovação.[33] A tradição é o ponto de partida mas, ainda assim, ela tem

---

explicar esse contexto, várias técnicas podem ser desenvolvidas – inclusive métodos quantitativos ou técnicas empíricas – e uma delas, geralmente muito utilizada nesta vertente da filosofia política e social, é o recurso à análise histórica. Compreenderemos em parte um comportamento, um valor, ou uma tradição, se compreendermos os motivos substantivos que estão na sua origem, os quais, pelo menos até certo ponto, a reconstrução histórica é capaz de nos conferir. Agradeço ao Paulo Jesus a chamada de atenção para a complexidade das "descrições densas". Em última instância, para "compreender" o social, a filosofia social deve poder recorrer a estas descrições densas, as quais certamente complementarão o seu trabalho conceptual e ajudarão a desenvolver uma normatividade que não seja "desligada", mas "enraizada".

[32] MARCELO, Gonçalo - Recognition and Critical Theory Today: An Interview with Axel Honneth. *Philosophy and Social Criticism*. Vol. 39, nº 2 (2013) p. 209-221.

[33] Esta dialética é uma das preocupações principais de Ricœur na fase dos anos 70. A forma como ela é analisada prende-se principalmente com a necessidade de explicar aquilo a que Ricœur chama a *inovação semântica*, i.e., os fenómenos de renovação da linguagem através da criação de sentido. Dois livros são dedicados à inovação semântica: *La métaphore vive* (Paris: Seuil, 1975) explica o processo de inovação poético-metafórica, enquanto *Temps et récit* (Paris: Seuil, 1983-85) analisa o mesmo processo no que diz respeito à narrativa. No entanto, este é um fenómeno dialético. Só pode haver inovação no contexto de um sistema com os seus usos sedimentados, constituídos pela tradição. Isso explica a existência de fenómenos que podem evoluir, sem no entanto perderem os traços caraterísticos que mantêm a sua identidade.

de passar necessariamente, como sempre na filosofia ricœuriana, pelo crivo da crítica. Assim sendo, pretende ser uma *hermenêutica crítica* e é precisamente nessa qualidade que pode fundar uma filosofia social.

Darei mais um exemplo de uma produção ricœuriana relevante para a filosofia social. Em 1975, no mesmo ano em que publica *La métaphore vive* e em que, por conseguinte, as questões da poética e da imaginação ocupam a maior parte da sua pesquisa, Ricœur leciona o curso sobre a imaginação, que será em breve publicado, e também o famoso curso sobre a ideologia e a utopia, publicado em 1986 e editado por George Taylor. Ora, este último curso corresponde precisamente à vertente social da imaginação, aquilo a que se possa chamar o *imaginário social*. A primeira tese, relativamente inovadora, de Ricœur, é que ideologia e utopia são fenómenos dialéticos e portanto correlativos, co-dependentes. A segunda tese é que eles não correspondem apenas a fenómenos patológicos, tal como a tradição filosófica os considerou desde sempre, mas que, pelo contrário, são *constitutivos* da realidade social, dado expressarem precisamente a tradição e a inovação no domínio do imaginário social. A ideologia existe porque suporta a crença na justiça do exercício do poder da forma como está atualmente organizado; ela representa a transmissão da tradição, a veiculação dos valores, normas, práticas e rituais que descrevemos acima. É a ideologia que permite que as sociedades tenham memória e tenham continuidade. Portanto, é um fenómeno de imaginação reprodutiva. Já a utopia é fruto da imaginação produtiva e dá azo aos fenómenos pelos quais uma sociedade se renova, se mantém viva e criativa. Obviamente que ambos os fenómenos podem tornar-se patológicos, precisamente se a ideologia se tornar *petrificada* e hostil a qualquer tipo de abertura ou mudança ou se a utopia pretender ser literalmente *u-topos*, aquilo que não existe em lugar nenhum. Por conseguinte, segundo Ricœur, temos que combater estas formas de patologias sociais, as ideologias reificadas e as utopias que pretendem fazer *tabula rasa* das sociedades historicamente existentes. É tão mau o Terror que provém da tentativa de impor um *começo absoluto* novo a qualquer sociedade, como a sociedade totalmente fechada onde, pela erosão do tempo, as instituições morrem e aquilo que era justo deixa de o ser pela alteração das condições mas, ainda assim, o fechamento ideológico impede a renovação.

Ora, assim sendo, uma das tarefas relevantes para a filosofia social será a de saber discernir, por entre os valores e as tradições relevantes que constituem a nossa sociedade, quais é que são verdadeiramente fundamentais. Quais é que são ideológicas em sentido fundador – ou até fundacional – e quais é que, em última instância, não passam o teste crítico. Da mesma forma, perante a reificação patológica de alguns desses valores, caberá a esta filosofia perceber que utopias são viáveis, precisamente por não serem totalmente escapistas mas, pelo contrário, poderem ser decompostas em tarefas parciais e exequíveis, ao nosso alcance.[34] Essas serão as utopias que permitirão conferir um sentido de direção, de progresso moral, na evolução das nossas sociedades. São elas que permitirão uma aproximação entre o nosso espaço de experiência, e o nosso horizonte de expectativa e, por conseguinte, providenciarão qualquer coisa como um plano, uma imagem, do que as nossas sociedades poderão vir a ser no futuro.

Conclusão

O último elemento a acrescentar é que Ricœur acredita, com Habermas e a Escola de Frankfurt, que existe de facto um *interesse* predominante da razão, e que esse interesse é o interesse pela emancipação. Isto é, se a ética se define pela vida boa, com os outros, em

---

[34] Ricœur propõe precisamente que as tarefas sejam *determinadas*, ou seja, finitas e relativamente modestas, para poderem original um envolvimento *responsável*. Este pode ser precisamente um bom critério de aferição de uma utopia: esta será boa se, para além de defender os valores certos, for exequível. Veja-se «L'initiative» em *Du texte à l'action*, p. 305.

instituições justas, e se este escopo acaba por remeter para uma ética do reconhecimento, como vemos na última obra de Ricœur, a consequência é que se de facto os sujeitos viverem em sociedade injustas, devem tentar mudá-las. Ricœur chega a dizer explicitamente, no contexto da intervenção que teve no debate entre Gadamer e Habermas, e parafraseando a fórmula kantiana que explica a relação entre intuições e conceitos, que "a hermenêutica sem um projeto de libertação é cega, mas um projeto de emancipação sem experiência histórica é vazio".[35] Esta afirmação, que deve ser contextualizada (pois não se refere à hermenêutica *tout court*) é válida precisamente no domínio da filosofia social e quase resume a filosofia social ricœuriana. A razão que aqui labora é uma razão reconstrutiva, a qual parte da experiência histórica e das tradições constituídas. É uma razão que visa a vida boa mas que se encontrar obstáculos sociais que sistematicamente impeçam o indivíduo de realizar essa vida boa, tenta superá-los. Por ser uma hermenêutica crítica, é capaz de captar que conjuntos de práticas e normas se devem manter, e quais devem ser alterados para, evoluindo, continuarem válidos e corresponderem às expectativas dos sujeitos que os praticam. Por vezes será uma hermenêutica da suspeita e da crítica, outras vezes uma hermenêutica da distanciação, outras ainda, uma hermenêutica da aplicação. Por vezes contará histórias para recuperar valores perdidos ou atribuir valor a quem não consiga contar a sua própria história, outras vezes contestará o pretenso valor de verdade absoluto de narrativas reificadas e que sirvam de pretexto para a saída do discurso e a remissão para a violência. Em todas as circunstâncias, será um instrumento útil a quem queira pensar a sociedade. Que este possa ser mais um dos múltiplos legados inestimáveis que Ricœur e a sua rica filosofia nos deixam.

---

[35] RICŒUR, P. - *Lectures on Ideology and Utopia*. p. 236-237.

HERMENÊUTICA E PSICOTERAPIA: DA NARRAÇÃO AO NARRADOR
HERMENEUTICS AND PSYCHOTHERAPY: FROM NARRATION TO THE NARRATOR

Paula Ponce de Leão[1]

Resumo

O objetivo desta comunicação é pensar a narração como construção do si mesmo seguindo a teoria da narrativa de P. Ricœur, para a propor enfim como mediação da relação psicoterapêutica. Apresentam-se assim os grandes pressupostos da função narrativa apresentada em *Temps et récit*.

Palavras-chave: Ipseidade; narração; mimesis; relação psicoterapêutica.

Abstract

The goal of this chapter is to think narrative as the construction of oneself following P. Ricœur's narrative theory, in order to ultimately propose narration as a mediation of the psychotherapeutic rela-

---

[1] paulaponceleao@gmail.com
Professora Associada reformada do Instituto Superior de Psicologia Aplicada. Tem como áreas de interesse a Fenomenologia Hermenêutica, a Ética e as Psicoterapias existenciais.

http://dx.doi.org/10.14195/978-989-26-1091-7_6

tionship. Therefore, the main claims of narrative function exposed in *Temps et récit* are presented here.

Keywords: Selfhood; narration; mimesis; psychotherapeutic relationship.

Introdução.

Iniciarei esta reflexão colocando uma série de questões: Será possível articular e construir um diálogo entre duas linhas independentes de pensamento: a linha da hermenêutica-fenomenológica e a linha da psicoterapia-existencial? Não implicará este percurso a reposição das velhas questões da consciência, do *Ego* ou do *Self* enquanto formas maiores de pensar a identidade pessoal? Poderá constituir a teoria da narratividade uma forma nova de ultrapassar a tensão entre elas? Na minha perspetiva, a narração permite não só compreender a identidade através da sua história de vida, como pensar a relação entre subjetividade e intersubjetividade. Mais ainda, a teoria da narração que a hermenêutica ricœuriana desenvolve, engloba simultaneamente a dialética entre história e ficção. Esta "dimensão mista" da narração dá forma e corresponde à *hermenêutica do si. A narração torna-se, por isso constitutiva da* compreensão de si"[2] Mas será o homem capaz de contar a sua vida? Qual a credibilidade da sua narração? Mais ainda, pode e merece a vida ser contada? A "história de uma vida" ao construir um encadeamento temporal da ação estabelece uma relação entre consciência e inconsciente, entre subjetividade e intersubjetividade. A retomada, por Ricœur, em *Soi-même comme un autre*, da dialética entre passividade e ação, enquanto tensão constituinte de si mesmo, permite pôr em evidência a relação da narração com a identidade narrativa.

---

[2] RICŒUR, P. - Le récit. In *Écrits et conférences*. Paris: Seuil, 2008, p. 278.

A interpretação que me proponho fazer, porque não visa gizar correspondências formais entre hermenêutica e psicoterapia existencial, estrutura-se numa proposta que se desdobra em três momentos: I – Os paradoxos do tempo e da identidade que o narra; 2 – A intriga e a poética da narração; 3 - A narração como mediação na relação psicoterapêutica.

1 - Os paradoxos do Tempo e da identidade que o narra.

A teoria da narração surge em *Temps et récit* de P. Ricœur como a mediação entre duas dimensões do tempo: o tempo psicológico e fenomenológico de Agostinho e de Husserl ao qual se contrapõe o tempo cosmológico de Aristóteles. Ricœur acrescenta a estas uma terceira dimensão de tempo, ou seja o tempo da narração. Uma nova forma de pensar a identidade desenha-se desde logo sob a procura de um *Quem*, individual ou coletivo, que se constrói a si próprio pela capacidade que tem de narrar e de narrar-se.[3] Porque só o discurso indireto da narração pode dizer a temporalidade, ao interligar no agora um antes e um depois, Ricœur considera a narração como a "guardiã do tempo"[4]. A história de um homem ou de um grupo não pode reduzir-se a uma simples descrição anónima inscrita na ordem da sucessividade cronológica. A função narrativa torna-se, por isso, insubstituível podendo mudar ou transformar-se, mas nunca podendo ser esquecida.[5] A narração concilia na ação a apreensão do tempo, sempre de carácter singular, com a dimensão da inescrutabilidade que também lhe é própria. Na tradição a passagem

---

[3] THOUARD, D. - Subjectivité et identité: Le sentiment de soi chez P. Ricœur. In AAV - *L'Éthique et le soi chez Paul Ricœur*. Paris: Septention Presses Universitaires, 2013, p. 83.

[4] RICŒUR, P. - *Temps et récit III: Le temps raconté*. Paris: Seuil, 1985, p.349

[5] RICŒUR, P. - *Temps et récit II: La configuration dans le récit de fiction*. Paris: Seuil, 1984, p.48.

ou a relação entre estas duas dimensões do tempo era impossível de estabelecer. O tempo imediato e o tempo como totalidade irrepresentável seguiam direções opostas A doutrina da substância reduzia o pensar a um eterno presente. Na perspetiva crítica de Ricœur, nunca é desejável confundir o *Wie* com o *Was* como faz Heidegger. A analítica existencial heideggeriana não foi suficiente para o pensar.

Os paradoxos da apreensão do tempo mostram-nos como a narração é apenas uma tentativa entre outras, porém, a mais conveniente para ultrapassar este problema considerado insolúvel. A irrepresentabilidade do tempo obrigou inicialmente Ricœur a recorrer ao mito como forma de dizer tanto o seu aparecer como o seu escoamento. Efetivamente não se pode pensar o tempo senão narrando-o. Para ultrapassar esta linha de fratura interna entre a temporalidade autêntica e a temporalidade inautêntica, entre a presença e o presente, Ricœur, em *Temps et récit* III, afirma indispensável considerar a atividade mimética da narração.

> "O rebento frágil saído da união da história com a ficção, constitui a assignação a um indivíduo ou a uma comunidade de uma identidade específica a que chamamos identidade narrativa".[6]

Importa portanto pôr a questão: O que é a identidade narrativa? Como se constrói? Qual é o seu suporte? Só a narração da ação diz quem a praticou. A identidade daquele que age irá ser analisada em *Si-mesmo como um outro*[7], a partir de quatro tipos de ação, em que se integram as duas dialéticas constitutivas do si-mesmo. Ipseidade e mesmidade conjugam-se construindo a coesão de uma vida. A mesma vida pode no entanto ser contada das mais diversas maneiras, não só por quem a viveu como por todos aqueles que a

---

[6] RICŒUR, P. - *Temps et récit III*, p.355
[7] RICŒUR, P - *Soi-même comme un autre*. Paris: Seuil, 1990

narram. Ao narrar-se, o si-mesmo não se reconhece porém como um Eu egoísta e narcísico, do qual as hermenêuticas denunciam não só a hipocrisia como a ingenuidade e o arcaísmo nevrótico-infantil[8]. A identidade narrativa surge como o resultado de um *vida bem examinada*, que a narração clarifica através do reconhecimento dos efeitos culturais e das obras que a concretizam. As psicoterapias mostram, por seu lado, como as histórias de vida são corrigidas pelas narrações sucessivas que sobre elas vão sendo feitas, de tal forma que um sujeito, ou um povo podem, em última análise, reconhecer-se nas histórias que sobre eles foram sendo contadas. Há portanto uma circularidade entre as diversas narrações da identidade e a receção posterior desses textos. Este círculo da mimese não é porém vicioso. Pelo contrário, é virtuoso. Por isso é que a narração pode guardar o tempo e as identidades narradas, porém sempre de forma diferente.

2 – O papel da intriga na poética da narração. Que significa narrar?

Todos sabemos que a vida sempre esteve ligada à narração. É pela narração que contamos uma vida do nascimento à morte[9], afirma Ricœur. Que seria de uma vida ou de uma cultura que não pudessem ser contadas? É a narração que, pela intriga, conjuga a semântica da ação com a simbólica e a fenomenologia do tempo vivido sendo por isso mesmo a narração a forma imediata do homem se identificar consigo mesmo no mundo. Porém a relação entre a vida e a sua história não é fácil. A narração enquanto *muthos* pode não respeitar a "vida vivida" e contá-la sob a forma de ficção. Mas "vida contada" e "vida vivida" serão distintas como alguns pretendem? Paradoxalmente

---

[8] RICŒUR, P - *Temps et récit III*, p. 356.
[9] RICŒUR, P. - La vie: un récit en quête de narrateur. In *Écrits et conférences 1. Autour de la psychanalyse*. Paris: Seuil, 2008, p.257

é a abertura à ficção que mostra como a vida não tem apenas uma dimensão biológica, nem meramente descritiva. Como relacionar porém viver com narrar? Vamos refletir sobre o ato de narrar.[10]

Desde logo torna-se impossível confundir a narração com a descrição.[11] Narram-se as ações descrevem-se as situações, isto é, narra-se o fazer, pelo contrário descrevem-se os objetos e as personagens. Também o tempo é diferentemente abordado nestes dois tipos de discurso. Ao tempo contínuo e sucessivo da descrição contrapõe-se o tempo evenemencial da compreensão, onde o encadeamento dos factos é sempre imprevisível. A construção da narração requer um ponto de partida e um ponto de chegada onde a ação termine. A narração é, por isso, um todo fechado e não uma série aberta de acontecimentos a que é sempre possível acrescentar mais factos. À arte de compor uma história chama Ricœur configurar uma intriga. Ora para os gregos o *muthos, a intriga,* tanto podia significar uma "fábula" como uma "história bem construída"[12]. Quer dizer, a intriga não tem uma estrutura extática, é antes uma operação integradora que só termina no recetor vivo que interpreta a história ao ouvi-la ou ao vê-la representada. É pela dimensão integradora da intriga que a história se torna una e completa. Nesta ótica a construção de uma intriga surge como um processo estruturante de uma vida singular. A intriga procura "re-presentar" ou "imitar" a realidade humana segundo os princípios que lhe são próprios[13]. Representar uma ação[14] é portanto uma operação dinâmica de composição dos elementos diferentes que compõem uma vida. Nesta ótica, surge a inseparabilidade entre *muthos* e *mimésis. Mimesis praxeos* significa a arte de imitar as ações concretas de uma vida. Ao construir-se a intriga constrói em

---

[10] ARISTOTELES - *Poetique*. Trad. Roc et Lallot. Paris: Seuil, 1980.
[11] RICŒUR, P. - *Soi-meme comme un autre*. Paris: Seuil 1990.
[12] ARISTOTELES - *Poetique*. Trad. Roc et Lallot. Paris: Seuil, 1980.
[13] GILBERT, M. - *l'identité narrative*. Paris: Labor et fides, p. 2001, 50-53.
[14] ARISTOTELES – *Poétique*. 6, 50a2-3

simultâneo a identidade daquele visa e a quem distribui um determinado papel no decorrer da ação narrada. Umas vezes será o de agente, outras o de paciente. O personagem assim construído surge num tempo que passa mas, paradoxalmente, permanece. Configurar uma história não é senão contar aquilo que permanece através daquilo que passa e foge. A *Mimesis* enquanto representação ou imitação da ação procura transpor para o espaço narrativo a experiência quotidiana. Se o "espaço narrativo" não fosse a imitação da nossa vida, a narração não teria qualquer sentido para nós. Como é então possível entender os mitos e as ficções? Ulisses ou Édipo serão apenas construções fictícias de carácter exemplar? Ou pelo contrário, o "fazer" que a narração conta, porque é um "fazer universal", pode ser sempre compreendido por novos destinatários? A *katharsis* acontece no momento em que o recetor da narração ao refigurar o mundo do texto alarga compreensivamente o mundo onde ele próprio vive e está ancorado. Ricœur considera três formas de mimese. Para que a intriga enquanto *mimesis* possa oferecer uma compreensão nova dos acontecimentos é necessário que tanto narrador como destinatário tenham uma pré-compreensão comum do agir humano: *mimesis 1*[15]. Sem a pré-configuração do mundo e da ação em geral a narração seria impossível. A pre-figuração é assim a condição do encadeamento narrativo da intriga e supõe o reconhecimento das estruturas temporais inerentes à praxis humana. Neste campo impõe-se distinguir *causas* de motivos e intenções. A *mimesis 2* tem em Ricœur uma função mediadora ao "transformar os acontecimentos ou os incidentes factuais numa história[16]. Pela intriga a multiplicidade dos acontecimentos deixa de ser uma simples enumeração e transforma-se numa totalidade significante, que passa a ter um tema específico. Concordância e discordância coordenam-se dialeticamente ao integrarem na repetibilidade dos factos a dimensão do inesperado. A *mimesis 2*

---

[15] RICŒUR, P. - *Temps et récit I: L'intrigue et le récit historique*. Paris: Seuil, 1983, p.125.
[16] RICŒUR, P. - *Temps et récit I*, p. 127.

permite também combinar tempos diferentes. O primeiro, o tempo que se pode medir é cronológico, o segundo, o tempo do acontecimento, embora temporal, não é cronológico. A intriga combina-os numa concordância discordante. A forma como Ricœur pensa a *mimesis 3* mostra como a imitação da ação só tem sentido quando no seu termo está na sua refiguração pelo destinatário. É o ato de escuta ou de leitura que acaba o ato de configuração[17] ao re–situá-lo no mundo vivo. Sabemos que a narração visa sempre um outro ao qual se dirige. Sem o destinatário a narração não teria sentido por isso a configuração do sentido incumbe tanto ao narrador como ao destinatário. A inteligibilidade da narração é construída por ambos e tem como finalidade provocar a purificação ou – *catarse* – na vida emocional do destinatário. E como? Os acontecimentos narrados não só fazem parte da experiência imediata do narrador como também se inscrevem na dimensão universal da acção podendo ser compreendidos por qualquer intérprete.

3 – A narração, entre hermenêutica e psicoterapia

Como vimos, o tempo constitui o horizonte da compreensão narrativa. A intriga constrói-se em simultâneo com a identidade narrativa. O problema fundamental abordado em *Si-mesmo como um outro* consiste na tentativa de articular na identidade pessoal a permanência com as mudanças sofridas na existência concreta. Ricœur defende a tese de que só a narração nos permite compreender a identidade como sendo capaz de conjugar continuidade e mudança na relação consigo e com o outro. Por isso a narração é o passo decisivo para a compreensão de nós próprios. Mesmidade e ipseidade cruzam-se na atestação de si com a alteridade. Por isso um homem incapaz de narrar-se é também incapaz de se pensar. Só um sujeito capaz de considerar a sua vida como um

---

[17] MONGIN, O. - *P. Ricœur*. Paris: Seuil, 1994, p. 182

todo significante é capaz de se reconhecer como uma identidade narrativa.[18] Neste sentido, só ele pode tornar-se responsável. Há, portanto, na perspetiva de Ricœur, um laço entre a procura de uma vida boa de ordem ética e a capacidade de pensar a sua própria vida e de a narrar como uma "totalidade singular". Porém, a "totalidade" que a narração conta não comporta todos os acontecimentos vividos nem aponta uma única interpretação. Ao proceder à "reunião" dos factos a intriga pretende apenas construir um "todo com sentido". Importa portanto distinguir a noção de "totalidade" da noção de "totalização". Nesta perspetiva, seguir uma narração é, tanto para o ouvinte como para o terapeuta, refigurar o ato de configuração que lhe dá forma. Ambos completam a sua significação ao serem convidados a considerar as indeterminações, mas também a riqueza da história à luz do mundo do intérprete

Narração e vida cruzam-se, portanto. Se as narrações são *mimesis praxeos*, ao serem ouvidas ou lidas estão igualmente ligadas à estrutura do agir e do sofrer. Há assim um paralelismo entre os conceitos que presidem ao agir e os conceitos que presidem às intrigas das narrações, por isso mesmo as narrações são fundamentais para a interpretação psicoterapeuta. Os pedaços descosidos das histórias, que conta cada um, podem ser integrados pelo psicoterapeuta numa história não só sustentável como inteligível. Cada um de nós é o nó constituinte de uma pluralidade de histórias que aspiram a ser contadas por um narrador assim como a ser ouvidas por um outro semelhante a si próprio.

Conclusão – A partir de Ricœur....

Consideremos alguns dos pontos que me fizeram abordar a compreensão narrativa do homem como projeto de um diálogo novo entre antropologia-hermenêutica e psicoterapia.

---

[18] RICŒUR, P. - *Soi-même comme un autre*. Paris: Seuil, 1990, p.187-190.

Em primeiro lugar, um dos grandes temas que a obra de Ricœur levanta e ajuda a pensar é a questão da identidade pessoal. A procura de si é, porém, um caminho doloroso que confronta na identidade, mesmidade, ipseidade e alteridade. Mais ainda, Ricœur mostra como o sofrimento decorrente da procura de si por si próprio nasce da desvinculação entre pensar e existir. A afinidade entre o *logos* e o *pathos* humanos ajudam, segundo Ricœur, a pensar o desejo como verdadeiramente humano e não apenas como animal. A simbolização do desejo consiste, para este autor na transposição de uma estrutura psíquica individual para o fenómeno social da linguagem. Por isso as psicoterapias enquanto praxis linguísticas podem simbolizar de novo o que no sujeito estava sem simbolização.

Em segundo lugar, importa considerar a estrutura dialógica do desejo. A esta luz, os episódios da vida que o paciente conta podem ser entendidos como a forma deste desenvolver a sua capacidade relacional com o outro e sobretudo consigo próprio.

Num terceiro momento, importa sublinhar como "a narração de si" recorre para se dizer ao imaginário que paradoxalmente pode enganar. Para as psicoterapias os fantasmas são simultaneamente formas de acesso e de obstáculo à realidade. Dom Quixote é a expressão clara da relação fantasmática com os outros. É pelo recurso ao símbolo que Ricœur ultrapassa a dimensão enganosa do imaginário. Por fim, uma quarta dimensão tem de ser considerada. O imaginário é criação e não ilusão para a hermenêutica. A história de uma vida, ao desenrolar-se do nascimento à morte, mostra como ao processo de simbolização corresponde um processo de prefiguração da própria vida. Por isso a retensão no passado da melancolia, e a perca das dimensões temporais realizada pela esquizofrenia, parecem ter de repensar a noção de refiguração proposta por Ricœur.

A identidade narrativa ao estabelecer a unificação da experiência temporal vivida mostra no entanto o paradoxo da narração: por um lado a vida procura um narrador que conte e interprete a pluralidade dos seus não-ditos, por outro, revela, simultaneamente, as incapacidades da identidade narrada. É neste âmbito que a narração se abre à reflexão sobre o sofrimento.[19] Para Ricœur, o sofrimento significa a diminuição ou a destruição do "poder de agir" do sujeito. Por isso qualquer forma de ditadura (política, económica, social ou psicológica), ao destruir a capacidade do sujeito de se designar como narrador ou protagonista de uma história, esquece a historicidade das suas ações retirando-lhe a sua própria dignidade.

> "Porque a nossa vida não terminou ainda, não conhecemos nunca o fim da nossa própria história. Nesta ótica, a narração que no quotidiano fazemos de nós próprios aponta como fim aquilo que esperamos da vida".

Narração, identidade e tempo caminham a par.

Restos

À mediação entre o homem e o mundo chama-se referencialidade, à relação entre dois homens chama-se comunicação e à mediação entre o homem e si-mesmo chama-se compreensão de si. A hermenêutica ricœuriana aponta assim novos traços de referencialidade, pretende comunicar com o outro de forma não utilitária e, por fim, procura desenvolver a reflexividade sem ser de forma narcísica.

Com esta reflexão sobre a narração, pretendi mostrar: 1º-como a identidade narrativa preenche o intervalo de sentido entre as duas significações da identidade: a mesmidade do caráter e a ipseidade da promessa. É a articulação destas duas dimensões que confere a certeza epistémica à narração. 2º - A identidade narrativa assim construída não é uma ilusão mas também não está ao abrigo de qualquer suspeita. 3 –

---

[19] RICŒUR, P. - *Soi-même comme un autre*, p 370-71.

A identidade que a narração constrói é tão só o equilíbrio entre a posse e o desapossessamento de si que a narração revela e que o terapeuta escuta.

A hermenêutica, ao visar a narração, permite estabelecer uma relação estreita entre vida, significação e escrita. É uma tarefa que dá que pensar ao contrapor à universalidade da linguagem matemática da prova e da verificação a particularidade das línguas, das nacionalidades, da história e das singularidades pessoais. Nesta ótica, porque o mundo da natureza não esgota o real, a hermenêutica preocupa-se em apontar um outro nível de realidade – o nível das ações humanas – onde o tempo e o mundo se ligam através das histórias que os homens se contam mutuamente.

É para fundamentar esse novo modo de pensar o homem integral que Dilthey recorre à psicologia. Como dar porém à psicologia um método objetivo, que não o empírico, mas que igualmente permita constituí-la como ciência? Numa palavra, como fundamentar as ciências do espírito? "Compreende-se o homem, explica-se a natureza" responde Dilthey, empurrando a hermenêutica para um campo meramente metodológico. Com Heidegger e depois com Gadamer e Ricœur esta proposta é desde logo alargada. A hermenêutica não é redutível a um método que se oponha ao conhecimento empírico e verificável. Os preconceitos que a teoria de conhecimento de Kant propunha têm de ser ultrapassados.[20] Com estes autores a hermenêutica deixou de reduzir-se à interpretação textual e passou a visar a relação entre o sentido e o ato de interpretar, na sua dimensão pessoal e concreta. Ao preocupar-se com a plurivocidade das formas de viver e com a sua possibilidade de significar, a hermenêutica fenomenológica move-se entre espaços heterogéneos que inevitavelmente abrem ao conflito mas suscitam igualmente descobertas. Para Heidegger, o *Dasein* requer, para ser compreendido, a interpretação, que não só revela as possibilidades que o constituem, como permite evidenciar o sentido das

---

[20] RICŒUR, P. - *Le conflit des interprétations.* Paris: Seuil, 1969, p.11.

escolhas que a sua resolução, enquanto ser para a morte, comprova. À noção de sujeito fechado no seu mundo de significações e certezas defendida pelo primeiro Husserl, Heidegger contrapõe o *Dasein* como projeto aberto às manifestações do Ser.[21] Como arbitrar, porém, nesta perspetiva, interpretações rivais? A hermenêutica atual não visa ser juiz, preocupa-se antes em reeducar o modo de perspetivar e hierarquizar as questões que surgem quando analisamos uma pessoa ou um facto. A interpretação de qualquer fenómeno parte da análise da "situação hermenêutica" onde este acontece. Para elaborar a desconstrução de um acontecimento a fenomenologia torna-se fundamental. A melhor interpretação de um fenómeno é, na perspetiva fenomenológica, aquela que dá mais visibilidade àquilo que o constitui e que ao fazê-lo põe em evidência a sua coerência interna. Linguagem e reflexão estão portanto relacionadas com a existência concreta, necessariamente situada e marcada historicamente, mas insubstituível no processo da interpretação. O *Cogito* não pode ser considerado como um ponto de partida absoluto, como queria a tradição, mas isto não significa que todas as interpretações sejam possíveis ou mesmo igualmente valorizadas. A interpretação tem de resistir, segundo Ricœur em *Do texto à ação*, por um lado ao caráter imediato dos factos empíricos e por outro ao caráter apodítico do *Cogito* cartesiano ou do sujeito transcendental de Kant[22]. O *Cogito* ferido, proposto por Ricœur em *Si-mesmo como um outro*[23], ao constituir-se pela dialética da mesmidade com a ipseidade, a que se segue a dialética da ipseidade com a alteridade, reconhece-se como atestação, isto é, como um "acreditar" e um "confiar" que constituem a única certeza a que o sujeito na hermenêutica pode aspirar[24]. A atestação propõe consequentemente um novo tipo de certeza de caráter

---

[21] IDEM - *Ibidem*, p.13

[22] RICŒUR, P. - *Du texte à laction*. Paris: Seuil, 1986, p. 30-35. GREISCH, J. - *Paul Ricœur: l'Itinérance du sens*. Paris: Jérôme Millon, 2002, p.19.

[23] RICŒUR, P. - *Soi-même comme un autre*, p.15.

[24] RICŒUR, P. - *Soi-même comme un autre*, p.32.

veritativo. Esta crítica à tradição aproxima a hermenêutica ricœuriana das psicoterapias. O *Cogito* ferido é a resposta dada por Ricœur à noção de suspeita da consciência desenvolvida por Nietzsche e por Freud. Ora esta noção está na base das diversas psicoterapias atuais. Contudo, a consciência como mentira não é um problema a mais a acrescentar a outros que a antropologia filosófica e a psicoterapia já trabalhavam. Corresponde, antes, a pôr em causa não só o fundamento do pensar como a própria capacidade de significar da consciência.[25] Se para a modernidade os preconceitos eram motivos de erro e de infelicidade, na perspetiva de Gadamer, permitem, pelo contrário, aceder à reflexão sobre a finitude e variabilidade das posições do sujeito. Admitir a impossibilidade de mudar significa para a hermenêutica fenomenológica negar o caráter de processo que constitui o ato de pensar. Fechar-se em si-mesmo, fechar-se sobre os seus preconceitos é já uma forma de estar doente – é ignorar que o sentido é uma construção que exige o diálogo e a relação. O preconceito, tem portanto um caráter ambivalente, por um lado, pode atuar nas nossas costas sem que dele tenhamos consciência -é limite-, mas, por outro, permite reconhecer o caráter provisório das nossas posições pelas críticas a que os outros as sujeitam -é relação.

Nesta perspetiva, o outro da relação não só se transforma num meio de veracidade, como se torna na mediação indispensável para o meu autoconhecimento. O mal-estar vivido pelo sujeito manifesta-se tanto na recusa e na ignorância do outro, como em termos sociais no fanatismo e no fundamentalismo ideológicos. A procura da verdade é, por isso, sempre dialógica e histórica. Daí a importância da hermenêutica fenomenológica no campo da psicoterapia existencial enquanto abertura ao outro e desconstrução dos pressupostos do sujeito. Porque o diálogo está na base da terapia, esta é um trabalho feito a partir da narração que resulta da tradução de um horizonte

---

[25] RICŒUR, P. - *Le conflit des interprétations*, p.101.

particular num horizonte comum[26]. Dito de outro modo, uma significação absurda torna-se, pela interpretação, numa significação compreensível. É porque os factos psíquicos têm um sentido imediato e um segundo sentido, que precisam de ser interpretados como textos que segundo Ricœur urge decifrar. Compreender uma ação é, assim, decifrá-la. A narração não conta ações isoladas, mas "práticas" que são processos que vão do mais elementar ao mais elaborado. Por isso a interpretação do psicoterapeuta é não só inultrapassável como insubstituível.

---

[26] GADAMER, H.-G. - Tratamento e diálogo. In *O Mistério da saúde*. Lisboa: Edições 70, 2009, p. 121-131.

Encarnação, Atestação e Esperança: Paul Ricœur leitor de Gabriel Marcel
Incarnation, Attestation and Hope: Paul Ricœur, reader of Gabriel Marcel

José Manuel Beato[1]

Resumo

Gabriel Marcel foi, juntamente com Jean Nabert e Edmund Husserl, um dos grandes mestres de Paul Ricœur. É o próprio Ricœur que o afirma em várias ocasiões. Marcel foi uma referência seminal e fundadora, bem como uma influência matricial e duradoura que, intermitentemente, emerge, explícita ou implicitamente, na "via longa" do percurso ricœuriano. É nosso propósito ilustrar estas influências, conexões e caminhos comuns - quantas vezes esquecidas pelos comentadores - a partir dos temas da encarnação, da atestação e da esperança.

Palavras-chave: Gabriel Marcel; encarnação; atestação; esperança.

---

[1] jose.beato71@gmail.com
Bolseiro da Fundação para a Ciência e Tecnologia (SFRH/BD/92466/2013), prepara tese de doutoramento sobre a metafísica e a moral de Vladimir Jankélévitch na Faculdade de Letras da Universidade de Coimbra (FLUC) sob orientação da Prof.ª Doutora Maria Luísa Portocarrero. Obteve o grau de mestre com a dissertação «O sentimento ontológico em Gabriel Marcel». É sócio da "*Association Présence de Gabriel Marcel*" e membro colaborador da Unidade de Investigação & Desenvolvimento "Linguagem, Interpretação e Filosofia" e do "Centro de Estudos Clássicos e Humanísticos" da FLUC.

http://dx.doi.org/10.14195/978-989-26-1091-7_7

Abstract

Gabriel Marcel was, along with Jean Nabert and Edmund Husserl, one of the great masters of Paul Ricœur. On several occasions, Ricœur himself explicitly declared this. Marcel was a seminal and founding reference, as well as a matricial and lasting influence that intermittently emerges, explicitly or implicitly, in the "long way" of Ricœur´s thought. Our purpose is to illustrate these influences, connections and common pathways – so often overlooked by commentators – by analyzing the topics of incarnation, attestation and hope.

Keywords: Gabriel Marcel, incarnation; attestation; hope.

Introdução

Trazemos a este encontro um propósito bastante modesto. Ele visa somente fornecer algumas pistas para a elucidação das conexões entre o pensamento de Gabriel Marcel e o de Paul Ricœur. De facto, para além deste último ter sido um importante comentador da obra de Marcel, é possível perspectivar algumas propostas do seu próprio pensamento como um prolongamento reflexivo de temas, intuições e problemáticas marcelianos. Marcel terá sido, portanto, para Ricœur, para além de uma referência seminal e fundadora, uma influência matricial e duradoura que, intermitentemente, aflora e emerge, explicita ou implicitamente na via longa, sinuosa e fecunda do seu percurso. Ainda que despretensioso, o nosso desígnio parece inscrever-se num espaço relativamente vacante ou pouco visitado. Efectivamente, apesar de dados biobibliográficos objectivos, esta relação entre Marcel e Ricœur não tem merecido, quanto a nós, tanto do lado dos estudos marcelianos como ricœurianos, a atenção que julgamos merecida². Neste ano de dupla efeméride, em que à comemoração dos cem anos do nascimento de Paul Ricœur se junta a homenagem saudosa a Gabriel Marcel, volvidos quarenta anos sobre a sua morte, mais se justifica esta evocação das sendas comuns dos dois pensadores.

Uma referência seminal e fundadora

"Chez vous, je suis né à la philosophie"[3] terá escrito Ricœur numa carta dirigida a Marcel em 1944 do cativeiro na Pomerânia Oriental. É conhecida a reverência admirativa de Paul Ricœur relativamente a Gabriel Marcel, bem como a estima que unia os dois homens. Em vários relatos autobiográficos alude ao facto de este último, juntamente com Jean Nabert e Edmund Husserl, ter sido, inequivocamente, um dos seus grandes mestres[4]. Ricœur refere explicitamente a experiência marcante da frequência dos encontros que, à sexta-feira, Marcel promovia em sua casa com a escol da intelectualidade francesa, círculo onde amiúde também terão marcado presença Maurice Merleau-Ponty, Mikel Dufrenne, Emmanuel Lévinas ou mesmo Jean-Paul Sartre[5]. Ricœur reconhece que as sessões

---

[2] Tal se verifica apesar das importantes pistas indicadas por DOSSE, F. - *Paul Ricœur, les sens d´une vie*. Paris: La Découverte, 1997, p. 22-23, *passim*. Impõe-se porém fazer justiça a uma relevante excepção: Cf. PORÉE, J. - Gabriel Marcel et Paul Ricœur: une fidélité créatrice. In HENRIQUES, F., ed. lit. - *A filosofia de Paul Ricœur: temas e percursos*. Coimbra: Ariadne, 2006, p. 329-349.

[3] Documento inédito citado por BOUËSSÉE, J. - *Du côtez de chez Gabriel Marcel: récits*. Paris: l´Âge d´homme, 2003, p. 152. RICŒUR, P. - Gabriel Marcel et la phénoménologie. In *Entretiens autour de Gabriel Marcel*. Neuchâtel: La Baconnière, 1976. p. 52.

[4] Nomeadamente, Cf. RICŒUR, P. - Entre Gabriel Marcel et Jean Wahl. In *Jean Wahl et Gabriel Marcel*. Beauchesne: Paris, 1976, p. 58

[5] Exerceram funda influência em alguns sectores da vida filosófica e intelectual francesa os encontros e sessões de trabalho realizadas no apartamento parisiense de Gabriel Marcel, os famosos *"Vendredis du 21 de la Rue de Tournon"* que tiveram início em 1937 e se prolongaram por mais de vinte anos. A este respeito, consultar-se-á com

que frequentou regularmente entre 1934 e 1935 constituíram uma estimulante alternativa ao magistério da Sorbonne. As referências presentes em «*La Critique et la conviction*» e «*Réflexion faite*» (1995)[6] fornecem aliás sucintas mas preciosas indicações sobre o trabalho aí desenvolvido. Escolhido um tema ou problema da experiência comum ou do horizonte filosófico, tudo consistia numa análise directa incidindo em vivências concretas ou exemplos tópicos, sem o recurso a doutrinas constituídas da tradição, mas deixando operar uma reflexão de "segundo grau" que, superando uma cisão objectivadora e reducionista, permita recuperar o vivido num plano de inteligibilidade que o elucida e, simultaneamente, o aprofunda. A partir desta análise, solidária da "afirmação originária" própria da riqueza experiencial, importava ainda escolher as formulações justas sem, contudo, forjar uma terminologia hermética exilada do concreto. Sucedia, portanto, que, nestes encontros, Gabriel Marcel convidava os presentes ao exercício do seu próprio método: o de uma filosofia concreta, de perfil neo-socrático, e assumidamente experiencial, refractária a qualquer abstracção desvitalizadora, e vertida numa linguagem rigorosa mas de uso comum.

Um comentador judicioso.

Se o livro escrito a duas mãos com Mikel Dufrenne «*Karl Jaspers et la philosophie de l'éxistence*», de 1947, foi o primeiro a ser publicado, o contacto com a obra de Marcel foi, porém, anterior à leitura de Jaspers, tendo sido aliás, um estudo do próprio Marcel («*Situation fondamentale*

---

proveito: BOUËSSÉE, J. - *Du côtez de chez Gabriel Marcel: récits*. Paris: l'Âge d'homme, 2003, *passim*.

[6] Respectivamente: RICŒUR, P. - *La Critique et la conviction*. Paris: Calmann-Lévy, 1995, p.41-45 e RICŒUR, P. - *Réflexion faite: autobiographie intélectuelle*. Paris: Esprit, 1995, p. 15-17.

et situations-limites chez Karl Jaspers» de 1933[7]) que introduziu Ricœur aos temas estruturantes da filosofia jaspersiana[8].

A obra de 1948, «*Gabriel Marcel et Karl Jaspers: philosophie du mystère et philosophie du paradoxe*» é, tanto quanto nos é dado conhecer, o segundo estudo monográfico dedicado a Marcel e não restam dúvidas que este texto continua a ser uma das melhores apresentações da sua obra, ainda que, à data, Paul Ricœur não pudesse ter em conta algumas publicações de relevo. Na verdade, ele é anterior a «*Le mystére de l´être*» - obra central que em dois volumes reúne as *Gifford Lectures* dadas por Marcel em Aberdeen, entre 1949 e 1950, «*Les hommes contre l'humain*» (1951), assim como a terceira parte do *Diário Metafísico*, intitulado «*Présence et immortalité*», somente vindo à estampa em 1959.

Juntamente com Xavier Tilliette, Pietro Prini ou Pierre Colin, Paul Ricœur é, sem dúvida, um dos melhores comentadores de Marcel. Longe de o enclausurar em paráfrases desvitalizadoras ou sínteses doxográficas que reduzem a fórmulas exangues o "pensamento pensante", situa-nos no interior da sua dinâmica reflexiva, evidencia-lhe a direcção essencial mas também as subtilezas, e como que surpreendendo o pensamento em acto, revela o seu impulso e alcance, mas também as suas hesitações e os seus limites.

Deixaríamos somente uma nota sobre o livro de 1948, óptima apresentação do pensamento de Marcel, mas também documento essencial para compreender a constituição da problemática inicial de Paul Ricœur. Este último sublinha que encontramos em Marcel um duplo registo meditativo, como se a sua "experiência metafísica" fundamental estivesse atravessada por uma irredutível dualidade. O primeiro incide na tensão dramática da existência sujeita à angústia e ao desespero, tocada pela provação do conflito, do sofrimento, da

---

[7] Incluido no volume em MARCEL, G. - *Du refus à l´ Invocation*. Paris: Gallimard, 1940, p. 284-326.

[8] Cf. RICŒUR, P. - *Réflexion faite...*, p. 17

disjunção temporal e da morte. O segundo revela uma "adesão lírica" à vida e ao tempo vinculada ao sentimento de uma "garantia ontológica" de resgate assegurada pelo amor e pela esperança. A tensão trágica é o motor essencial da "exigência ontológica" ou "exigência de transcendência" e constitui, paradoxalmente, o impulso da "cadência lírica". Todavia, este duplo registo jamais se anula, mantendo-se em permanente oscilação ao longo de toda a obra marceliana. Ele é pensado, não a partir de uma paradoxologia dilacerante, mas enquanto englobante misteriológico que apenas um pensamento solidário da afectividade e da vontade pode penetrar. Acrescentaríamos à justeza desta leitura de Ricœur que essa oscilação conduz a meditação marceliana a uma superação das oposições categoriais tradicionais, não por síntese dialéctica, mas por dissolução de antinomias mediante o acesso a um nível superior da experiência e da sua inteligibilidade. A cisão sujeito-objecto – debelada no contexto da existencialidade, a oposição do interior e do exterior – diluída ao nível do "ser em situação", o encontro do imediato e do absoluto – realizado nas "aproximações concretas ao mistério ontológico", a convergência da intimidade e da transcendência – no plano da fé, a conjunção da distância e da presença – na profundidade do *coesse*, são apenas alguns exemplos desta superação de dicotomias.

Além do livro de 1948, Ricœur deixar-nos-á ainda três estudos importantes e uma evocação, bem mais tardios, mas onde encontramos a mesma análise judiciosa do movimento ideativo de Marcel: «*Gabriel Marcel et la phénoménologie*» (1971)[9], «*Entre Gabriel Marcel et Jean Wahl*» (1976), «*Réflexion primaire et réflexion seconde chez Gabriel*

---

[9] Contido no volume colectivo *Entretiens autour de Gabriel Marcel*. Neuchâtel: La Baconnière, 1976. p. 54. Uma versão inglesa deste texto encontra-se em SCHILPP, P. A.; HAHN, L., E. - *The philosophy of Gabriel Marcel.*. La Salle Ill.: Open Court, 1984 (Library of Living Philosophers, Volume 17). p. 3-68. Desconhecemos se existe reedição deste texto numa antologia. O livro de 1948 foi o único que não foi objecto de qulquer reedição.

Marcel» (1984), «*Entre éthique et ontologie: la disponibilité*» (1988)[10]. Ricœur conduzirá ainda uma série de entrevistas radiofónicas com Marcel publicadas em livro em 1968[11].

Gabriel Marcel: traços de um pensamento sui generis e influente

O pensamento de Gabriel Marcel, lavrado ao ritmo da itinerância heurística dos diários metafísicos e de um ensaísmo prospectivo pontuado por sínteses programáticas arrojadas, foi determinante na configuração do panorama da filosofia contemporânea muito para além da voga do "existencialismo", libelo que, aliás, sempre recusou. Iniciador da filosofia da existência, pioneiro da atitude fenomenológica e percursor da reflexão dialógica em França, o seu movimento ideativo, em reelaboração permanente, avesso à sistematização e refractário ao conforto da fixação categorial começou por centrar-se num vasto conjunto de temas cuja articulação relevava tanto da subtileza como da ousadia. São eles o mistério do sentir - na convergência da sensação e do sentimento, a problemática do corpo-sujeito distinto do corpo-instrumento ou objecto, a temática da díade eu-tu - no âmbito da comunicação e da comunhão amorosa, mas também a questão da inteligibilidade da fé, a natureza dos factos metapsíquicos - da vidência à premonição mediúnica, e claro está, a noção de existência que, distinta da esfera da objectividade, será o primeiro plano de abordagem de uma "ontologia concreta". A especificidade destes temas e questões conduzirão à busca de um método reflexivo e fenomenológico que permita escapar à alternativa do racionalismo objectivista e do idealismo neo-kantiano, recusando ainda o intuicionismo de extracção bergsoniana.

---

[10] Textos recolhidos em *Lectures II: La contrée des Philosophes*. Paris: Seuil. 1993

[11] MARCEL, G. e RICŒUR, P. - *Entretiens Paul Ricœur- Gabriel Marcel*. Paris: Présence de Gabriel Marcel, 2001.

Exorcizado o neo-idealismo no qual inicialmente se debateu, o projecto reflexivo de Gabriel Marcel consiste na procura de uma "filosofia concreta" que, assumindo a integralidade da experiência humana de inserção existencial, visa dar resposta a uma fundamental "inquietação metafísica" e "exigência ontológica" magnetizada pela "transcendência". Só uma metafísica do amor e da esperança, tecidas de "fidelidade criadora", permite a transmutação e ascensão espiritual da existência ao ser e alcançar a plenitude do que está para além da dissolução do tempo e da morte, num englobante pleromático, situado na convergência do ser, do valor e da verdade.

Ainda que exercendo a sua meditação fora das instituições universitárias[12], numa atitude assistemática e aporética, e disseminando ainda a sua intensa actividade pela criação dramática, a edição literária, a crítica teatral e musical, Gabriel Marcel, articulista e conferencista incansável, exerceu uma influência por vezes discretamente assumida, mas a muitos títulos determinante, em pensadores como Maurice Merleau-Ponty, Emmanuel Lévinas, Mikel Dufrenne ou Vladimir Jankélévitch e, claro está, Paul Ricœur.

O percurso

Os temas da encarnação, da atestação e da esperança fornecem uma tríplice abordagem permitindo evidenciar a influência matricial e duradoura do filósofo do *Journal Métaphysique* sobre o de *Temps et Récit*. Mais do que insistir na reapresentação de aspectos bem conhecidos

---

[12] Como sublinha Xavier Tiliette,"Sem ser de modo algum um marginal da filosofia [...] Gabriel Marcel pertencia à categoria assaz rara dos pensadores privados, *Privatdenker*, que teve ilustres representantes como Salomão Maimónides, Baader, Kierkegaard e o próprio Schopenhauer. O pensador privado, pronto a dar lições particulares, renuncia ao ensino público e à carreira universitária, para consagrar-se ao estudo e à reflexão fora das servidões e das sinecuras da profissão" (TILLIETTE, X. - Liminaire. In *Tu ne mourras pas: textes choisis et présentés par Anne Marcel*. [Mensil sur l´Estrée]: Arfuyen, 2005, p. 11)

da obra de Ricœur, a nossa estratégia consistirá antes em mobilizar algumas articulações nocionais da obra relativamente esquecida de Marcel deixando que as assonâncias, harmónicos e consonâncias ecoem de per si entre os especialistas. Não se tratará, portanto, de "filosofia comparada", expediente face ao qual Marcel manifestava sérias reservas, mas antes, de identificar heranças, rastrear convergências, sondar uma comunidade de pensamento, evidenciadas pela incidência em temas comuns e por um método confluente. Como pensar a encarnação e a abertura à transcendência sem vincular confessionalmente a reflexão e o discurso? Como ter em conta a amplitude e variedade da experiência sem degenerar no relativismo? Como desenvolver uma filosofia comprometida com o concreto e a práxis sem lhe coactar a autonomia e amplitude especulativa? Eis, também, algumas das tensões partilhadas. Se Ricœur e Marcel percorrem algumas sendas comuns pela via de um método reflexivo e fenomenológico, Ricœur trará uma resposta e prolongamento hermenêuticos às questões e temáticas herdadas de Marcel[13]. O intenso e plurívoco diálogo desenvolvido

---

[13] Marcel é, tendencialmente, um filósofo do imediato e, deste modo, a sua estratégia não é hermenêutica. Visa o regresso a uma imediação renovada onde a experiência artística, por exemplo, (em especial a música e a dramaturgia) é de primacial importância. Se não encontramos uma filosofia da linguagem em Marcel, parece-nos evidente que uma filosofia do sentimento ligada a uma filosofia da expressão artística não é antagónica de uma filosofia do símbolo, ou seja, de uma hermenêutica. Tudo se joga pois na ambivalência do "sentido" – presença na ausência, imediatez e mediação. Pensar o sentimento envolve a incidência no imediato, enquanto a hermenêutica implica inscrever-se na mediação simbólica. Serão estes pontos antagónicos? A "expressão", nomeadamente em música ou poesia, é, para Marcel, uma modalidade da "presença" e não da representação ou da significação, mas esta perspectiva negará a possibilidade de uma "filosofia das formas simbólicas"? Acredita que a ontologia concreta, embora não desenvolva tal análise, não a inviabiliza, antes a podendo fundamentar. Estamos situados no plano de uma nova antinomia a superar. Com a arte é, precisamente, a mediação que realiza o imediato. O teatro mostra de modo privilegiado, põe-nos em presença da tensão dramática da existencialidade, da trama complexa da circunstancialidade. A arte musical é a expressão não representativa e supra-emocionalista do lirismo metafísico. Ambas mediatizam um imediato profundo, ao mesmo tempo que são experiências de participação, tanto do ponto de vista do criador quanto do público. Tanto a criação (distinta da produção) quanto a contemplação (diferente da percepção objectivista ou da passiva recepção de estímulos) são experiências de participação. A arte é expressão da qual se participa. Lembremos que o "imediato"

por Ricœur com a grande tradição reflexiva francesa, a Hermenêutica, a Psicanálise ou a Filosofia Analítica, em muito supera o horizonte marceliano. Por essa mesma razão, importa sublinhar a "fidelidade criadora" aos temas e caminhos que herdou do seu antigo mestre.

1. Encarnação: corporeidade e vontade.

Entre existência e fenomenologia: a filosofia da vontade

Bem no início do percurso de Ricœur, a configuração do projecto de uma "Filosofia da vontade" emerge do intuito de conciliar os temas da filosofia existencial e a fenomenologia. É paralelamente que Ricœur traduz as *Ideen I* e desenvolve o seu estudo comparado de Marcel e Jaspers. Tudo se passa entre 1948 e 1950, ano este em que, precisamente, é publicado «*Le volontaire et l'involontaire*». Deve

---

que Marcel visa na sua filosofia experiencial é um "novo imediato" que atravessa a integralidade da experiência, feita de volição, reflexão e sentimento. É um imediato profundo. A grande arte, por sua vez, brota da "zona ontológica do profundo", que é, como bem refere Lopez-Quintas, dotada de "poder de expressão", por excelência. A problemátca do símbolo está ausente em Marcel, mas a arte entrando em cena, ela poderia vir a emergir. Note-se, aliás, que em Ricœur, essa problemática emerge da análise da afectividade e vontade humanas pois, o querer e o sentir temporalizam-se, simbolizam-se. Uma filosofia do sentimento, enquanto filosofia do imediato encarna uma vertente particular da questão do "sentido" – a da ida às coisas pelo sentir e do íntimo significado do mundo. Esta, contudo, pode dialectizar-se com uma filosofia do símbolo, sendo que a arte é um desses planos de mediação. A arte não constitui, apenas, pelos recursos que mobiliza, distância sígnica e simbólica, ela dá a sentir, mais do que representa, ela põe em presença. Por outro lado, o sentimento, quando "ontológico", exige a prova(ção) do tempo e, nesta perspectiva, o "sentido" (o *que é* sentido) mediatiza-se, a autenticidade do sentimento profundo não se confunde com a espontaneidade ou sequer com a sinceridade, enquanto coincidência da consciência expressa com o instante. Aqui intervém a "fidelidade" que cria no tempo e para além do tempo, liberta do rodopio imediatista do instantaneismo. O "imediato" do sentimento ontológico é um imediato profundo, denso, rico, o que se sente é fecundo, pródigo no tempo, trata-se de um "sentir" que faz sentido, no que esta expressão pode envolver de mediação socio-histórica.

sublinhar-se, portanto, que é a própria temática e atitude existencial que determina o modo de recepção do método fenomenológico adoptado por Ricœur sob a forma da descrição eidética e da análise intencional, caucionando, porém, a "redução fenomenológica" e recusando a deriva transcendentalista de Husserl[14]. Importa, pois, extrair "as significações essenciais do *vivido*" sem contudo evacuar a presença ao mundo na sua densidade, fecundidade e estranheza. Ora, é oportuno lembrar que Marcel colocara já, bem cedo, várias pesquisas suas sob a chancela da fenomenologia: «*Esquisse d´une phénoménologie de l´avoir*» (1933), «*Aperçus phénoménologiques sur l´être en situation*» (1937), «*Phénoménologie et dialéctique de la tolérance*» (1939), «*Esquisse d´une phénoménologie et d´une métaphysique de l´espérance*» (1944)[15]. Por "fenomenologia", Marcel designava uma descrição do vivido, situada na convergência do ser e do aparecer, sem cedência ao psicologismo e buscando apreender o sentido directamente no facto singular para além de qualquer generalização indutiva, captando o que então designava por um "universal concreto". Como bem viu Ricœur, em «*Gabriel Marcel et la Phénoménologie*», tudo estava em visar o sentido sem exaurir a presença viva ou a relação de implicação e de pertença, ou seja, dobrando a intencionalidade por uma dinâmica de participação. Por outro lado, há "experiências núcleo" (a encarnação, a fé, a esperança, o amor) que se situam simultaneamente aquém e para além da esfera do "caracterizável" e que, deste modo, relevam de uma atitude "híper-fenomenológica", consciente do "mistério" e de vocação metafísica. Neste nível, Marcel aludia, num desconcertante oxímero, a uma "intuição cega" ou "obturada", ou seja, uma intuição que se não possui como evidência mas que permanece eficiente no interior de uma "reflexão de segundo grau" dirigida a um plano

---

[14] RICŒUR, P. - *Gabriel Marcel et la Phénoménologie*. p. 53

[15] Embora tenha lido as *Ideen* já antes da Grande Guerra e tenha assistido, parcialmente, aos cursos de Husserl na Sorbonne em 1929, não o cita, nem desenvolve qualquer aspecto substancial da sua doutrina

"meta-problemático". Quanto a este ponto, a nossa sugestão é que Marcel, conhecedor do primeiro Husserl, desde 1913[16], e do seu projecto de refundar a filosofia como ciência de rigor, não retém o seu aparato terminológico e nocional, vendo-o como estranho ao seu próprio desígnio de uma "filosofia concreta" magnetizada pela "exigência de transcendência"[17]. Neste sentido, não incorreria nas críticas de Dominique Janicaud ao que designa de "phénoménologie éclatée", quando alude ao uso indevido da Fenomenologia em Jean-Louis Chrétien ou Jean-François Courtine[18]. Por outro lado, porém, recorrendo a um impulso hiper-fenomenológico e referindo-se a esta "intuição obturada", julgamos que se aproxima da noção de "fenómeno saturado" desenvolvida por Jean-Luc Marion, ou seja de um tipo de fenómeno onde a intuição sobreabunda face à visada, intenção ou conceito previamente constituídos. É a "doação" que assume o primado face à "visada intencional", o sujeito tornando-se, atenda-se ao termo, a "testemunha" do fenómeno. O outro, a obra de arte, o amor, a Revelação são planos onde o fenómeno se dá graciosamente, restando ao sujeito, não os constituindo, atestar deles[19].

Em 1950, portanto, é publicado "O voluntário e o involuntário", anunciado como o tomo primeiro duma vasta "Filosofia da vontade". Apresenta uma dedicatória expressa a Gabriel Marcel e em epígrafe um dos "Sonetos a Orfeu" de Rilke, obra e autor cujo "testemunho

---

[16] Marcel assim o afirma, nomeadamente em Solipsism surmounted. In ROUNER, Leroy S, ed. lit.- *Philosophy, religion, and the coming world civilization: Essays in honor of William Ernest Hocking*. The Hague: Martinus Nijhoff, 1966. p. 27. Marcel terá ainda assistido, parcialmente, aos cursos de Husserl na Sorbonne em 1929

[17] MARCEL, G. - *Entretiens autour de Gabriel Marcel*. Neuchâtel: La Baconnière, 1976. p. 75.

[18] A respeito desta polémica: JANICAUD, Dominique - *La phénoménologie dans tous ses états: Le tournant théologique de la phénoménologie française suivi de La phénoménologie éclatée*. [Paris]: Gallimard, 2009.

[19] MARION, Jean-Luc - *De surcroît: études sur les phénomènes saturés*. Paris: PUF, 2001.

espiritual" Marcel estudara, cinco anos antes[20]. Na "introdução geral", Ricœur diz-nos expressamente: "a meditação da obra de Gabriel Marcel está, com efeito, na origem das análises deste livro"[21]. O estudo dos temas marcelianos do "mistério da encarnação", do "sentir como participação", do "ser em situação" e da "liberdade-dom", mas também da "esperança" e da "invocação" da Transcendência, foram decisivos na constituição do projecto inicial da "Filosofia da vontade". Ricœur delineia todo um programa para reflectir o *cogito* reconquistado na sua integralidade corpórea, afectiva, volitiva e prática. Este é pensado como "liberdade encarnada", atravessada pela "dialéctica englobante da actividade e da passividade", da iniciativa voluntária e da necessidade involuntária que redunda numa ontologia da falibilidade e da desproporção, finalmente aberta à dinâmica superlativa duma Poética da auto-superação, referida à Transcendência. Três momentos, a que correspondem três eixos metodológicos são então identificados: uma "eidética", uma "empírica" e uma "poética". Noutro trabalho procurámos mostrar a marca de Marcel nos três momentos então projectados. Limitar-nos-emos aqui a algumas indicações referentes à primeira etapa.

Gabriel Marcel: pensador do corpo e do sentir

A filosofia existencial marceliana parte do reconhecimento da encarnação como "marco central da reflexão metafísica" e da afirmação da "irredutibilidade ou mesmo da prioridade metafísica do sentir"[22],

---

[20] « Rilke témoin du spirituel I et II» conferências proferidas em 1944, incluidas em MARCEL, G. - *Homo Viator: Prolégomènes à une Métaphysique de l´Espérance*. Paris: Présence de Gabriel Marcel, 1997, p. 283-344.

[21] RICŒUR, P. - *Philosophie de la volonté 1: Le volontaire et l´involontaire*. [Paris]: Aubier, 1988, p. 18; doravante *VI*.

[22] MARCEL, G. - *Du refus à l´Invocation*. Paris: Gallimard, 1940, p. 43; doravante *RI*.

entendido como um modo de participação ao real. Da condição encarnada e sentinte, Marcel é conduzido à afirmação da "não contingência do dado empírico" que constitui a "situação" do homem. A "órbita existencial" traçada em torno do corpo e acolhida pelo sentir não é contingenciável, mas antes "fundamental" e constitutiva do modo de ser do homem: a "existência" [23]. A partir do "eu existo", "unidade indecomponível", "infra-discursiva" mas indubitável, procura pensar a globalidade da experiência. O "eu existo" é irredutível ao "eu penso", pois envolve o "eu sinto", "eu quero", "eu ajo", etc. ou seja, toda a dinâmica intencional e extática da existência.

Do ponto de vista "existencial", o *meu* corpo não pode ser visto como mero instrumento do sentir e do agir. Entre o "eu" e o corpo, melhor dizendo, entre "mim" e o "meu corpo" não há a distância de uma relação objectiva ou de uma posse instrumental: "sou o meu corpo", sem contudo me identificar a ele no sentido de um monismo materialista.[24] Importa sair das aporias do "dualismo" das substâncias e da "relação instrumental" enquanto modos de objectivação, e reconhecer o "mistério da encarnação": "a situação de um ser que aparece a si mesmo como ligado fundamentalmente e não acidentalmente ao *seu* corpo"[25]. Marcel é o primeiro a formular explicitamente a distinção fundamental do "corpo-objecto" e do "corpo-sujeito"[26].

Correlativa da descoberta do corpo-próprio, é a reflexão sobre o mistério do sentir. A sensação não pode ser interpretada como um processo de "captação", transmissão e "(des)codificação" de abalos físicos em dados psíquicos. É, pelo contrário, uma modalidade da "imediação radical" inerente à "participação existencial". Na raiz íntima e intencional

---

[23] Cf. *RI* p. 33

[24] *RI* p. 39

[25] MARCEL, G. - *Le Mystère de l'Être: vol. I Réflexion et Mystère*. Paris: Présence de Gabriel Marcel, 1997, p. 117; doravante *MEI*.

[26] A expressão "copo-sujeito" aparece pela primeira vez numa conferência de 1939: «L'être incarné comme repère central de la réflexion métaphysique» *in* RI p. 39

do sentir está, aliás, um sentimento de si como corpo sentinte, simultaneamente centrífugo e centrípeto que é a condição de possibilidade ante-predicativa e pré-objectiva de toda a experiência.

O "sentir" é um *acto* de imersão participativa que não pode ser reconduzido à mera passividade da "afecção". Contra o "empirismo materialista", Marcel defende que sentir não é "padecer uma acção exterior", mas sim "receber activamente" envolvendo um "poder de assumir, ou melhor, de se abrir a..."[27]. Esta concepção activa do sentir, enquanto acto de acolher associando a receptividade e a dádiva, é passível de ser interpretada em termos dialógicos ou personalistas, mas ainda em termos cosmológicos como um "nascimento para o real"[28]. Sentir é, antes de mais, envolver-se numa relação de pertença e disponibilidade fundamentais, junção de uma intencionalidade e intimidade "originárias" em que as categorias de passividade e actividade se encontram claramente transcendidas[29].

Marcel afirmava a "não contingência do conteúdo empírico da individualidade" que constitui a "situação fundamental" do homem como "ser no mundo". A partir daqui se desenvolvem os temas do "ser em situação" e da "participação existencial". O "dado empírico", na sua trama circunstancial, é reconhecido na sua "função propriamente constitutiva" da subjectividade encarnada. Antes de mais, estes "dados" não podem ser olhados do ponto de vista "objectivista", como factos brutos inertes. Pelo contrário, intervêm e organizam-se "face a uma actividade livre para a qual constituem um conjunto de estímulos ou obstáculos"[30]. Assim, a "existencialidade", elaborada a partir das noções de corpo-sujeito, de sentir como imediação e receptividade activa, e de "ser em situação", leva a uma subversão profunda da noção idealista e espiritualista de "subjectividade", vista como pura "vida interior".

---

[27] *RI* p. 43
[28] *RI* p. 123
[29] *MEI* p. 135
[30] *MEI*, p. 150

Escreve Marcel: "creio que se aprofundarmos o *ser* em situação, devemos aí reconhecer, não digo a síntese, mas pelo menos a junção da exterioridade e da interioridade"[31]. A "situação" não é mera "posição espacial", nem subordinação a uma rede "necessária" de determinações objectivas numa lógica causa-efeito. A "situação" qualifica e é qualificada internamente: nela intervém a liberdade enquanto capacidade de resposta, acto que assume ou recusa, pelo que contingência e necessidade são categorias transcendidas, assim como liberdade e determinismo o são no plano de uma "dialéctica da participação". O "ser situado" envolve uma "pertença" fundamental a uma trama concreta de carácter cósmico e inter-pessoal em cuja fenomenologia Marcel tem ocasião de insistir.

Influxos marcelianos

A leitura de Marcel foi, quanto a nós, essencial para despertar em Ricœur a pretensão de contribuir para a reconquista da integralidade corpórea e afectiva do *Cogito*. Por outro lado, estamos convencidos que a tese da reciprocidade do voluntário e do involuntário enquanto especificidade da "liberdade encarnada" procede também da influência marceliana. Como vimos, para Marcel, a corporeidade e o sentir são dimensões em que as dualidades interioridade *versus* exterioridade, passividade *versus* actividade eram ultrapassadas no seu valor mutuamente exclusivo. A isto acresce uma noção de liberdade como resposta e de vontade como *détente*, isto é, como assunção paciente "do que não depende de mim" enquanto parte integrante da *minha* existência carnal e situada.

Mas mais ainda, a síntese humana do voluntário *versus* involuntário, não pode ser entendida como mera complexificação do automatismo primitivo, assim como a associação dinâmica das funções inferiores simples do psiquismo não pode constituir explicação para a esponta-

---
[31] *MEI*, p. 113

neidade voluntária das funções superiores. Há pois uma valorização da complexidade hiper-fenomenológica e misteriosa da encarnação humana, inacessível à descrição eidética e que só uma "reflexão elevada à segunda potência", realizando uma "reencarnação reflexiva", pode realmente meditar[32]. O que se pretende é uma compreensão do sentido global do querer e da síntese do voluntário - involuntário sob a unidade inteligível da vontade que culmina com a positividade criadora da Liberdade.[33]

Superado o dualismo, e assumido o *cogito* como existencialmente encarnado num corpo-sujeito, assume-se a reciprocidade do voluntário e do involuntário, fundada numa subjectividade comum ao corpo e à consciência intelectiva e volitiva. Explicita Ricœur:

> "A intuição do *Cogito* é a intuição própria do corpo unido à vontade que padece dele e reina sobre ele; ela é o sentido do corpo como fonte de motivos, como feixe de poderes e mesmo como natureza necessária: a tarefa será descobrir mesmo a necessidade na primeira pessoa, a natureza que eu sou"[34].

Há um nexo ineluctável entre o voluntário e o involuntário que passa, precisamente, pela existência encarnada em que motivação, moção e necessidade são relações intra-subjectivas. A "eidética fenomenológica do corpo próprio" e das suas relações com o eu volitivo e desejante é um discurso unificador da subjectividade integral dum *cogito* encarnado.

A noção de "consentimento", último ponto da interpretação triádica do acto de vontade, depois da decisão e da moção voluntária[35], que surge como resposta da vontade ao "inconsciente absoluto", por forma

---

[32] Ricœur refere explicitamente este ponto a Marcel: RICŒUR, P. – Méthode et taches d'une philosophie de la volonté. In *A l'école de la Phénoménologie*. Paris: Vrin, 1987, p. 79-80
[33] *VI* p. 10
[34] *VI* p. 13
[35] *VI* p. 10

a ainda lhe conferir inteligibilidade e rosto humano, já fora identificada pelo próprio Ricœur em Marcel. Constituía a primeira modalidade da liberdade-dom que, distinta da liberdade-escolha, passava por uma resposta da vontade ao corpo, ou uma assunção da vontade do corpo como minha, perscrutando no acto concreto de existir esse equilíbrio da alma e do corpo numa pessoalidade indivisa. A esse posicionamento da liberdade face ao corpo, no determinismo das suas funções biológicas, psíquico-pulsionais e da textura da "situação fundamental" de que é o centro-sinal, Ricœur referiu-se em termos de "consentimento"- atitude fundamental duma Liberdade habitada pelo "involuntário absoluto" inerentes à "vida", ao "carácter" e ao "inconsciente". Por isso, dirá Ricœur: "consentir é o acto da vontade que aquiesce à necessidade"[36]; é, afinal, tomar sobre si, assumir, fazer seu, numa "adopção activa da necessidade"- num "*Fiat*"[37]. Trata-se duma pacto vital entre a Liberdade e Natureza, através da corporeidade humana. O "consentimento", "paciência imanente", vive, afinal, animado pela esperança de uma reconciliação[38], porque é um "movimento da liberdade para a natureza para juntar-se à sua necessidade e a converter em si-próprio".[39]

A consciência do mistério

A descrição pura das estruturas volitivas e das articulações voluntárias e involuntárias, ou seja, a eidética fenomenológica das funções da vontade, pretende levar a cabo distinções necessárias a uma descrição compreensiva. Mas por mais finas que sejam as análises e sagazes que sejam as distinções, não é possível uma apreensão totalizante que exaura

---

[36] *VI*, p. 319
[37] Cf. *VI*. p. 322
[38] Cf. *VI*. p. 351
[39] Cf. *VI*. p. 325

a dimensão de mistério do *Cogito* incarnado, volitivo e afectivo. Desejo e decisão, vontade e necessidade, movimento corporal e ideativo permanecem envoltos numa indecifrável confusão e miscigenação, pois, o *Cogito* está interiormente cindido e dividido pela passividade e actividade.

Com a "eidética fenomenológica" não pretende alcançar-se uma nova forma de auto-fundamentação, integradora e transcendental, obtendo no plano prático o que a fenomenologia husserliana visava no plano teórico: um ponto arquimédico e inexpugnável resistindo às sucessivas reduções. Ricœur reconhece que a união da vontade ao corpo, as articulações do voluntário e involuntário e, logo, o sentido global da natureza encarnada do *Cogito*, não são passíveis duma inteligibilidade absolutamente transparente; relevam, pelo contrário, do "mistério", isto é, do "inobjectivável" e "incaracterizável", ainda que sem cedência a um banal cepticismo ou misticismo. É perante o reconhecimento do "mistério"- entendido segundo a definição marceliana como "um problema que empeça sobre as suas próprias condições imanentes de possibilidade"[40] - que Ricœur traça os limites do método fenomenológico; estes são, simultaneamente, o limiar da "hiperfenomenologia" marceliana. Na sequência do pensamento de Marcel, reconhece na encarnação um "mistério" do qual se "participa" existencialmente, que está simultaneamente aquém e além da objectivação e do qual se perde a fecundidade e autenticidade usando o crivo das "reduções" husserlianas. Há algo que escapa e ultrapassa a elucidação eidética, pois é de carácter "meta-problemático"; só pode ser entendido no plano duma reflexão "recuperadora" e "restauradora" do "inesgotável concreto" próprio do vivido existencial, na tentativa de aceder ao "mistério da encarnação", melhor ainda "à minha encarnação como mistério"[41].

A "Filosofia da Vontade" situa-se, portanto, na intersecção entre o sentimento do mistério da existência encarnada e as exigências

---

[40] *RI*, p. 94
[41] *VI* p. 18

metodológicas da Fenomenologia. Ricœur formula do seguinte modo a tensão inerente ao seu projecto:

> "Como se limitam e completam, como podem ser conciliados uma compreensão distinta das estruturas subjectivas do voluntário e involuntário e um sentido global do mistério da encarnação?"[42].

Pela via da conversão do pensamento a uma "fenomenologia existencial", que não entenda objectividade como naturalismo, nem reduza a psicologia a uma física do espírito, que respeite "o que aparece" e articule relacionalmente, de um modo significado, a experiência de ser um corpo que é fonte de motivos, lugar de poderes ou pano de fundo de necessidade. Trata-se de descrever os fenómenos e extrair-lhes as essências, à maneira de Husserl, e de realizar, simultaneamente, a "reincarnação reflexiva" preconizada por Marcel[43].

O desafio: paradoxo e conciliação.

"Participar do mistério da existência encarnada é adoptar o ritmo interior de um drama", afirma Ricœur, num tom claramente marceliano[44]. A unidade vivida do voluntário e involuntário na corporeidade é conflituosa. A referência da consciência pensante e volitiva ao corpo que vive, padece e comanda, e ao mundo, é paradoxal. Mas Ricœur acredita que este mistério conflituoso é passível de ser pensado sob o signo da reconciliação, da compreensão restauradora[45]. Pensar sob o signo da "esperança" a possibilidade de uma ontologia reconciliada

---

[42] *VI* p. 18
[43] *VI*, p. 20
[44] *VI*, p. 20
[45] Cf. *VI*, p. 21

face a uma ontologia paradoxal, parece ser o desafio desta filosofia da vontade: uma ontologia da liberdade e da Transcendência, como reconciliação poética e criativa no seio da desproporção humana.

A análise da volição incarnada, que sente e participa do mundo, nas suas estruturas neutras, termina no limiar da Ética e da Axiologia enquanto horizontes do exercício da liberdade. A Ética é pensada sob o signo do drama existencial e histórico onde emerge o mal. Essa feição dramática decorre da relacionalidade intersubjectiva e da tensão projectiva que a temporalidade finita impõe. Mas face aos dilemas, angústia e remorsos que habitam a liberdade-escolha (já habitada pela "resposta" enquanto consentimento), liberdade essa que se enleia a si-mesmo no "servo--arbítrio", Ricœur propõe o desenlace dum "livramento da liberdade". Este tema decorre do tema marceliano da "invocação" assumida por uma liberdade que se reconhece como "dom" duma transcendência criadora e redentora. Só esse pensamento pensante e essa acção criadora "inspirada", que a Poética constitui, podem realizar, descobrindo e criando, a essência do homem no seu trânsito e transmutação da Existência ao Ser.

2. A atestação: testemunho e fidelidade

A fenomenologia e hermenêutica do si desenvolvidas por Paul Ricœur acabam por confluir no projecto de uma "ontologia da pessoa" de que a categoria simultaneamente epistémica e prática da "atestação" é a charneira. Os dois modelos de identidade: a *mesmidade* e a *ipseidade* constituem dois modos de ser[46]. A partir da ipseidade pode pensar-se um modo de permanência no tempo para além da substância e, simultaneamente, mostrar como a identidade é constitutivamente habitada pela alteridade sob as formas da inserção no mundo, da passividade

---

[46] RICŒUR, P. - Vers quelle ontologie? In *Soi-même comme un autre*. Paris: Seuil, 1990, p 397

corporal e da intersubjectividade. Por outro lado, pelo prisma da atestação, há uma dinâmica e um poder de afirmação e de manutenção de si sob as formas do testemunho, da memória e da promessa, traços de uma duração que se reconhece numa ontologia do ser como acto. "Quem sou?" é a pergunta que guia este projecto de ontologia. A atestação tem um valor epistémico: ela coloca a verdade do lado da veracidade, para além da verificação, da certeza ou da "crença dóxica". Trata-se de "acreditar em" mais do que "crer que"[47]. Crê-se na pessoa que testemunha ou afirma e endossa o compromisso de uma garantia. Somos assim lançados numa vasta problemática que se estende de "*Soi-même comme un autre*" a "*Parcours de la Reconnaissance*", na senda da qual, diríamos, Ricœur parece responder à exortação de Nietzsche e Píndaro "torna-te quem és", afirmando, confiante, "posso tornar-me quem sou!"[48]. Gabriel Marcel já se situara na vereda desta "ontologia da pessoa". A importância dada à noção de "acto", a referência à alteridade dialógica, ao diferimento temporal na condição itinerante, à atestação inerentes à "fidelidade criadora", ocupavam já um lugar central no plano de sua "ontologia existencial" dobrada de uma "epistemologia personalista". A problemática do testemunho e da atestação criadora é recorrente ao longo da obra de Marcel, surgindo em parte no contexto da experiência da conversão mas também no âmbito da fenomenologia da promessa e da fidelidade. Para além das notas registadas ao longo de «*Être et Avoir*», no segundo diário metafísico (1929-1933), uma conferência de 1946 intitulada «*Le témoignage comme localisation de l'existentiel* »[49] são, entre outros, textos que revelam a centralidade do tema.

---

[47] RICŒUR, P. - *Vers quelle ontologie?*, p. 392.

[48] Cf. PRICŒUR, P. - L´attestation: entre phénoménologie et ontologie. In GREISCH, J.; KEARNEY, R., ed. lit. - *Paul Ricœur, les métamorphoses de la raison herméneutique*: actes du colloque de Cerisy-la-Salle, 1-11 août 1988. Paris: Cerf, 1991, p. 403

[49] MARCEL, G. - Le témoignage comme localisation de l'existentiel. *La Nouvelle Revue Théologique*, n° 68, 1946, p.182-191. Um capítulo importante de "*Le Mystère de l'Être*", «Le témoignage», retoma e desenvolve esta problemática

Entre a vida e o ser: a "exigência ontológica".

Na "ontologia concreta" de Marcel, a interrogação sobre o "ser" é reconduzida à pergunta "que sou?". Dirigida a um "mistério", na medida em que subverte as condições de possibilidade da objetivação e a distinção entre o "em mim" e o "fora de mim", esta interrogação é, simultaneamente, uma "exigência de coesão e plenitude"[50]. No seio desta "inquietação metafísica" surge a "desproporção", a não coincidência entre a vida e o ser:

> "A minha vida, e por refracção, qualquer vida pode aparecer-me como para sempre inadequada a algo que trago em mim, que em rigor sou, mas que, no entanto, a realidade rejeita e exclui"[51].

Deste modo, e espontaneamente, a pergunta inicial comuta-se em "quem sou eu que me interrogo sobre o ser?" jogando-se no plano de uma onto-antropologia de perfil personalista. Algo é claro, "o que sou" pode não coincidir de todo com "a minha vida", não se resumindo à relação analítica ou (re)construção sintética dos eventos de uma biografia, à obra realizada e à soma dos meus actos, comuns ou excepcionais, a uma sucessão de momentos, objectivamente repertoriada ou simplesmente sorvida pelo devir. Ainda que o próprio de uma vida seja de "poder ser contada" e que algo como "a minha vida" só ganha forma dentro de "um acto narrativo"[52], diz explicitamente Marcel, não apenas se verifica que "a minha vida está infinitamente para além da consciência que possa tomar dela", mas também que "as circunstâncias nas quais as nossas existências se desenrolam podem

---

[50] MARCEL, G. - *Position et approches concrètes du mystére ontologique*. Paris: Vrin, 1949, p. 51; p. 54-55., doravante *PA*.

[51] *PA*, p. 66, MARCEL, G. - *Être et Avoir: vol.1: Journal métaphysique (1929-1933)*. Paris: Aubier-Montaigne, 1968, p. 146; doravante *EAI*.

[52] *MEI*, p. 169

tender a torná-las estranhas ao mais fundo de si-mesmas"[53]. Marcel reconhece aqui a experiência de uma fundamental distância de si a si mesmo, que habita a pessoa humana sob a forma de uma nostalgia fundamental e de uma inapagável aspiração.

A procura do "ser" dá-se por "aproximações concretas" ou "experienciais" situadas na "articulação do vital e do espiritual"[54]. "Fidelidade", "esperança" e "amor" são as três modalidades fundamentais da "aproximação ao mistério ontológico", vivências que se não reduzem a meros "*estados* de consciência", mas constituem, antes, *actos* de alcance metafísico nos quais a inteligência comunga da afectividade e da vontade num surto de superlativação da existência. A primeira constitui a trama essencial das outras, sendo que as três se situam no plano da "intersubjectividade" onde se joga toda a ontologia concreta.

A encarnação não significa apenas "inserção" corpórea e "aderência" personalizada ao mundo pelo sentir, mas também a ameaça constante inerente à temporalidade. É a necessidade de vencer a prova(ção) do tempo e a angústia da temporalidade que origina a reflexão sobre a "fidelidade" e a "esperança". O tempo não coloca apenas a questão do fim mortal, mas também a da "desconexão" ou "disjunção" vivencial. Como nos encontrarmos no vivido se aderimos desigualmente ao passado face ao presente que nos tece e à alteridade cambiante da futurição? Como dar à existência o seu "peso ontológico" ante a sucessão desconexa do devir e, já que, pelo tempo, na expressão de Ricœur, "escapo a mim-mesmo e faço-me incessantemente outro que mim-próprio"? [55] É, claro está, o problema do "ser-pessoa" e da sua densidade ontológica face à "vida", que aqui se coloca e no qual se deve evitar tanto a ideia de uma mera sucessão empírica de estados e actos vivenciais, quanto a "representação estática de um invariante" abstrato, afeto ao substancialismo da tradição.

---

[53] *MEI*, p. 182
[54] *MEI*, p. 219
[55] RICŒUR, P., *Gabriel Marcel...* p. 112

Mais uma vez, Marcel encontra uma antinomia a ultrapassar: "a oposição do sucessivo empírico e do abstrato imutável"[56]. Face a uma noção de "ser" que "transcende a oposição do estático e do dinâmico", cabe ao homem, segundo o aforismo de Píndaro e Nietzsche que Marcel faz seu, assumir o compromisso paradoxal de "tornar-se quem é". O que somos não é dado: tem de vir a ser - *"il est à être"*[57].

É precisamente neste ponto da sua reflexão que Marcel introduz a noção de "profundo", nova dimensão e "categoria espiritual" que se constitui como um "para além" simultaneamente supra-espacial e supra-temporal, apenas entrevista ou pressentida, solidária de uma "metafísica da essência" alheia, porém, a qualquer substancialismo destemporalizado. É na referência a esta misteriosa essência, mais interior a mim do que eu-próprio, que se insinua no "sentimento de uma promessa cuja realização apenas pode ser entrevista"[58], vivida aqui e agora como uma inapagável nostalgia e uma inelutável aspiração, que somos chamados a tornarmo-nos, o que, insondavelmente, já somos.

Da "fidelidade criadora": testemunho e superação do devir.

Citemos Marcel num dos seus passos fundamentais:

> "Talvez, no plano ontológico, seja a fidelidade o que mais importe. Ela é, com efeito, o reconhecimento, não teórico ou verbal, mas efetivo, de um certo permanente ontológico, de um permanente que dura e face ao qual nós duramos,

---

[56] *MEI*, p. 205-207

[57] MARCEL, G. - *Le déclin de la sagesse*. Paris: Plon, 1954, p. 70 (doravante DS); RI , p. 40; MARCEL, G. - *La dignité humaine et ses assises existentielles*. Paris: Aubier-Montaigne, 1964 (doravante DH), p. 120. J. Parain-Vial sublinha esta ideia marceliana: "temos de nos tornar quem somos" (Cf PARAIN-VIAL, J. - *Gabriel Marcel: un veilleur et un éveilleur*. Paris: l'Âge d'Homme, 1989, p. 139, 107, 115 e 121).

[58] *MEI*, p. 208

de um permanente que implica ou exige uma história, por oposição à permanência inerte ou formal de um puro *válido*, *de uma lei*"[59].

Este "permanente ontológico", onde o sentir, o pensar e o agir convergem, não consiste numa essência abstrata e imóvel, mas algo que se dá sob a forma concreta e viva de uma atestação perpetuada e criadora[60]. Enraizadas no "sentimento do profundo", a "fidelidade a si" e a "fidelidade ao outro", mediadas pelo elo intersubjetivo da "promessa" e da "atestação", são os modos de vencer a prova da temporalidade. A promessa e a fidelidade erguem-se contra o "instantaneísmo" da vida entendida como um "filme que se desenrola", em que o "eu" se identifica com o "estado" de si próprio em cada fracção pelicular de um fluxo imprevisto. Perante a prova(ção) da condição temporal, oferece-se, por um lado, "o anarquismo coerente" que procede da "atitude fenomenista ou instantaneísta" enquanto adesão e aderência ao instante e, por outro, o desafio do compromisso, da promessa e da fidelidade – enquanto transcendência dos "estados peliculares" e resistência à "prova das circunstâncias". Só uma "fidelidade criadora", raiz do compromisso ontológico do existir mediado pela busca da "autenticidade" e da "comunhão" com a alteridade permite "restituir à experiência humana o seu peso ontológico", insiste Marcel[61]. A experiência começa por ganhar o seu sentido e valor, a sua força de transcendência horizontal e de religação ao Transcendente propriamente dito, antes de mais, vencendo uma conceção incoerente e fragmentada da duração interior e exterior, entendidas como um fluxo inconsistente de desejos, afetos, circunstâncias e uma pura sucessão de acontecimentos substituindo-se uns aos outros na linha do devir.

---

[59] *EAI*, p. 149-150
[60] *EAI*, p. 118
[61] *RI*, p. 201-212; *EAI*, p. 128

Marcel é claro: a fidelidade, apreendida na sua essência metafísica, é "o único meio de que dispomos para triunfar eficazmente do tempo"[62]. Ela "transcende o tempo em razão do que ele tem para nós de absolutamente real"[63], ou seja, a mutação das circunstâncias exteriores e das disposições interiores. Projectando-se no futuro, celebrada no presente sob a forma do compromisso, ela revela ainda a sua "profunda afinidade" com a memória que Marcel afirma como um "aspecto essencial da afirmação ontológica". "O esquecimento é falta à fidelidade", escreve Marcel[64], é esquecer que "sou o meu passado", ainda que num acto de perpétuo renovamento de mim-mesmo pelo qual também "sou o meu futuro"[65].

Há que superar a representação obsidiante de que "a vida é somente apreensível no instante vivido". A autenticidade é mediada por uma duração "transcendente ao devir", buscando uma "identidade através do tempo", uma fidelidade a si-mesmo[66]. Na "promessa" ou no "juramento", o homem compromete(-se) (n)um "eu" futuro face a um "tu", lança no porvir parte de si em jeito de fiança da sua vontade de iniciar um rasto de futuro. A promessa é, pois, um acto que transcende o tempo pela superação do devir afetivo e volitivo. Rejeitam-se as "intermitências do coração" e o "anarquismo coerente" enquanto apologias da sinceridade imediata e adesão ao instante. Só assim surge a condição de possibilidade da afirmação do ser-pessoa em acto[67]. Audaciosamente, a promessa empenha o sujeito num processo dialógico que intervém na própria determinação do futuro: obtura certos possíveis e rejeita-os como tentações. Vontade, compromisso e risco, no rasto projetivo de uma "fidelidade criadora", são,

---

[62] RI, p. 192
[63] EAI, p. 57
[64] DS, p. 53-54
[65] JM, p. 189
[66] EAI, p. 137, 48-50
[67] MEI, p. 204-207

pois, os eixos da "promessa" enquanto experiência de transcendência do instantaneísmo existencial[68].

Em cada acto de promessa vive-se a investidura misteriosa do "ser que somos" e de que devemos atestar. Para além de "estar" presos, em cada momento, à arbitrariedade das escolhas, às inconsistências dos desejos e afetos, e à contingência circunstancial do porvir, procuramos "ser" livremente fiéis ao empenho que fazemos de nós próprios[69]. "Ser fiel a si próprio" consiste em responder a um certo "apelo interior" – um chamamento "ontológico" mediado pela invocação e resposta ao "outro" feito "tu" no âmbito da reciprocidade heterocêntrica do "coesse". Marcel, desde a fenomenologia do encontro do *Journal Métaphysique* atè à metafísica da intersubjectividade de *Le Mystére de L'Être*, é formal em afirmar que a "subjectividade é fundamentalmente intersubjectiva" diluindo-se a dicotomia do mesmo e do outro, o antagonismo da autonomia e da heteronomia [70].

Mas que fidelidade é esta? Não se trata da mera "constância" enquanto observância e perseverança formal, nem da simples salvaguarda de um estado de coisas. Não consiste numa mera "conservação" ou "conformismo inerte". A fidelidade que Marcel tematiza é uma "fidelidade criadora": "salvaguarda criando", numa luta activa contra o esquecimento, a "dispersão interior" e a "esclerose do hábito". A fidelidade é a perpetuação activa, o renovamento criativo de uma "presença" de ser a ser e de um testemunho, presença supra-objectiva, intersubjectiva, incircunscritível e espiritual, ecoando na duração concreta dos sujeitos.[71]

Ela é um acto do espírito - livre e voluntário - por sobre a contingência das "disposições interiores", dos "estados de consciência" e

---

[68] *RI*, p. 21

[69] Don et liberté. *Bulletin de l'association Présence de Gabriel Marcel.* nº 17, (2007) p. 25-26. (1ª ed. 1947).

[70] *MEI*, p. 189; *EAI*, p. 219

[71] *DS*, p. 53-54; *PA*, p. 77-79; *HV*, p. 18

das "circunstâncias". "Cria o indefectível"[72], assumindo um carácter ontológico: "viver na luz da fidelidade é progredir numa direcção que é a do próprio Ser"[73]. Este vínculo da fidelidade e da promessa situa-nos na esfera da intersubjectividade que é, em Marcel, a sede do ontológico por excelência. Aqui convergem as duas preocupações fundamentais da obra marceliana: "a exigência do ser" e "a obsessão pelos seres tomados na sua singularidade ao mesmo tempo que apreendidos nas misteriosas relações que os ligam"[74].

Na esfera da "fidelidade criadora", a atestação toma um valor epistémico e ontológico. Cito: "A atestação é pessoal, ele põe em jogo a personalidade, mas ela é ao mesmo tempo virada para o ser, é esta tensão entre o pessoal e o ontológico que a caracteriza"; "não será da essência do que é ontológico de poder somente ser atestado?" Assim pergunta Marcel ou, revertendo quiasmaticamente a questão: "a essência do homem não consistirá no facto de ser um ser capaz de testemunhar?"[75]

Testemunhar consiste em atestar. Atestar não é constatar ou relatar uma ocorrência, não se inscreve no plano da verificação objectiva de um facto, pois encontra-se na perspectiva do que já Paul Ricœur designava a "epistemologia personalista" de Marcel. O testemunho como atestação consiste em fazer corpo com a afirmação - "*se porter garant*" - a partir de uma essencial disponibilidade e, livremente, vincular-se por inteiro. A afirmação, o afirmado e o afirmante confundem-se num mesmo acto de participação situado para além da cisão entre o facto atestado e o sujeito que atesta. Por isso, Marcel afirmava que o testemunho constituía o "plano de localização privilegiada do existencial". Mais ainda, Marcel diz-nos que o testemunho releva da "resposta a uma injunção", sendo que o seu valor decorre do modo como o sujeito

---

[72] MARCEL, G. - *Présence et immortalité*. Paris: Présence de Gabriel Marcel, 2001, p. 153
[73] *DH*, p. 83
[74] *RI*, p. 192-193
[75] *EA1*, p. 120

se consagra ele próprio à verdade de que atesta. O testemunho é uma "fidelidade que se encarnou numa existência". Não se trata de "ter" uma convicção mas de "ser" testemunha, de encarnar uma verdade e um valor. Atesta-se da fé, da esperança e do amor - sempre, portanto, no plano da intersubjectividade e da abertura à transcendência.

3. A esperança: o tempo da itinerância e da promessa.

É no último capítulo de «*Le Volontaire et l'involontaire*» que Ricœur introduz pela primeira vez a temática da esperança. Ela é aí apresentada como o "viático no caminho da reconciliação", a "alma misteriosa do consentimento e do pacto vital que posso celebrar com o meu corpo e o meu universo"[76]. Ela é, no fundo, o pneuma da "Poética da vontade" com a qual sugere o acabamento da ontologia fundamental do sujeito volitivo livre, isto é, um plano de criações e realizações superlativas da essência do humano na sua religação projectiva à Transcendência. De facto, escreve ainda Ricœur,

> a "esperança afirma que o mundo não é a pátria *definitiva* da liberdade; consinto o mais possível, mas espero ser resgatado do terrível e, no fim dos tempos, usufruir de um novo corpo e de uma nova natureza concedidos à liberdade"[77].

Da Transcendência espera-se a unificação e o livramento da liberdade dos seus próprios antagonismos e paradoxos, o resgate último de todo o mal e o reencontro da inocência originária, como reconciliação da subjectividade cindida e restauração de todas as possibilidades. Parece-nos que a ideia de uma poética inspirada da vontade magnetizada pela transcendência, pensada sob o signo de uma itinerância existencial, histórica e escatológica

---

[76] RICŒUR, P. - *Le volontaire et l'involontaire*, p. 451-452
[77] *VI*, p. 451

movida pelo ímpeto da esperança, situa-se na influência directa da "lírica" marceliana em que a metafísica da esperança ocupa um lugar cimeiro.

O tema da esperança[78] reaparecerá ao longo da obra de Ricœur, ainda que de modo discreto, pois, não o encontramos nos textos onde a problemática do tempo é central: nem no tríptico «*Temps et Récit*», nem em «*La mémoire, l'histoire, l'oubli*». Reemerge essencialmente no contexto das temáticas de perfil religioso e da hermenêutica bíblica. Depois de «*Philosophie de la Volonté 1*», três textos abordam explicitamente o tema: «*Le Christianisme et le sens de l'histoire*» (1951), «*La liberté selon l'espérance*» (1968) e «*L'espérance et la structure des systèmes philosophiques*» (1970)[79]. Em nosso entender, as ocorrências revelam claramente a marca da concepção marceliana que Ricœur analisara na obra de 1948. Todavia, a influência de Jürgen Moltmann foi também decisiva, sendo a perspectiva teológica de perfil escatológico que, de algum modo, superará a "interpretação existencial". Já Ernst Bloch, outro dos teóricos incontornáveis desta temática, não é chamado a intervir. A esperança enquanto "paixão pelo possível", superação do "primado da necessidade", "desmentido da morte" é a vocação última da liberdade e o "sentido da existência à luz da Ressureição"[80], não havendo diálogo com o utopismo neo-marxista de Blöch.

Paul Ricœur, debruçando-se sobre o significado da pergunta kantiana "o que me é permitido esperar?", diz-nos que a "esperança" não serve somente uma concepção itinerante da existência humana e uma hermenêutica do sentido da história aberta a uma consumação escatológica.

---

[78] Sobre o tema da esperança em Ricœur, ler-se-á com proveito: Marguerite LÉNA - *L'Esperance selon Paul Ricœur*. In Colloque « Intentionnalité dans la Phénoménologie française : inspirations, controverses, perspectives » - Cracovie, 14-15 octobre 2009, disponível em http://www.fondsRicœur.fr/doc/ENTREPHENOMENOLOGIEETHERMENEUTIQUE.PDF.

[79] Respectivamente RICŒUR, P. - Histoire et Vérité. Paris: Seuil, 1964, p. 81--98; *Le conflit des interprétations: essais d'herméneutique*. Paris: Seuil, 1969, p. 393-416; *L'Herméneutique Biblique*. Paris: Seuil, 2001, p.11-128

[80] RICŒUR, P. - *O conflito das interpretações: ensaios de hermenêutica*. [Porto]: Rés, [1988], p. 395-397.

Na verdade, a própria inteligibilidade da esperança convida a "uma modificação estrutural do pensamento e discurso filosóficos". Atender à noção de esperança não é apenas acolher um "objecto inverificável", "inobjectivável", "transcendente", ou fora dos limites da própria práxis – quer seja a salvação ou o fim dos tempos - mas é sobretudo aceitar o desafio dos limites da racionalidade e da própria acção humana.

> "O primeiro passo de uma filosofia da esperança consiste num acto de renúncia pelo qual a pura razão especulativa abandona a sua pretensão a concluir o pensamento do incondicionado na linha do conhecimento dos objetos empíricos"[81].

A esperança visa ou reenvia para algo para lá das condições objectivas da verificabilidade, associando-se à noção de "crença racional". Ela rompe os limites da "evidência especulativa" através de uma "exigência prática e existencial" que assume os limites do entendimento mas afirma um plano de superlativação da vontade e da liberdade convertidas à "paixão do possível", horizonte transfinito que a razão teórica não pode exaurir[82].

A esperança instaura um sentido da história e/ou da existência que é da ordem do "mistério", ou seja, um "sentido sobre-racional" e "sobrenatural". Ela surge "do fundo do atolamento no absurdo" e no interior dos dramas da história, começando por ser uma "exorcização do desespero", expressão retomada de Marcel[83]. Deste modo, "ela é o sentido oculto de um não sentido aparente" e é isto que a torna distinta do "plano racional do progresso", do optimismo técnico, do utopismo futurológico[84]. A esperança nasce sempre no interior do conflito, do drama, do sofrimento, do interior da provação e para além de todas as avaliações

---

[81] RICŒUR, P. - L'espérance et la structure des systèmes philosophiques, p.124.

[82] RICŒUR, P. - L'espérance et la structure des systèmes philosophiques, p.126.

[83] RICŒUR, P. - Le Christianisme et le sens de l'histoire: Progrès, ambiguïté, espérance, p. 95

[84] IDEM - *Ibidem*, p. 96-98

racionais. Para Ricœur, a esperança é simultaneamente irracional, porque existe e exerce-se "apesar" dos antagonismos, do sofrimento e da morte e para além do desespero, e racional, na medida em que afirma a "lei da sobreabundância do sentido sobre o não sentido"[85]. "A esperança não é ilusão" nem "evasão" mas "paciência imanente" ao mal: "a esperança que aguarda o livramento é o consentimento que mergulha na provação"[86].

São estes aspectos de uma relação misteriosa com o possível que o tempo alberga, da sobreabundância do sentido sobre o não-sentido e de uma nova inteligibilidade que já caracterizavam a meditação marceliana. Sendo a esperança um dos *leitmotiv* do pensamento de Gabriel Marcel que emerge num entrelaçamento contrapontístico com os demais temas da sua filosofia, limitar-nos-emos a pôr em evidência alguns dos seus aspectos.

A esperança: itinerância e luta ativa contra o desespero

"Ser é estar a caminho": a existência envolve uma dinâmica extática e peregrina[87]. É no seio desta consciência da itinerância, inserta na tragicidade concreta do mundo mas aberta à alteridade do tempo, que deve ser situada a reflexão marceliana sobre a esperança. Se a existência é vivida como insuficiência, disjunção temporal, precariedade e "exílio" face à "aspiração metafísica" do *"homo viator"*, cabe à esperança ser o "viático do ser".

Gabriel Marcel insiste em realçar o "estatuto metafísico da esperança" o seu "valor ontológico" enquanto verdadeiro "acto de transcendência" e não mera "disposição subjectiva"[88]. Em nada se reduz a qualquer processo ou estado psicológico: optimismo, auto-sugestão, ilusão desiderativa, ou outra figuração obsidiante visando iludir a realidade. O malogro, o

---

[85] RICŒUR, P. - *L'espérance et la structure des systèmes philosophiques*, p.114.
[86] RICŒUR, P. - *Le volontaire et l'involontaire*, p. 452
[87] *HV*, p. 10
[88] *MEII*, p.156

sofrimento, a consciência da contingência e da finitude são o chão de onde brota, e deve brotar, a esperança, pois, como estabelece a fenomenologia marceliana, "as condições de possibilidade da esperança coincidem com as do desespero" ou, dito de outro modo, "na base da esperança há a consciência de uma situação que nos convida a desesperar"[89]. A esperança é uma "resposta do ser" à "provação da existência" na vivência das "situações-limite", mas também da própria condição fundamental do homem sujeito à angústia da temporalidade e ao "*inespoir*" ante a morte que nela acena[90], a que acrescem os males do mundo contemporâneo em cujo diagnóstico Marcel se demora: a massificação social, a cultura tecnocrática e a ilusão cibernética, a alienação no quotidiano funcionalizado, a perda ou perversão do sentido do sagrado, etc. Ora, a esperança, sob o signo da disponibilidade e de uma misteriosa garantia, inspirada por um apelo incondicionado e lançando uma invocação transcendente, é a resposta paciente, activa e criadora que pode abrir um horizonte de possibilidades superlativas à condição existencial. Marcel elabora e dá testemunho de uma "metafísica da Esperança" que, inscrita no âmbito do inverificável, ousa "dar crédito à realidade"[91].

A esperança constitui, antes de tudo, uma "luta activa contra o desespero". Desesperar consiste em capitular "perante um certo *fatum*"[92], ou seja, renunciar à mobilização e coesão interiores, validando passivamente o balanço de uma situação tida como inevitável ou irremediável e, simultaneamente, cedendo à tentação presunçuosa de uma antecipação negativista que, de algum modo, conjura a própria fatalidade. Na verdade, a presunção e o orgulho niilistas conduzem ao desespero, sendo que a esperança assenta na "humildade", não se outorgando o direito de ajuizar sobre o futuro, remetendo para um tempo aberto. A esperança, embora não

---

[89] *EAI*, p. 115, p. 92

[90] Termo forjado pela tradução de *"unhope"*, expressão presente num poema de Thomas Hardy.

[91] *EAI*, p. 92

[92] *HV*, p. 48

se particularizando em conjecturas definidas, "faculta a uma determinada possibilidade favorável um espaço vital onde lhe será permitido tomar corpo"[93]. Essencial à esperança é, nesta medida, a recusa da antecipação negativista e pessimista que enclausura o universo dos possíveis.

O tempo abrindo-se para além do desejo

O que encontramos, portanto, na "metafísica da esperança" é uma concepção aberta do tempo e da experiência. Deve valorizar-se a experiência enquanto abertura virginal ao mais insondável (im)possível. Para esta metafísica, "quanto mais o real é real, menos ele se presta a uma contabilidade dos possíveis estabelecida na base da experiência adquirida". Deste modo, para além da antecipação ou conjectura, a "esperança está [...] comprometida com a trama de uma experiência em formação, [...] de uma aventura em curso"[94]. Trata-se de uma experiência do tempo aberto, tecida de acolhimento e criatividade – disponibilidade – em que o "inesgotável concreto" se entrelaça com uma indefetível e misteriosa "garantia" (*assurance*) de foro ontológico

Não se opondo ao temor, como defendera Espinosa, mas ao desespero, a esperança não se assimila mas, pelo contrário, transcende o desejo. Em primeiro lugar, porque não se especifica nem determina: a esperança não consiste em "esperar que...", mas num "esperar...", em aberto, como que suspenso. Não se trata, portanto, de uma intenção desiderativa que, delimitando um objeto, ou formulando uma determinada expectativa se exponha à refutação empírica. Tudo está, nesta medida, em tomar o "esperar" absolutamente e não relativamente, ou seja em "viver em esperança", como se vive na fé[95].

---

[93] MARCEL, G. - Structure de l'espérance. *Dieu Vivant*. Nº 19 (1951) p. 75; doravante SE
[94] *HV*, p. 65-66
[95] *HV*, p. 57, 82, 38

O desejo, quando extremado, pode originar todas as modalidades de ilusão subjetiva, de alienação ou autossugestão imaginativa. A esperança, pelo contrário, não consiste em acreditar no que se deseja ardentemente, em projetar imaginativamente e deixar-se possuir por uma figuração obsidiante que iluda a realidade[96].

O desejo, por outro lado, ainda depende de uma "razão calculadora" que contabiliza hipóteses na articulação de meios e fins, que suputa e elabora um "cálculo de probabilidades" e avalia objectivamente "razões de esperar"[97]. Ora, a esperança não pode depender do juízo objetivo, ela é "meta-problemática" espera o inesperado e visa, para além da lógica da previsão ou do projecto, a esfera do "inverificável", convertendo-se, antes, em fé. Ela visa e aguarda sem ver: "não incide sobre aquilo que *deveria* ser, ou mesmo sobre aquilo que *deverá* ser; simplesmente diz: *será*"[98]. "Não desejo, afirmo": assim formula Marcel o que designa de "ressonância profética da verdadeira esperança". Neste sentido, ela constitui um verdadeiro "acto de transcendência", "é um *élan*, [...] um salto" que implica uma "espécie de recusa radical de suputar as possibilidades"[99]. Ora, "a não suputação dos possíveis" é, justamente, o modo como Marcel pensara, já no *Journal Métaphysique,* uma noção de vontade distinta da simples veleidade. "Querer é, de algum modo, colocar-se aquém do ponto onde podemos distinguir o possível e o impossível", dizia então, porquanto "a vontade ignora os *mas*[100]". O movimento volitivo faz, de algum modo, tábua rasa dos obstáculos e aproxima-se da incondicionalidade e inverificabilidade da fé. "Querer significa dizer: isto deve ser", para além do que depende ou não de mim,

---

[96] *PA*, p. 70
[97] *HV*, p. 82
[98] *EAI*, p. 98
[99] *PA*, p. 69; *EAI*, p. 98-99
[100] MARCEL, G., *Journal Métaphysique.* Paris: Gallimard, 1997, p. 182, (doravante JM)

pois prossegue, "na vontade comprometo-me ao ponto de dizer que eu dependo disso, apenas serei se isso for"[101]. Ora, se o "querer" se coloca aquém da questão da possibilidade, a esperança será, diríamos, aquilo que se coloca para além do cálculo das possibilidades, num plano de superlativação da vontade. De novo, uma distinção antitética é ultrapassada: aquilo que depende ou não depende de mim, delindo-se assim a objeção estoicista à metafísica da esperança[102]

Na esperança, encontramos, portanto, uma íntima e misteriosa articulação de vontade, fé e visada profética. Deste modo, e por isso, a "esperança é intrépida", metafisicamente "inexpugnável", erigindo-se em incondicionado[103]. Ela é, no fundo, outro nome para a "exigência de transcendência" na medida em que constitui o "impulso secreto do homem itinerante"[104]. Oposta a qualquer "inércia" ou "espera entorpecida", afirma-se como um ímpeto da vontade por sobre as circunstâncias, que "sustém ou sobrevoa a ação"[105] e que, contudo, não é feito de ambição progressista nem de desafio prometeico, mas antes de humildade e paciência. Nela, liberdade articula-se misteriosamente com a "graça" dum "dom" de "possíveis".

A esperança: entre aspiração e nostalgia

A esperança promove o advir do tempo, confere à "duração" a consistência e densidade de uma maturação e, simultaneamente, exerce um "poder de fluidificação" que distende a tríade passado, presente, futuro. Escreve Marcel: "se o tempo é, por essência, separação e uma

---

[101] *JM*, p. 183
[102] *HV*, p. 64 e 79; *EAI*, p. 92
[103] *SE*, p. 77; *HV*, p. 84
[104] *MEII*, p. 163
[105] *PA*, p. 75

perpétua disjunção de si face a si-mesmo, a esperança visa, pelo contrário, a reunião, a reconciliação"[106]. Se a vida pode aparecer como uma sucessão inconsistente e incoerente de momentos, de valor desigual, uns consumados e insignificantes, outros significativos e ainda fecundos, a esperança, tecida de "fidelidade criadora" e inscrita na "dimensão espiritual" do "profundo", confere-lhe sentido e consistência: direcção e significado além da disjunção da tríade cronológica.

A esperança visa sempre além do futuro. Ela implica a "ligação supralógica de um retorno (*nostos*) e de uma novidade pura (*Kaïnon ti*)"[107]. Conservação e restauro, revolução e renovamento são aspetos que, para além das antinomias tradicionais da razão, se conjugam no seio da esperança, pois, "ela transcende [...] a oposição [...] usual e pragmática do passado e do futuro: aquilo que é esperado é sempre algo que, num certo sentido, pertence ao passado"; aquilo que é restaurado, resgatado no tempo, é sempre renovado, isto é, "promovido a uma dignidade ontológica superior"[108]. A esperança não consiste somente numa revitalização do futuro, não releva, portanto, da simples futurição, não podendo ser interpretada a partir da categoria do "projecto", nomeadamente na sua configuração heideggeriana: não consiste na expectativa, feita de planeamento ou antecipação. Ela releva, pelo contrário, de um núcleo de fundamental "nostalgia", como referência a algo que, essencialmente e misteriosamente, "já somos", mas que não corresponde ao "agora" de uma situação concreta precária, cativa ou exilada. Por isso, ela aponta sempre para a "restauração de uma certa ordem viva". Deste modo, e aliado ao seu já assinalado "caráter profético", distinto de qualquer espírito de previsão, é uma "memória do futuro"[109].

---

[106] *HV*, p. 68
[107] *HV*, p. 85-86
[108] *SE*, p. 78-79
[109] *EAI*, p. 93; *HV*, p. 68

A esperança evolui no plano onde as dissensões do tempo são superadas. "Dirigida à Eternidade", ela assoma à dimensão do "inverificável" onde se conjugam uma "perpétua novidade"[110] e a "afirmação [...] de bens eternos" num verdadeiro impulso de transcendência[111]. Viver em esperança, para Marcel, é assumir e querer superar o desafio do "tempo-sorvedouro" que tudo aspira e dissolve. Consiste em crer que há uma eternidade ontológica solidária da temporalidade existencial.

O impulso elpidiano, como o concebe Marcel, conduz a uma soteriologia de alcance intersubjectivo. É explícito em afirmar que a "esperança arquetípica é a esperança da salvação", tecida de amor, visando a partilha fraterna e a comunhão com o Tu absoluto[112]. Ela é ainda, deste modo, solidária de uma "consciência escatológica". Visando além do futuro, ela pode dirigir-se ao "fim dos tempos" de que a crise de sentido do mundo contemporâneo, vivido como um "mundo partido", não cessa de dar os sinais alarmantes. Deste modo, pode dizer-se que não há discordância entre Marcel e Ricœur. Se Ricœur valoriza pela via teológica, e em consonância com Jürgen Moltmann, a esperança como "promessa" das coisas que hão-de vir, ou seja, o futuro consumado na ressurreição dos corpos e no alvor da Jerusalém Celeste, Marcel, pela via existencial, aquém da Revelação, valoriza o "viver em esperança" como uma certa plenitude presente, epifania concreta ainda que intermitente e vivida aquém do "recuso absoluto" que o Tu divino prodigaliza. Mas se é no ádito da fé e da sua adesão confessional que a estrita reflexão filosófica detém o seu movimento, a "esperança" plena traduz um autêntico impulso de transcendência de alcance soteriológico e escatológico.

---

[110] MARCEL, G. - Desire and Hope. In LAWRENCE, N.; O'CONNOR, D., ed. lit., *Readings in Existential Phenomenology*. Englewood Cliffs: Prentice-Hall, [1967], p. 278. Este texto permaneceu inédito em francês.

[111] *EAI*, p. 93

[112] *EAI*, p. 99; 61

Conclusão

Paul Ricœur conheceu em profundidade a diarística e ensaística marcelianas, tendo sido um dos seus primeiros e mais relevantes comentadores. A partir dos temas da encarnação, da atestação e da esperança é possível rastrear-se a influência matricial e duradoura, ainda que por vezes discreta e implícita, da reflexão de Gabriel Marcel sobre o percurso de Paul Ricœur. Procurámos, deste modo, fazer justiça a uma genealogia filosófica à qual muitas vezes se alude sem, porém, se dar os contornos precisos ou a devida explicitação.

O estudo dos temas marcelianos da "encarnação", a que se associam, em filigrana contrapontística, os do "sentir" como "modo de participação", do "ser em situação" e da "liberdade-dom", foram decisivos na constituição do projecto inicial da "filosofia da vontade". Nela visava-se reflectir o *cogito* reconquistado na sua integralidade corpórea, afectiva, volitiva e prática para aí se evidenciar a "dialéctica englobante da actividade e da passividade" inerente ao "mistério da encarnação", de que só uma "fenomenologia existencial" poderia dar conta.

Num segundo momento, vimos como as problemáticas da atestação, da fidelidade e da promessa colocam numa linha comum a "ontologia da pessoa" esboçada por Ricœur e a "ontologia concreta" de Marcel. Para o "ser-pessoa", assumir a injunção de Píndaro e Nietzsche "torna-te quem és!" envolve a alteridade e o diferimento da abertura ao tempo e aos outros, numa encruzilhada ontológica, epistémica e ética. Entre a jornada ricœuriana, que parte do "homem falível" sujeito ao sofrimento e ao mal, para alcançar o "homem capaz", que age eticamente e espera uma "vida boa", encontramos uma dinâmica consonante com a trajectória da "filosofia concreta" marceliana, tensa entre a inserção dramática no mundo e uma abertura à alteridade do tempo e do outro feito "tu", movida por uma esperança de dimensão ética e vocação metafísica.

É precisamente o tópico da esperança que fornece uma terceira chave para a compreensão dos influxos e presenças marcelianos em Ricœur. Ainda que de incidência discreta no vasto *corpus* ricœuriano, o tema acarreta importantes implicações para um pensamento do sentido do tempo e da acção. Não há tempo ético sem abertura a um possível benfazejo, implícito ou explicitamente "dado" como "promessa", no meio do sofrimento e do mal. A esperança consiste, precisamente, nessa vivificação do tempo onde germina a consumação da "vida boa". Na esperança, o homem aguarda confiante, mas sem certeza e comprometido com a acção, a realização da "promessa" de origem "transcendente". Se o desenlace é "escatológico" e por isso religioso, o compromisso não deixa de ser "existencial", situado aquém da "revelação". Assim, para além de Kant e Moltmann, é, evidentemente, de Gabriel Marcel, pensador do "*homo viator*" e da consciência elpidiana, de quem reconhecemos o ascendente.

Uma articulação mais fina da tríade exposta seria proveitosa e até necessária. Assumimos o carácter mais doxográfico do que especulativo da nossa exposição e, desse modo, reiteramos a modéstia do nosso desígnio. Importa, todavia assinalar o entrelaçamento contrapontístico dos temas. Vimos que a liberdade do sujeito encarnado se nutre da "esperança" de uma reconciliação das cisões e traumas da vontade cindida. Notámos que a "esperança" é "promessa", tecida de fidelidade e abertura ao possível. A "atestação", enquanto testemunho e vínculo fiel, é o que faculta o "reconhecimento" do que a "promessa" contem e abre no futuro. Este entrelaçamento tem como tensão fundadora o vínculo vivencial e reflexivo entre "encarnação" e "transcendência", comum ao pensamento de Marcel e Ricœur.

Dando aso às virtualidades do "círculo hermenêutico", poder-se-ia agora revisitar a discursividade diarística da obra filosófica de Marcel como uma expressão sugestiva da "identidade narrativa", arborescendo e frutificando de modo por vezes inconcluso. Uma ipseidade filosófica que emerge, expande-se e diversifica-se na novidade que a si-mesma traz a maturação da experiência e o aprofundamento do pensar. A problemática do "tempo vivido", onde "reconhecimento" e "inacabamento" se entrelaçam, daria aso a uma ampla reflexão hermenêutica, caminho que, para ocasião futura, deixamos aqui somente sugerido.

RICŒUR E OS CLÁSSICOS: TEMPO, NARRATIVA E MEMÓRIA
RICŒUR AND THE CLASSICS: TIME, NARRATIVE AND MEMORY

Martinho Soares[1]

Resumo

Neste texto, relembramos a proveitosa e proficiente leitura que Ricœur faz de Aristóteles e S. Agostinho a propósito de tempo e narrativa; evocamos os múltiplos aportes da filosofia aristotélica e platónica para a consolidação do estatuto imagético e supletivo da memória; evocamos o diálogo aberto por nós entre a epistemologia histórica de Paul Ricœur e a historiografia fundadora de Tucídides, donde destacamos o papel figurativo e ético da linguagem histórica; e concluímos apontando para futuros e possíveis cruzamentos de Ricœur com os Clássicos, a propósito das teses da identidade narrativa e do reconhecimento.

Palavras-chave: Ricœur; Agostinho; Aristóteles; Platão; Tucídides; história narrativa.

---

[1] martinhosoares@gmail.com
Martinho Soares é professor de línguas clássicas na Universidade Católica no Porto, investigador do Centro de Literaturas e Culturas Lusófonas e Europeias da Universidade de Lisboa (CLEPUL) e no Centro de Estudos Clássicos e Humanísticos da Universidade de Coimbra (CECH). É licenciado em Línguas e Literaturas Clássicas e Portuguesa pela Universidade de Coimbra; mestre e Doutor em *Poética e Hermenêutica* pela mesma instituição. Tem produzido trabalhos sobre literatura e culturas clássicas e portuguesa, filosofia e história. Destacam-se as teses de mestrado e de doutoramento publicadas com a chancela da Fundação Eng. António de Almeida, do Porto; respetivamente: *Tempo, mythos e praxis. O diálogo entre Ricœur, Agostinho e Aristóteles*; e *História e Ficção em Paul Ricœur e Tucídides*.

http://dx.doi.org/10.14195/978-989-26-1091-7_8

Abstract

In this chapter, we aim to underscore Ricœur's fertile reading of Aristotle and St. Augustine on time and narrative; in the context of Ricœur's reflection we also mention the manifold contributions of Aristotle's and Plato's philosophies to the imagery of memory and its substitutive role; finally, we also draw upon our previous work, which connects the historical epistemology of Paul Ricœur and the foundational historiography of Thucydides, and where we highlight the figurative and ethical role of the language of history. In our conclusion we point towards other possible connections between Ricœur and Classical authors, on the topics of narrative identity and recognition theories.

Keywords: Ricœur, St. Augustine, Aristotle, Plato, Thucydides, history, narrative.

Dentro do espírito que anima este Colóquio, a receção de Paul Ricœur na Universidade de Coimbra, concebemos esta comunicação em forma de retrospetiva intelectual, à boleia do filósofo; sendo esse itinerário claramente marcado pelo diálogo entre Ricœur e os Clássicos, com destaque para Santo Agostinho, Aristóteles, Platão e Tucídides.

Com este propósito, relembramos a proveitosa leitura que Ricœur faz de Aristóteles e S. Agostinho a propósito de tempo e narrativa; evocamos os múltiplos aportes da filosofia aristotélica e platónica para a consolidação do estatuto imagético e supletivo da memória; apresentamos o diálogo aberto por nós entre a epistemologia histórica de Paul Ricœur e a historiografia fundadora de Tucídides, donde destacamos o papel figurativo e ético da linguagem histórica; e concluímos apontando para futuros cruzamentos de Ricœur com os Clássicos.

Tempo, *mythos* e *praxis*: o diálogo entre Ricœur, Agostinho e Aristóteles

Este trabalho, decorrente de uma dissertação de Mestrado em *Poética e Hermenêutica*[2], resulta de uma concatenação interdisciplinar entre Estudos Clássicos e Filosofia. Pretende ser uma apresentação crítica da reflexão sustentada por Paul Ricœur em torno das experiências do tempo vivido e do agir humano, representáveis e representados no *mythos* narrativo. Serviu de suporte a esse itinerário o diálogo hermenêutico entre Paul Ricœur (*Temps et Récit* I e III), Aristóteles (*Poética*)[3] e Santo Agostinho (*Confissões*)[4].

A leitura criativa, pertinente e sagaz das célebres meditações agostinianas sobre o tempo (*Confissões*, livro XI), permitiu a Ricœur chegar ao binómio elementar da *intentio* e *distentio animi* e ao inspirador exemplo da recitação do salmo que o encaminha para a senda da narrativa.

Agostinho não foi o primeiro a debruçar-se sobre a questão do tempo; desde o dealbar do pensamento ocidental, na Antiga Grécia, que esta é uma inquietação permanente, desafiando, desde logo, a curiosidade dos filósofos pré-socráticos; depois Platão, Aristóteles, Plotino. Até Platão a explicação do tempo aparece sob o signo do mito, devido à influência que as narrativas míticas exerciam no entendimento e justificação dos fenómenos. Aristóteles é o primeiro filósofo a apresentar uma explicação desprovida do carácter mítico,

---

[2] SOARES, M. - *Tempo, mythos e praxis: o diálogo entre Ricœur, Agostinho e Aristóteles*. Porto: Fundação Eng. António de Almeida, 2013.

[3] ARISTÓTELES - *Poética*. Lisboa: Fundação Calouste Gulbenkian, 2004 (trad. e notas de Ana Maria Valente, prefácio de Maria Helena da Rocha Pereira). ARISTOTE - *La Poétique*. Paris: Seuil, 1980 (texte, traduction, notes par Roselyne Dupont-Roc et Jean Lallot). ARISTOTLE – *Poetics*. Oxford, 1968 (introd., commentaires and appendices by Lucas).

[4] AGOSTINHO – *Confissões*. Lisboa: IN-CM, 2000 (trad. e notas de A. Espírito Santo *et alii*).

uma visão cosmológica do tempo, onde prevalece como fundamental a sua ligação ao movimento. Plotino é o primeiro a fazer depender o tempo da alma, não da alma humana, novidade que será introduzida por Agostinho, mas da alma do mundo. Ricœur apercebe-se do fosso que estes filósofos vão cavando entre um tempo visto da perspetiva da cosmologia, relacionado com o movimento dos astros, e um tempo interno, psicológico, que está relacionado, de uma forma que não sabemos explicar, com o anterior, mas ainda assim bem diferente, desde logo porque não é unidireccional nem irreversível, sendo a consciência humana capaz de o percorrer nos dois sentidos, e nessa função sofrer a extensão do próprio tempo. A sua preocupação vai, pois, centrar-se na resolução desta aporia maior da temporalidade, ao mesmo tempo que pretende superar a discordância levantada pela *distentio animi* agostiniana com a capacidade que a narrativa histórica e ficcional têm em conjunto de superar essa bifurcação.

A reflexão agostiniana exprime um tempo marcado pela deficiência ontológica, pelo facto de ser pensado em contraste com a eternidade divina, um tempo que começa por ser entendido como criatura objetiva e física, enredado nos relatos genésicos, e chega ao extremo de se ver fechado dentro da alma humana que, simultaneamente, o produz e se dispersa nele, dando origem a um conjunto de paradoxos incompreensíveis e irresolúveis. A alma, cuja atividade em tensão consiste em abreviar a expectativa e alongar a memória, fazendo esse "trânsito" pela atenção presente, à medida que faz passar, passa também, sofrendo o efeito negativo da sua própria ação. Esta *intentio* ou tensão única da alma para aspetos múltiplos pretende explicar a possibilidade de se medir o tempo, não o tempo em si, mas as impressões deixadas na memória e na expectativa pelos eventos passados e pelos eventos futuros, respetivamente. Mas é, justamente, por este ato mensurável que a passividade das impressões provoca a chamada *distentio animi*, deixando patente um antagonismo insolúvel entre *distentio* e *intentio animi* e explicada a supremacia da ação do tempo sobre o ser humano.

Contraposta à visão extremamente "psicológica" e subjetiva do tempo teorizada por Agostinho, Ricœur lê, na definição clássica da *Física* aristotélica, um tempo ligado ao movimento e escrutinável por operações matemáticas, uma visão que acentua a propriedade cosmológica do tempo: o instante de um movimento contínuo que a alma pode medir.

Nenhuma das duas teorias (de Agostinho e de Aristóteles), tomada isoladamente, é capaz de explicar cabal e totalmente a experiência temporal, de tal forma que o aprofundamento de cada uma das posições antagónicas resulta na descoberta de uma temporalidade transcendente à sua definição e cada uma delas encontra sempre como resíduo a sua expressão inversa. Se aprofundamos o tempo da alma, acabamos por chegar à conclusão que o tempo a circunscreve, a envolve e a domina, sem que ela jamais o possa engendrar. Se, por outro lado, sublinharmos a prioridade cosmológica do tempo, deparamos com um instante físico, mensurável, que implica uma alma que o meça, sem que, todavia seja possível identificar os instantes do mundo e a presença que torna "presente" a alma a si mesma. Há uma separação intransponível entre o instante aristotélico e o presente agostiniano. É que o instante aristotélico, para ser pensável, requer apenas um corte efetuado pela alma na continuidade do movimento, porque este é numerável. Mas este instante pode ser qualquer um, qualquer instante é digno de ser o presente. Num movimento há apenas a sequência na qual a alma pode distinguir os dois instantes do antes e do depois, sem que se possa dizer que um é passado e o outro futuro.

Esta bipolaridade é o gérmen das duas linhas de pensamento dentro das quais podemos, de um modo geral mas limitado, situar as conceções subsequentes, marcadas quer por uma tendência fenomenológica, quer por uma tendência cosmológica. De um lado teríamos Agostinho, Husserl e Heidegger, do outro Aristóteles e Kant.

Por conseguinte, Ricœur percebe o quão ocioso seria andar atrás de uma definição positiva de tempo, uma vez que a inescrutabilidade do mesmo contraria toda a tentativa de conceptualização, o seu desejo é o de encontrar algo concreto e objetivo que possa manifestar de uma forma concordante, ainda que não imediata, antes indireta, a experiência temporal que Agostinho afirma como discordante.

O enigma agostiniano mais impenetrável é aquele que pretende resolver o problema da medição do tempo: como é que a alma se pode distender à medida que tende? Eis a aporia suprema, comenta Ricœur[5]. O mesmo não deixa de ver nesta resolução enigmática «*la trouvaille inestimable de saint Augustin*»[6], precisamente porque, ao reduzir a extensão do tempo à distensão da alma, ligou esta distensão à falha que não cessa de se insinuar no seio do tríplice presente. A distensão, entende Ricœur, está na falha ou na não coincidência das três modalidades da ação - entre o presente do futuro, o presente do passado e o presente do presente. A discordância nasce e renasce da própria concordância entre as (in)tenções da expetativa, da atenção e da memória. Esta aporia gerada pelo exemplo da recitação de um salmo põe em evidência, simultaneamente, o paradoxo do tempo e a pista para a solução do mesmo; faltou a Agostinho descobrir que o próprio ato narrativo salmódico comporta em si concordância e discordância. Mas para isso seria preciso convocar a *Poética* de Aristóteles, onde, ao contrário do que se verifica na experiência temporal de Agostinho, a concordância predomina sobre a discordância[7]. Este confronto é o ponto de partida para a extrapolação da tese de que «o tempo torna-se tempo humano na medida em que é articulado de um modo narrativo e a narrativa alcança a sua significação plena quando se torna uma condição da existência temporal»[8].

---

[5] RICŒUR, P. - *Temps et Récit I: L'intrigue et le récit historique.* Paris: Seuil, 1983, p. 48.

[6] IDEM - *Ibidem.*, p. 49.

[7] «Il va de soi que c'est moi, lecteur d'Augustin et d'Aristote, qui établis ce rapport entre une expérience vive où la discordance déchire la concordance et une activité éminemment verbale où la concordance répare la discordance» (RICŒUR, P - *Temps et Récit* I, p. 66).

[8] IDEM - *Ibidem.*, p. 105.

Na *Poética* aristotélica, Ricœur encontra um mediador poético entre a compreensão humana e a experiência temporal. Daí extrai dois conceitos fundamentais que opõe ao par agostiniano: contra a sobreposição da *distentio* sobre a *intentio animi*, da desordem sobre a ordem ou da dispersão sobre a atenção, o autor propõe a força do *mythos* sobre a *peripécia*, da ordem sobre a desordem ou da síntese sobre o heterogéneo.

No modelo aristotélico de *mythos*, a concordância vence a discordância porque a *mimesis* opera a síntese de factos discordantes e heterogéneos da ação humana (*praxis*) num objeto narrativo coeso, total e unitário, segundo as leis da verosimilhança e da necessidade. Partindo destas considerações poéticas, o filósofo francês infere que ao representar numa totalidade significante o que no tempo agostiniano era disperso e episódico, o *mythos* pode ser entendido como réplica invertida da *distentio animi* de Agostinho; já a *mimesis*, enquanto atividade mimética (re)criadora e estilizadora da realidade prática, permite a configuração da experiência temporal humana pelo desvio ou corte próprio da intriga em relação ao campo do real. Se a concordância do *mythos* trágico se deve ao seu caráter duplamente unificador e ordenador, segundo a lógica da necessidade e da verosimilhança, a sua discordância provém de inversões bruscas e inesperadas no rumo dos acontecimentos (as chamadas peripécias) e do reconhecimento, que despertam temor e compaixão. A estes Ricœur acrescentará os traços temporais que Aristóteles não considerou, mas que entende diretamente implicados no dinamismo constitutivo da configuração narrativa, dando pleno sentido ao conceito de concordância-discordante e à relação tempo-narrativa. Só assim é possível afirmar que a *mimesis* ou operação narrativa reflete o paradoxo do tempo suscitado por Agostinho e resolve-o de um modo não especulativo, mas poético. Reflete-o na medida em que combina segundo proporções variáveis duas dimensões temporais: uma cronológica, referente à dimensão episódica e factual da narrativa e outra não cronológica, referente à sua dimensão configurativa, responsável pela conversão de factos díspares numa história una e inteligível, permitindo que se extraia uma configuração a partir de uma sucessão ou uma unidade temporal a partir de um conjunto plural de eventos. Ao fazer a articulação entre facto e história, a *mimesis* oferece ao paradoxo do tempo como resolução o próprio ato poético. Em suma, a solução poética do paradoxo agostiniano do tempo está no arranjo configurativo que transforma uma sucessão linear de eventos numa totalidade significante, permitindo a uma história ser seguida por um ouvinte ou leitor e possibilitando a sua tradução numa ideia, tema ou pensamento. Porém, para consolidar este vínculo original entre a atividade narrativa e o caráter temporal da experiência humana, Ricœur teve de constituir a função mediadora da construção da intriga entre um estádio da experiência prática que a antecede e um estádio da receção que lhe sucede, indo contra os conceitos da semiótica narrativa, característica da abordagem estrutural.

Para Ricœur, a atividade de composição narrativa supõe três momentos miméticos distintos mas interligados; imprescindíveis como fundamento da ideia de imitação criadora e de cesura que instaura um novo espaço de ficção. Os três níveis miméticos da prefiguração ou *mimesis* I, configuração ou *mimesis* II e da refiguração ou *mimesis* III têm como elo a *praxis* temporal e como elemento desviante ou de cesura o *mythos*. A rutura operada pelo *mythos* é fundamental para que a atividade mimética possua a liberdade necessária para criar ficção; a continuidade, assegurada pelo laço da *praxis*, permite que essa mesma atividade mimética opere a transposição metafórica do campo ético para o campo poético, o que pressupõe que o *mythos* se liga a um referência externa ou, como diz Ricœur, uma referência a montante e outra a jusante da configuração poética. Este conceito hermenêutico de tríplice mimese é imprescindível para escorar a mediação entre tempo e narrativa e para armar a crítica às teorias semióticas do texto, que se concentram exclusivamente sobre a mimese dita de nível II. Contrariamente ao teorizado pelos estruturalistas franceses, Ricœur defende uma hermenêutica que contemple o texto literário não apenas como uma estrutura ou objeto abstrato isolado e reduzido às suas leis internas, mas como um objeto situado, com o campo real ou ético da *praxis* a montante (mimese I) e o campo da receção a jusante (mimese III), já que só construindo uma relação entre os três modos miméticos se pode constituir a ponte entre a vida, a ação, o sofrimento e a narrativa: «*C'est, en revanche, la tâche de l'herméneutique de reconstruire l'ensemble des opérations par lesquelles une œuvre s'enlève sur le fond opaque du vivre, de l'agir et du souffrir, pour être donnée par un auteur à un lecteur qui la reçoit et ainsi change son agir*»[9].

Neste processo hermenêutico, um dos conceitos chave que Ricœur trabalha, a partir da *Poética* aristotélica, é o de *katharsis*. Este permite ao filósofo francês fazer a desejada ponte entre a ação imanente ao drama e o mundo *praxístico* do espetador, que levará à fundação da referida *mimesis* III e contribuirá de forma decisiva para a estética da receção, um dos pilares da hermenêutica ricœuriana.

Isto porque Ricœur, a partir do estudo de Lallot e Dupont-Roc[10], entende a catarse como uma purificação ou depuração que tem no espetador a sua meta e que consiste em fazer derivar do temor e da compaixão o "prazer próprio" da tragédia, que é não um sentimento de pena, mas de prazer. A *katharsis* transforma em prazer estético a dor inerente a estas emoções, substituindo a pena pelo prazer. Esta reação subjetiva é, em primeiro lugar, produzida ao nível intratextual, sendo construída no e pelo *mythos*. A primeira depuração reside na própria construção poética, visto que a representação poética das emoções resulta da própria composição[11]. Note-se, todavia, que a depuração

---

[9] IDEM - *Ibidem*., p. 107.

[10] DUPONT-ROC, R.; J. LALLOT, J. - *Aristotle*. La Poétique. Paris: Seuil, 1980.

[11] A propósito, Baptista Pereira comenta que «a *katharsis* não é menos fictícia que a *mimesis* e o *mythos*, pois é a compreensão sentida da fábula, que purifica as paixões» (PEREIRA, M. B. - Narração e Transcendência. *Humanitas* 45, Coimbra: 1993, p. 430).

intratextual não é a dos caracteres, mas a da ação, identificável com a síntese das ações. O esqueleto da ação deve reunir as condições necessárias para transformar a compaixão e o temor do espetador em prazer. A dialética interior exterior atinge, então, o seu clímax na catarse, enquanto é sentida pelo espetador e está implicada no próprio drama. Nesse caso, podemos falar de um duplo processo de catarse: uma catarse interna ao texto que é condição de possibilidade de uma segunda catarse externa ao texto, porque implica as emoções dos espectadores. Para Klimis[12], esta passagem da *katharsis* intratextual à extratextual acontece por intermédio da reflexão do público, ou seja, por meio da interpretação. O espetador só pode participar na catarse imanente ao texto através de um processo exegético, que o leva a assimilar e a fruir um prazer estético possibilitado pela estrutura textual.

Relativamente à tese de Ricœur, podemos sintetizar dizendo que consiste em fazer derivar da aprendizagem, bem como do temor e da compaixão, o prazer próprio da tragédia que se faz sentir nos espetadores.

Para que a tese da articulação entre tempo e narrativa, defendida por Ricœur, fosse viável, este teve de alargar a matriz genológica do conceito aristotélico de tragédia, constituída pelo ternário *mimesis-mythos-katharsis*, à narrativa na sua dupla vertente histórica e ficcional, que incluem géneros literários muito distantes da tragédia ou da comédia grega e da cultura clássica. Para isso o filósofo teve de transgredir os limites do uso aristotélico de *mimesis* e de *mythos*, os quais excluíam todas as formas não-verbais e não-métricas de imitar, inclusive, a narração ou epopeia, elegendo o drama como única arte válida para a mimese de ações humanas e destacando a tragédia como forma dramática maior. A estratégia do filósofo francês consistiu, então, na libertação dos conceitos de *mimesis* e de *mythos* das constrições aristotélicas e na instauração do *mythos* como estrutura comum

---

[12] KLIMIS, S. - *Le statut du mythe dans la Poétique d'Aristote*. Bruxelles: Ousia, 1997, p. 141.

à narração e ao drama. De facto, também o Estagirita o reconhecia, Homero compõe as suas epopeias como o poeta trágico ou cómico compõe os seus dramas, através do agenciamento dos factos. Esta afirmação é um ponto de partida credível para a operação estratégica de P. Ricœur de elevar a narração a um metagénero. A tarefa atinge o seu auge quando o filósofo francês descobre e fixa o parentesco que o *mythos* instaura entre narração e drama, como estrutura comum aos dois modos. Desta forma, eleva a atividade ordenadora e configuradora do *mythos*, considerado pivô do ternário da *Poética*, à categoria de compreensão narrativa e de inteligibilidade própria da narração, entendida como concordância discordante, ordenação, encadeamento ou ainda síntese do heterogéneo[13].

História e Memória

Platão e Aristóteles surgem novamente na obra de Paul Ricœur, em *Temps et Récit III*, aquando da construção filosófico-epistemológica do conceito fundamental de representância, pivô essencial da dialética história e ficção.

A noção de *représentance* integra-se na economia do pensamento ricœuriano para dar conta da especificidade ontológica do "real" passado que é visado pela ciência histórica e relaciona-se diretamente com a questão ontológica do traço ou vestígio, enquanto sinal e efeito. O traço deixado pelo passado tem uma função de representância porque "está no lugar de", podendo dizer-se também que ocupa uma função de *lugar-tenência*. A expressão "lugar-tenência", equivalente à de representância, assinala a particularidade de uma referência indireta, própria de um conhecimento que se faz através

---

[13] Cf. PRICŒUR, P. - *Leituras* 2. São Paulo: Loyola, 1992, p. 336-339 («Uma retomada da Poética de Aristóteles»).

de traços, e distingue a referência da história ao passado de qualquer outro modo referencial.

O principal objetivo de Ricœur é explicar o enigma e o valor mimético do *traço* que exerce uma função de representância ou de lugar-tenência. Que consistência ontológica tem o rasto do passado, enquanto revelador de algo que existiu mas já não existe e que, de modo algum, se pode confundir com o objeto para o qual remete? Que diferença existe entre algo que ocorreu e já não existe e algo que nunca ocorreu? São estas as questões que guiam a reflexão do autor francês. De forma original, opta por analisar este enigma da "realidade" do passado a partir da dialética instaurada por Platão, no *Sofista* (254 b-259 d), entre os grandes géneros do *Mesmo* e do *Outro*, aos quais acrescenta o do *Análogo*. Apesar de o género do Análogo não vir contemplado nas listas platónicas dos "grandes géneros", ele surge na *Retórica* de Aristóteles a título de *metáfora proporcional*, apelidada de *analogia*. Para se precaver contra possíveis objeções que acusem a sua estratégia de ser artificial, Ricœur tem o cuidado de fundamentar cada um destes géneros com conceituadas teorias da filosofia da história. A passagem de uma teoria a outra revelará a impotência de cada uma para resolver *per se* o enigma da representância, mas o autor está convencido de que «nós dizemos qualquer coisa com sentido acerca do passado pensando-o sucessivamente sob o signo do Mesmo, do Outro e do Análogo»[14].

Uma releitura significativa das filosofias platónica e aristotélica encontramo-la nas reflexões que Ricœur dedica, em *La mémoire, l'histoire, l'oubli*, ao conceito de memória.

O autor francês começa por nos relembrar que dos gregos herdámos a ideia de recordação como imagem (*eikon*) do passado, e que imaginação e memória têm em comum a *presença de uma ausência*. Recapitulemos, em traços gerais, os textos e os argumentos em que se baseia Ricœur.

---

[14] RICŒUR, P. - *Temps et Récit III: Le temps raconté.* Paris: Seuil, 1985, p. 255.

O conceito iconográfico de memória, inerente à problemática platónica do *eikon*, é retirado dos diálogos *Teeteto*[15] e *O Sofista*[16]. Estes deambulam em torno de questões por vezes muito intrincadas e difíceis de seguir como a sofística e a possibilidade do erro, remetendo daí para a relação entre saber, imagem e memória.

No *Teeteto* (163d), para refutar a tese segundo a qual o "saber não é outra coisa que não percepção", Sócrates pergunta ao seu interlocutor se aquilo que aprendemos algum dia e retemos na memória - portanto, algo que não é percecionado no presente - podemos não o saber no momento em que o recordamos. A questão agudiza-se quando Sócrates, fazendo de advogado de Protágoras, refuta-se a si próprio objetando que a recordação presente que um indivíduo tem de algo que o afetou é uma afeção não semelhante ao que o afetou no passado. Este tipo de raciocínio ardiloso, assente na categoria da semelhança, abre portas ao enigma que afeta tanto a memória como a imaginação, o de serem representações presentes de algo ausente. Todavia, por aqui, o enigma da presença do ausente aparece confinado à erística do não-saber e do saber. É para justificar a possibilidade, inicialmente excluída, de se poder confundir algo que se sabe com algo que não se sabe, resultando daí um engano, que Sócrates propõe a famosa metáfora do bloco de cera (191c-191e). Supõe-se que nas nossas almas há um bloco de cera, prenda da deusa Memória, *Mnemosyne*, aos homens. Sempre que queremos recordar algo do que vimos, ouvimos ou pensámos, gravamos as impressões dessas sensações ou pensamentos no bloco de cera, como se imprimíssemos um sinete. Ora, esta metáfora tem a particularidade de conjugar as duas problemáticas da memória e do esquecimento, pois, diz-se, aquilo que ficou impresso pode ser recordado e sabido enquanto a

---

[15] PLATÃO – *Teeteto*. Trad. de Adriana Manuela Nogueira. Lisboa: Fundação Calouste Gulbenkian, 2008.

[16] PLATON - *Le Sophiste*. Texte établi et trad. par Auguste Diès. Paris: Les Belles Lettres, 1994.

sua imagem (*eidolon*) perdurar; já o que é apagado ou não pode ser impresso esquece-se e não se sabe. A partir daqui Sócrates desenvolve uma subtil e labiríntica tipologia de todas as combinações possíveis entre a sensação (atual) e o saber (passado), proveniente da impressão, e depois uma outra tipologia, desta feita relativa às ceras, para ilustrar as boas e as más memórias. Deste modo, o filósofo consegue convencer o seu interlocutor, Teeteto, de que existem opiniões falsas e opiniões verdadeiras, e que a opinião falsa não reside no domínio das sensações, nas suas mútuas relações, nem no dos pensamentos, mas no desajuste da sensação com pensamento (195c-d). O erro ou a opinião falsa é uma "*hamartia*", é o falhanço do alvo; ocorre quando a sensação não acerta na impressão correspondente. A opinião verdadeira ocorre quando a impressão se ajusta à sensação atual. O que está, pois, aqui em causa não é o estatuto da memória mas o estatuto da opinião falsa, decorrente do equívoco. A alegoria seguinte, a das aves do pombal (197), vai ao encontro da mesma questão; apenas põe o acento já não no caráter passivo da impressão mas no poder ativo do saber. O equívoco não ocorre sob a forma do desajuste mas da apreensão falhada, da falácia. Não obstante, perdeu-se de vista o elemento que nos poderia ajudar a aprofundar uma fenomenologia da memória, isto é, a sua dimensão imagética ou icónica e o enigma da presença do ausente. É a esta matéria que *O Sofista* nos reconduz.

O ambiente filosófico e a temática abordada são próximos do *Teeteto*. O debate em torno da definição do sofista e da arte sofística leva à associação da imagem e da memória com as mesmas problemáticas do erro e do não-ser. O texto chave onde Platão distingue na arte da imitação (dita *mimetikê*) a verdade da falsidade começa no número 234. Aí diz-se do sofista que é um imitador do ser e da verdade, alguém que cria «imitações» (*mimemata*) e «homónimos» (*homonuma*) das realidades. Deixamos as imagens impressas na cera do *Teeteto* e encontramos um outro tipo de imagens: as verbais, ditas ficções faladas (*eidola legomena*), com que o sofista, apesar de não possuir um saber universal, pode dar-

-se ares de omnisciente e contradizer tudo e todos, fazendo crer que é verdadeiro o que é falso e dando ser ao que, em princípio, se julgava não o ter. Desta técnica mimética - que engloba indiscriminadamente a imitação e a magia, e que consiste na arte de produção de imagens (*eidolopoiiken tekhnen*), arte esta por sua vez divisível na arte da cópia (em grego *eikastikên*) e na arte do simulacro (*phantastikên*), opondo-se *eikon* (cópia fiel) a *phantasma* (cópia imprecisa) – desta técnica decorre o busílis da questão: parecer sem ser e dizer alguma coisa que não é verdadeira supõe que o não-ser é, pois só há erro se considerarmos a existência daquilo que não é. Platão começa por se interrogar acerca da definição de imagem (*eidolon*). A resposta apresenta a imagem como um segundo objeto parecido, copiado a partir de um verdadeiro (240a). Mas o que significa outro, parecido e copiado? O que se parece é realmente um irreal não-ser? (240b). As várias tentativas de resposta acabam por meter no mesmo saco da ilusão (*apate*) o *eidolon*, o *eikon* e a *phantasia*, reduzindo qualquer informação imagética ou iconográfica a um mesmo estatuto de falsidade.

Tendo como pano de fundo a erística e a dialética dos diálogos platónicos, Aristóteles concebe um belíssimo tratado *Sobre a memória e a reminiscência* (*Peri mnemes kai anamneseos*), que se integra num grupo de nove pequenos tratados conhecidos pelo título latino de *Parva Naturalia*[17]. Memória e reminiscência, os dois termos que formam o título, distinguem-se. *Mneme* refere a simples presença da lembrança no espírito; *anamnesis* diz respeito à recordação enquanto esforço de procura. O Estagirita começa por afirmar algo fundamental que Platão não teve em consideração: a memória é do passado (449b 15). Toda a lembrança é acompanhada pela noção de tempo. Por conseguinte, só os seres que têm noção do tempo, ou seja, que sabem distinguir o antes e o depois, só estes possuem memória.

---

[17] ARISTOTE - *Parua Naturalia*. Texte établi et traduit par R. Mugnier. Paris: Les Belles Lettres, 1953.

O segundo grande contributo da reflexão aristotélica é a enunciação do enigma que afeta a memória e a imaginação. Como é possível, estando a impressão presente mas o objeto ausente, lembrar-se do que não está presente? - indaga o filósofo grego. Inspirado na metáfora do bloco de cera, do mestre Platão, o peripatético defende que a impressão produzida pela sensação na alma e na parte do corpo que possui a sensação é como uma espécie de pintura, cuja posse constitui a memória. O movimento produzido pela sensação que deixa no espírito uma impressão (*tupos*) é comparado ao movimento que marca no lacre o sinete. Divergindo de Platão, Aristóteles não confina a impressão à alma, mas, associando a alma ao corpo, elabora sobre esta base uma rápida tipologia dos vários efeitos físicos das impressões. E vai mais longe na sua metáfora, ao questionar o objeto da nossa lembrança: de que nos lembramos, da impressão ou da coisa ausente da qual procede? Se nos lembramos da impressão não é de uma coisa ausente que nos lembramos; se é da coisa, como é que contemplando a impressão, podemos nós lembrarmo-nos da coisa ausente da qual não estamos a ter sensação. Por outras palavras, como é possível, contemplando uma imagem, lembrar-se de uma coisa distinta dessa imagem? A solução a esta aporia vem com a introdução da categoria da alteridade, herdada da dialética platónica. Esta via é franqueada pela associação que Aristóteles estabelece entre a impressão e a noção de desenho ou inscrição (*graphe*). É próprio do desenho e da inscrição comportar uma referência ao outro; ao outro que não a impressão enquanto tal. O ausente é como o outro da presença. O autor justifica a sua teoria com um exemplo ilustrativo: um animal pintado num quadro é ao mesmo tempo um animal e uma cópia e, sendo simultaneamente uma coisa e a outra, ele é as duas coisas. Logo, a imagem pintada em nós é qualquer coisa que existe por si e é, ao mesmo tempo, representação de outra coisa. Enquanto a consideramos em si mesma, ela é uma representação ou imagem (*phantasma*), mas enquanto é relativa a um outro objeto, é uma cópia (*eikon*) e uma recordação (*mnemoneuma*).

O segundo capítulo do tratado aristotélico é consagrado à reminiscência. A distinção entre memória e reminiscência, entre *mneme* e *anamnesis*, assenta em duas características: por um lado, a simples recordação sobrevém como uma afeção, ao passo que a reminiscência consiste numa procura ativa, um esforço de recordação; por outro, a simples recordação está sob o domínio do agente da impressão, ao passo que os movimentos da reminiscência são desencadeados pelo próprio sujeito que procura recordar-se. Apesar deste contraste, os dois conceitos têm em comum a distância temporal. O ato de recordação só acontece depois de decorrido algum tempo entre o próprio ato presente e o momento em que a impressão ficou registada na mente. Nesse sentido, o tempo é o alvo comum da memória-paixão e da recordação-ação. A noção de distância temporal é inerente à essência da memória e marca a fronteira entre memória e imaginação.

Aristóteles diz ainda que a memória é uma característica que alguns animais também possuem, mas a reminiscência é exclusiva do homem, porque ela é uma espécie de silogismo, dependente de um querer, e só os seres que possuem a faculdade volitiva podem desejar recuar no tempo e, por associação de ideias, encontrar na memória a imagem (*phantasma*) que procuram. Para além disso podem calcular distâncias e lapsos temporais. Outra das novidades de Aristóteles foi ter envolvido a componente somática neste processo, afirmando que a afeção reside num órgão corporal. Que a memória depende do corpo é provado pela influência da idade sobre a própria memória.

Este tratado de Aristóteles repercutiu-se em muitos estudos posteriores, inclusivamente atuais, sobre a fenomenologia da memória, desde o associacionismo dos empiristas ingleses ao conceito de "esforço de recordação" em *Matière et mémoire*, que Bergson foi beber a Aristóteles.

Paul Ricœur, em *La mémoire, l'histoire, l'oubli*[18], valoriza acima de tudo a distinção entre *mneme* e *anamnesis*, na medida em que ela

---

[18] RICŒUR, P. - *La mémoire, l'histoire, l'oubli*. Paris: Seuil, 2000.

preserva um espaço de discussão digno da aporia fundamental que *Teeteto* já tinha posto a descoberto: a da presença do ausente - aporia esta que se reflete ao longo de toda a obra de Ricœur, sendo ponto de partida e de chegada de toda a reflexão em torno de memória e história. O aspeto mais positivo do tratado de Aristóteles foi ter feito da referência temporal a nota distintiva da lembrança no campo da imaginação. Com a lembrança, o ausente transporta a marca temporal da anterioridade. Todavia, a escolha da categoria do *eikon*, que traduzimos por cópia, para núcleo de discussão, associado a *typos*, que traduzimos por impressão, gera alguns embaraços de difícil resolução, de que nos dá conta Ricœur. Por um lado, há o problema de saber que tipo de relação existe entre a imagem-lembrança e a primeira impressão, uma é cópia da outra? Platão, tomando como alvo o dolo a que se presta este tipo de relação, tentou resolver o problema n'*O Sofista* com a distinção entre duas artes miméticas: a arte fantasmática é enganadora por natureza; a arte "eikástica" é suscetível de veracidade. Aristóteles parece ignorar os riscos de erro e de ilusão resultantes da conceção do *eikon* como cópia, não atacando os graus de fiabilidade da memória. Em segundo lugar, a feliz introdução da categoria da alteridade no seio da relação entre o *eikon*, reinterpretado como inscrição, e a afeção inicial, com o intuito de resolver o enigma da dupla intencionalidade da imagem, deixa por explicitar a relação que existe entre a causa exterior - o movimento que dá origem à impressão – e a afeção inicial visada pela e na lembrança.

Já o conceito de *amamnesis* merece de Ricœur o mais vivo interesse, porquanto com este vocábulo Aristóteles oferece uma primeira descrição razoável do fenómeno mnemónico da reminiscência, o qual se distingue da simples evocação de uma lembrança no espírito. Ricœur diz que lembrar-se não é apenas acolher ou receber uma imagem do passado, é também procurá-la. Ou seja, para além da sua dimensão cognitiva ou epistémica que é a operação de *re*conhecimento, a memória tem uma dimensão prática de pesquisa (*zetesis*), que provém do seu uso ou exercício. Na atividade de lembrar-se, estas duas facetas atuam em conjunto, atividade que o autor francês designa de rememoração.

Podemos, pois, dizer, na senda de Ricœur, que a filosofia ocidental herdou dos gregos e das suas variações em torno de *eikon* a ideia da lembrança como uma imagem do passado. Esta ideia, que não cessou de perseguir a fenomenologia platónica e aristotélica da memória, reaparece em força na obra do próprio Ricœur, a propósito da representação histórica do passado. O enigma da memória, enquanto imagem presente de algo ausente, enquanto imagem em si e representação de outra coisa, reflete-se na história, também ela imagem verbal de algo acontecido antes, também ela em si mesma uma coisa e a representação de outra ausente. A história é ao mesmo tempo inscrição atual e signo do seu outro, é um "motor de busca" que procura incessantemente o que Michel de Certeau[19] chama o "ausente da história", a saber, a recordação reconhecida como passado. Este enigma, que marca toda a reflexão ricœuriana em torno de história e ficção e história e verdade, provoca a criação do conceito nuclear de representância ou lugar-tenência. A noção, ainda que não totalmente isenta de aporias, chega para nos dar conta de uma história que, sob o modo indireto do estar-em-vez-de e analógico-metafórico do ser-como, que exclui qualquer teoria positivista de reduplicação fiel do passado, tende para um *passado* realmente acontecido, ausente fisicamente, mas *presente* nos *traços* e *testemunhos* deixados (a que chamamos memória arquivada), entretanto tornados provas documentais, que conferem à história uma tónica científica e realista, inalcançável por qualquer tipo de literatura ficcional, mesmo a mais realista.

Curiosamente, Ricœur chega a esta tese maior da sua obra sob o signo do mito platónico. O mito de Teuth surge no diálogo entre Sócrates e Fedro, nome que dá título à obra[20].

---

[19] CERTEAU, M. - *L'écriture de l'histoire*. Paris: Gallimard, 1975.

[20] PLATÃO – *Fedro*. Iintr., trad. e notas de José Ribeiro Ferreira. Lisboa: Edições 70, 1997.

A história inventada por Platão põe em cena a divindade egípcia de nome Teuth diante do rei do Egipto dessa altura, de seu nome Tamos, para lhe oferecer uma das suas muitas criações: a escrita. Acompanha a sua oferta com o seguinte discurso, espécie de cartão-de-visita: «Este é um ramo do conhecimento, ó rei, que tornará os Egípcios mais sábios e de melhor memória. Está pois descoberto o remédio da memória e da sabedoria» (274e). O rei, não partilhando o mesmo entusiasmo de Teuth, confronta-o com este intrigante comentário:

> Essa descoberta [a escrita] provocará nas almas o esquecimento de quanto se aprende, devido à falta de exercício da memória, porque, confiados na escrita, é do exterior, por meio de sinais estranhos, e não de dentro, graças a esforço próprio, que obterão as recordações. Por conseguinte, não descobriste um remédio para a memória, mas para a recordação. Aos estudiosos oferece a aparência da sabedoria e não a verdade, já que, recebendo, graças a ti, grande quantidade de conhecimentos, sem necessidade de instrução, considerar-se-ão muito sabedores, quando são ignorantes na sua maior parte e, além disso, de trato difícil, por terem a aparência de sábios e não o serem verdadeiramente. (275a)

A crítica parece incongruente, na medida em que o próprio Platão recorre à escrita para registar e legar à posteridade os seus diálogos filosóficos, porém, a censura deve ser lida à luz da problemática em causa e do contexto. A ironia visa em primeiro lugar os discursos escritos dos oradores, em particular os de Lísias. A escrita é vista como simulacro ou ilusão da verdade, não abonando em favor da sabedoria. Para além disso, salienta-se outros defeitos da fixação por escrito: o texto nada sabe, pois quem sabe é o sujeito que escreve e lê; o texto é um ente permanente, não tem capacidade de resposta; e ainda favorece o comodismo e a preguiça, pois não permite o exercício da memória. A verdadeira sabedoria não provém dos discursos escritos, porque o verdadeiro saber deve estar enraizado na mente e provir do raciocínio daquele que, questionando-se, chega à luz do conhecimento por si próprio. Tenhamos presente que Sócrates nada escreveu e apoiou-se apenas na oralidade para transmitir e dar à luz conhecimento. Finalmente, reitera-se a ideia do discurso escrito como uma imagem, no sentido pejorativo que Platão lhe atribui, ou seja, réplica daquele outro discurso vivo e animado que vive na mente do homem sábio. Esse, diz-se, «é capaz de se defender a si próprio e sabe falar e ficar silencioso diante de quem convém» (276a).

Ricœur faz um aproveitamento muito oportuno deste mito sobre o nascimento mítico da escrita da história, genitivo que ele considera legítimo, a partir do momento em que o mito tem como escopo o destino da memória[21]. Em boa verdade, a invenção da escrita é apresentada como uma ameaça contra a memória verdadeira e autêntica. Daí que o filósofo francês considere que o mito concerne o debate entre memória e história. Confessa que o que mais o fascinou no mito é a ambiguidade do *pharmakon*, o remédio oferecido pelo deus ao rei, pois também acerca da escrita da história nos podemos interrogar se é remédio ou veneno. Esta pergunta guiará a investigação do autor ao longo de *La mémoire, l'histoire, l'oubli*, particularmente, as secções relativas à escrita da história e à hermenêutica da consciência histórica. Ora, para Ricœur, a memória é a matriz da história, não só porque dela herdou as aporias e embaraços que têm que ver com a sua faceta representativa e iconográfica, mas porque a história parte sempre dos documentos e dos indícios que constituem a memória arquivada. Exige-se da história um trabalho crítico e uma ambição científica inacessível à memória. Por sua vez, a memória é capaz desse pequeno milagre que é o reconhecimento da realidade gravada na imagem-recordação. Daí que ela deva aspirar a um regime de verdade a que chamamos fidelidade ao passado. Não temos melhor

---

[21] RICŒUR, P. - *La mémoire, l'histoire, l'oubli*. Paris: Seuil, 2000, p. 175-180.

que a memória que nos garanta a ocorrência de algo no passado. Porque a história não goza deste privilégio que assiste a memória, o seu enigma de representação revela outros contornos e as suas construções complexas só podem ambicionar ser reconstruções, se quiser cumprir o pacto de verdade que tem com o leitor. É por isso que a história não pode emancipar-se totalmente da memória. Mas se a memória é a sua matriz, cabe à história dominá-la, regulá-la, iluminá-la e traduzir-lhe o sentido.

Reler Tucídides à luz de Paul Ricœur: a perenidade da historiografia clássica

Une étude d'épistémologie historique peut se nourrir exclusivement de quelques miettes tombées de la table d'Aristote et de Thucydide[22].

Esta epígrafe, colhida na obra de Paul de Veyne, serviu de mote para o nosso trabalho de investigação doutoral[23]. A vontade de testar a veracidade desta afirmação levou-nos a estender uma ponte entre o historiador grego do século V a. C. e um dos mais produtivos e influentes filósofos da história da nossa era. Mas as palavras de incentivo não nos chegaram apenas de Paul de Veyne.

Neste caminho, somos precedidos em determinados aspectos pela análise ousada de Virginia Hunter: «*Past and Process in Herodotus and Thucydides*»[24]. A helenista descobre interessantes e curiosas afinidades entre Heródoto e Tucídides e a história total, económico-

---

[22] VEYNE, P. - *Comment on écrit l'histoire*. Paris: Seuil, 1971, p. 47.

[23] SOARES, M. - *História e Ficção em Paul Ricœur e Tucídides*. Porto: Fundação Eng. António de Almeida, 2014.

[24] HUNTER, V. - *Past and process in Herodotus and Thucydides*. Princeton/New Jersey: Princeton University Press, 1982, p. 237-264.

-social, estrutural, praticada por Braudel, Febvre, e a generalidade da escola dos *Annales* na primeira metade do século XX. Recorrendo às práticas historiográficas destes historiadores contemporâneos, Hunter, reconhecendo as diferenças paradigmáticas, descobre alguns paralelismos possíveis no processo historiográfico de Heródoto e Tucídides, nomeadamente ao nível da totalidade do objeto histórico, da interrelação entre as várias estruturas e a estratificação temporal. De facto, Virgínia Hunter reforça o valor e a pertinência de um confronto entre a historiografia do passado (Heródoto e Tucídides) e a do presente, sem receio de ler a do passado com uma grelha de conceitos e teorias do presente, impossíveis na cena clássica: «*It is reasonable [...] that as contemporary historians become more conscious of their methodology, one might, in the same spirit, begin to consider the analogous intellectual and critical tools of the first historians*[25]. A própria define como uma especificidade do seu estudo a análise das histórias de Heródoto e Tucídides com «conceitos retirados da historiografia contemporânea e da metodologia das ciências sociais»[26].

A crítica de Moses Finley à estreiteza de horizontes com que por vezes os classicistas abordam a historiografia clássica, munidos apenas dos rudimentares instrumentos de análise que aprenderam na escola, foi também para nós um estimulante aguilhão[27]. Um estudo sério das questões metodológicas e epistemológicas implícitas na obra de Tucídides exige conhecimentos específicos e abrangentes de epistemologia histórica.

Por estas razões, acreditamos que a escolha do interlocutor para Tucídides não podia ter sido mais acertada. Ricœur é um guia seguro e completo, que convoca às suas reflexões a quase totalidade das perspetivas epistemológicas que ao longo do século XX entraram no

---

[25] IDEM - *Ibidem*., p. 3.
[26] IDEM - *Ibidem*., p. 3
[27] FINLEY, M. I. - *Mythe, mémoire, Histoire*. Paris: Flammarion, 1981, p. 138.

debate sobre o objeto e a escrita da história. Foi dele que retirámos o esquema operatório a seguir, particularmente, de *Temps et récit* I e III e de *La mémoire, l'histoire, l'oubli*. Para além das citadas, outras obras como *Histoire et vérité*[28], *Du texte à l'action: Essais d'herméneutique* II[29] e uma extensa série de artigos, onde o autor expõe amplas reflexões com o fito de credibilizar a ciência histórica no campo das Ciências Sociais, forneceram-nos valiosos instrumentos epistemológicos para explorar as forças e as fraquezas da historiografia tucididiana e o seu lugar na história da história.

Objetivamente, tentámos ler a *História da Guerra do Peloponeso*[30], principalmente os capítulos e passagens de teor metodológico e epistemológico, à luz dos estádios da operação historiográfica demarcados por Ricœur. Isso implicou confrontar a *História* de Tucídides, ao nível da prefiguração, com as meditações ricœurianas sobre testemunhos, indícios e provas documentais; ao nível da configuração narrativa, com os conceitos ricœurianos de explicação, acontecimento e tempo; no plano da refiguração ou *mimesis* III, onde a convergência entre os autores é surpreendente e onde sobressai mais a dialética história e ficção, falámos de artifícios retóricos e do poder iconográfico e persuasivo da narrativa histórica tucididiana. À imagem do que fizemos na primeira parte do estudo, dedicado a Ricœur, a segunda parte, consagrada ao historiador ateniense, é inaugurada com o mesmo tema de história e verdade, desta feita, aplicado a Tucídides, enquadrando aí algumas reflexões sobre o modo como o autor da *História da Guerra do Peloponeso* articula subjetividade e objetividade, arte e ciência. Ricœur, ele mesmo, dá o mote, ao referir-se a Tucídides como

---

[28] RICŒUR, P. - *Histoire et Vérité*. 2ª ed. Paris: Seuil, 1964.

[29] RICŒUR, P. - *Du texte à l'action: Essais d'herméneutique* II. Paris: Seuil, 1986.

[30] THUCYDIDES - *The Peloponnesian War*. Trad. Martin Hammond Oxford: Oxford University Press, 2009. TUCÍDIDES - *Historia de la Guerra del Peloponeso*. trad. Francisco Romero Cruz Madrid: Catedra, 2005. THUCYDIDE - *La Guerre du Péloponnèse*. Texte établi et traduit par Jacqueline de Romilly. Paris: Les Belles Lettres, 2009. TUCÍDIDES - *História da Guerra do Peloponeso*. Lisboa: Fundação Calouste Gulbenkian, 2010.

mestre da verdade, expressão que colhe em François Dosse[31]. Em *La Mémoire, l'histoire, l'oubli*, o filósofo francês, referindo-se à estrutura da obra de Dosse, assina a seguinte nota de rodapé: «*La problématique de la vérité commence moins par Hérodote, le premier histor, que par Thucydide et son "culte du vrai"*»[32]. A preocupação com a verdade é o fio condutor que nos permite aproximar Tucídides de Ricœur – o pensador contemporâneo que mais terá investido na defesa e procura filosófica da verdade historiográfica, esforçando-se por salvar a história do aluvião relativista que a ameaça submergir.

Esta ponte intelectual, a ligar vinte e cinco séculos, vem comprovar, uma vez mais, a perenidade da Cultura Clássica, mesmo em matérias que alguns julgam radicalmente modernas. Em boa verdade, muitos dos temas de cariz historiográfico sobre os quais se debruça Ricœur pulsam já nos capítulos metodológicos da obra de Tucídides. Foi nosso intuito demonstrar que as grandes questões com que se debateu nas últimas décadas a epistemologia da história, que vimos repercutidas na vasta obra de Paul Ricœur, figuram já de forma embrionária na obra do historiador grego. Tanto assim é que a reflexão epistemológica do século XX não deixou de trazer ao debate a obra do historiador ateniense, tendo o seu próprio trabalho sido avaliado de acordo com as tendências historiográficas do momento[33]. Só assim foi possível

---

[31] DOSSE, F. - *L'histoire*. Paris: Armand Colin, 2000.

[32] RICŒUR, P. - *La mémoire, l'histoire, l'oubli*. Paris: Seuil, 2000, p. 168, n. 2.

[33] Rusten, na introdução à compilação que reúne alguns dos mais significativos ensaios sobre Tucídides (RUSTEN J. ed. lit., - *Oxford Readings in Classical Studies*. Oxford: Oxford University Press, 2009), passa em revista a receção da obra do historiador ateniense ao longo dos séculos, e é curioso verificar como esta é alvo das mais variadas e controversas leituras, sobretudo no século XX. O valor e a qualidade do trabalho de Tucídides varia consoante o enfoque e consoante a evolução que a própria historiografia foi alcançando. Digamos que os estudos que se foram produzindo são tão complexos e tão controversos quanto a sua própria obra. No Renascimento foi exaltado como modelo de Retórica. Nos séculos XVIII e XIX, foi eleito por Hume, Kant, Niebuhr e Ranke o único historiador antigo digno de imitação. Foi traduzido por Lorenzo Valla no Renascimento e Thomas Hobbes, em 1629, expressa a sua admiração pelo historiador e pelo escritor, assinando a primeira tradução para inglês da *História da Guerra do Peloponeso* e transportando para o seu Leviathan algumas marcas tucididianas.

falar de um Tucídides positivista, de um Tucídides "mythistoricus" e até de um Tucídides post-modernista[34].

Embora seja abusivo e completamente anacrónico falar de um Tucídides "post-modernista" (no sentido de crítico da história científica), não há dúvida que depois das reflexões de Hayden White[35] e Roland Barthes[36], de Certeau[37] e de Ginzburg[38] e, principalmente, de Ricœur sobre a escrita da história, temos o direito de lançar um olhar renovado sobre a obra de Tucídides e ser muito mais contemporizadores com a subjetividade, a parcialidade, a retórica e a construção artística da narrativa tucididiana[39]. Não há mais lugar para uma crítica positivista assente na distinção entre análise e síntese, ainda que a Tucídides falte de forma evidente qualquer tipo de crítica interna ou externa de fontes e esteja muito arredado da erudição que a partir dos séculos XV, XVI e XVII, com a rutura operada pela invenção da crítica de fontes de Lorenzo Valla e a disciplina *diplomática* de Mabillon, haveria de conduzir à elaboração do rigoroso método *científico* de finais do século XIX[40]. A maior novidade do *linguistic turn*, na segunda metade do século XX, foi a de ter chamado a atenção para o facto de

---

[34] CONNOR, W. R. - A Post-Modernist Thucydides? In RUSTEN, J. - *op. cit.*, p. 29-43.

[35] WHITE, H. - *The Historical Imagination in XIXth Century Europe*. Baltimore/London: The Johns Hopkins University Press, 1973. IDEM - *Tropics of Discourse: essays in a cultural criticism*. Baltimore/London: The Johns Hopkins University Press, 1985.

[36] BARTHES, R. - *Le Bruissement de la langue*. Paris: Seuil, 1984.

[37] CERTEAU, M. - *L'écriture de l'histoire*. Paris: Gallimard, 1975.

[38] GINZBURG, C. - Traces. Racines d'un paradigme indiciaire. In IDEM - *Mythes, emblèmes, traces, morphologie et Histoire*. Paris: Flammarion, 1989. GINZBURG, C. - *History, rhetoric, and proof*. Hanover [etc.]: University Press of New England, 1999.

[39] «*An increasing sophistication on the part of historians about the literary nature and moral implications of their craft may have made it more difficult to accept uncritically the old clichés about 'letting the facts speak for themselves', 'the value of objectivity', and writing 'wie es eigentlich gewesen'. Surely new tendencies in literary criticism have also had their effect*» (CONNOR, W. R. - *op. cit.*, p. 30).

[40] Sobre a separação entre história e erudição, a influência que esta separação tucididiana teve sobre o desenvolvimento da historiografia e a relação entre a história de Tucídides e a história positivista da Escola Metódica, veja-se o esclarecedor estudo de MOMIGLIANO, A. - *La historiografia griega*. Barcelona: Editorial Crítica, 1984.

toda a obra histórica ser necessariamente relativa, parcial e provisória, porque sempre dependente de um texto e de um contexto, sempre confrontada com outras interpretações e passível de retificações. Como nos informa Ricœur, o historiador está envolvido do princípio ao fim da operação historiográfica, não apenas em termos psicológicos mas também epistémicos; a implicação da interpretação em todas as fases da operação historiográfica comanda o estatuto da verdade em história. Contudo, a interpretação é uma operação epistémica (para Tucídides, era uma operação de confiança na autoridade do historiador); por isso, ela tem como missão esclarecer, clarificar, prestar contas, em suma, estar ao serviço da verdade. Relembramos Prost, quando diz que «a verdade, em história, é o que se consegue provar»[41]; e que o consenso histórico não se encontra do lado das teses hipercríticas ou niilistas, «estabelece-se a meio caminho entre a certeza cientista do início do século [XX] e o relativismo [...] de hoje»[42].

Muitas das questões que Ricœur aborda dizem direta e unicamente respeito aos avatares historiográficos que se desenvolveram na Europa ao longo do século XX, com os quais a história narrativa e político--militar de Tucídides pouco tem que ver – dificilmente a sua história evenemencial seria apreciada por um Braudel e pela escola dos *Annales* em geral. Todavia, muitas outras questões tratadas pelo filósofo francês surgiram com as primeiras histórias ditas sábias, cujos pais, no ocidente, são Heródoto e Tucídides, como o próprio reconhece[43]. Assim, apesar do profundo abismo metodológico e paradigmático

---

[41] PROST, A. - *Douze Leçons sur l'histoire*. Paris: Seuil, 1996, p. 289.

[42] IDEM - *Ibidem.*, p. 287.

[43] Ricœur atribui a paternidade da história sábia a Heródoto e Tucídides, como se pode depreender da seguinte distinção entre a origem da memória e a origem da história: «*Si l'histoire a au plan du savoir un commencement distinct, marqué de noms fameux, Hérodote, Thucydide, voire des sources plus anciennes, ses problèmes majeurs, et, pour le dire d'emblée, ses difficultés, ses embarras lui viennent de plus loin qu'elle, de la mémoire précisément*» (RICŒUR, P. - *Du texte à l'action: Essais d'herméneutique* II. Paris: Seuil, 1986, p. 7).

(no sentido que Kuhn dá ao termo *paradigma* – modo de ver e organizar conhecimento científico), que separa a história dita científica de toda a produção historiográfica anterior, nomeadamente ao nível da crítica das fontes e do rigor conceptual, seria errado fazer tábua rasa de longos séculos de prática histórica, como se a história positivista tivesse partido do zero. Nos séculos de história "pré-científica", Tucídides destaca-se como modelo de rigor, objetividade, imparcialidade, austeridade; levando a que muitos especialistas o considerem o primeiro historiador científico e o coloquem, justamente, em linha direta com a história metódica. Se Heródoto era considerado o pai da história, Tucídides foi considerado o pai da história verdadeira, porque era um mestre da verdade. Foi o primeiro a apresentar um programa metodológico baseado em critérios de rigor e conformidade com os factos, para fundamentar a sua prática histórica. Não admira, pois, que os fundadores da história analítica, metódica ou positivista do século XIX o tenham adotado como figura tutelar[44]. Niebuhr

---

[44] Não admira se pensarmos que a Tucídides foram buscar inspiração teórica. Mas é estranho se pensarmos que Tucídides só achava possível fazer história do tempo presente, devido ao primado da *autopsia* (observação directa dos factos) e os historiadores da Escola Metódica rejeitavam este tipo de história, em favor da história do passado. Hartog manifesta da seguinte forma este paradoxo: «Thucydide, pour qui seule l'histoire contemporaine est faisable, va, de manière paradoxale, être promu au tout premier rang des historiens de l'Antiquité (au XIXe siècle), par des hommes, pour qui l'histoire ne peut se faire qu'au passé: Thucydide historien du présent devient un modèle pour les gens, les historiens "positivistes", qui, par histoire, entendent histoire du passé» (HARTOG, F. - *Le miroir d'Hérodote: essai sur la représentation de l'autre*. Paris: Gallimard, 1980, p. 276). Também é paradoxal que uma Escola que, por esse motivo, dava tanto valor aos arquivos, aos dados linguísticos, às escavações arqueológicas e às averiguações sistemáticas escolha como modelo um historiador que secundarizava ou mesmo dispensava essa erudição, que não era de modo algum uma autoridade no estudo de fontes documentais, uma vez que tinha optado por uma história contemporânea, logo, assente na visão e na memória do historiador, na recolha de testemunhos orais. Há ainda outros factos paradoxais que causam estranheza a Momigliano: «La idealización de Tucídides como el historiador perfecto, en el siglo XIX, marca el momento en el que la historiografía moderna comenzó a crear verdaderamente tipos de investigación histórica desconocidos por el mundo clásico (como historia económica, historia de las religiones y, más allá de ciertos límites, historia cultural)» [*op. cit.*, p. 21]. Por conseguinte, talvez possamos concluir que o que atraiu os modernos em Tucídides foi mesmo a sua paixão pela política e a sua obsessão pela verdade.

admirava-o e Leopold Ranke terá cunhado a divisa "os factos tal como realmente aconteceram" na expressão tucididiana "os factos em si mesmos" (αὐτὰ τὰ ἔργα). Curiosamente, é nesta expressão, citada por Ranke, que se apoia, posteriormente, Ricœur para construir o conceito de representância. Kurt von Fritz defendia insistentemente a continuidade do desenvolvimento histórico e sustentava, contra Wilamowitz e Collingwood, que a história científica tinha começado, de facto, com Tucídides, e que os historiadores modernos podiam receber «lições do seu colega antigo»[45]. Romilly, no seu marcante estudo sobre a racionalidade da narrativa de Tucídides, acredita que a análise dos procedimentos empregues pelo historiador ateniense podem apresentar-se, em certa medida, como um exemplo e uma aplicação para uma época em que a história em geral se vê objeto de uma atenção excecional[46]. E o exemplo que dá Tucídides é o de como um historiador, neste caso «um dos primeiros dignos deste nome» e «um dos maiores», desempenha um papel ativo e construtor na elaboração da história, de como, «a partir dos diversos dados que lhe apresentam as suas pesquisas, consegue elaborar este discurso eminentemente coerente e pessoal que é o seu relato»[47].

Que contém, então, a narrativa de Tucídides (tal como a de Heródoto) que nos faz voltar a ela? Aspetos decisivos do espírito historiador: um tipo de narrativa; um estilo de referência; uma visão de conjunto que parte do reconhecimento da importância da *res gestae*. Entre estas

---

[45] apud HARTOG, F. - *Évidence de l'histoire*. Paris: Gallimard, 2005, p. 100. Opinião contrária tem LORAUX, N. -Thucydide n'est pas un collègue. *Quaderni di storia*. Nº 12 (1980) p. 55-82.

[46] «À une époque où l'histoire en général se trouve l'objet d'une attention exceptionnelle, une telle étude peut donc revêtir un intérêt de plus. Après tant de travaux traitant soit de l'histoire elle-même, en tant que devenir humain, soit de la connaissance qui peut en être prise et de ses limites, l'analyse des procédés employés en fait par un historien comme Thucydide peut se présenter, en quelque sorte, comme un exemple et une application» (ROMILLY, J. - *Histoire et raison chez Thucydide*. Paris: Les Belles Lettres, 1956, p. 10).

[47] IDEM - *Ibidem.*, p. 9.

virtudes há que incluir a distinção crítica entre história e ficção – originalidade da historiografia grega e contributo maior à historiografia.

Em síntese, queremos deixar patente que a medula do espírito historiador atual formou-se na Grécia, no século V a.C. De facto, em Tucídides reconhece-se uma atitude que é original e fundadora, ainda que meramente incoativa: a instituição de uma epistemologia orientada por critérios de verdade, objetividade, imparcialidade; a valorização das ações humanas (políticas e militares); a indagação semiótica ou indiciária do passado a partir de traços arqueológicos, escritos e orais; a atitude crítica para com as provas e a memória; a construção de uma narrativa histórica explicativa e retro-alinhada por ordem cronológica; a distinção entre história e ficção. Daqui nasce o primeiro exemplar de história do tempo presente e político-militar; o que na Antiguidade é o mais exímio conciliador de retórica e história, ciência e arte, objetividade e subjetividade.

O historiador da Guerra do Peloponeso pratica uma disciplina que está dar os primeiros passos como prática na história do pensamento ocidental; um género à procura do seu lugar entre a "ciência" e a literatura (principalmente a retórica, com quem mantém uma relação ambígua). Por um lado, ainda muito presa aos géneros trágico e retórico, onde vai beber os discursos políticos, as técnicas de composição dramática, a força deíctica e ecfrástica, o efeito catártico e persuasivo; por outro lado, um manifesto e veemente desejo de se demarcar destes géneros ficcionais e das *Histórias* de Heródoto: dos seus devaneios fantasiosos - próprios para discurso oral, dos excessos de linguagem e do descuro da verdade. A prosa tucididiana é uma crisálida a tentar evolar-se do casulo da tradição mítica e ficcional urdida por poetas, oradores e logógrafos, a ganhar asas que a levem pelos caminhos mais seguros da objetividade, do rigor, da imparcialidade e da verdade, encontrando na escrita e no racionalismo grego uma poderosa rampa de lançamento. O texto de Tucídides caminha nesta tensão entre a *episteme* grega e a *mimesis* literária; pretende narrar a verdade sob os constrangimentos da exatidão (*akribeia*) e, ao mesmo tempo, moldar-se de tal forma que seja o espelho da própria guerra, a figura do horror. Mas a figura nunca é o objeto. Teria Tucídides consciência desta clivagem? *Mimesis*, para Aristóteles e Ricœur, como vimos, é recriação, reconstrução, representância e não cópia ou imitação. Para Tucídides, a *mimesis* tem como objetivo fazer ver a guerra *tal como* aconteceu. Poderemos sempre especular sobre o sentido da conjunção ὡς (cópia ou reconstrução?), tal como podemos perguntar o mesmo a Leopold Ranke - o historiador positivista que adota a expressão tucididiana como uma espécie de axioma para a história científica. Mas será Tucídides um digno patrono da história científica? O passado não é estanque, a própria escrita do passado não é um produto acabado, está em constante metamorfose e adapta-se às mais variadas incidências interpretativas. Não é esse o valor maior dos gregos, que nós os possamos interpretar constantemente à luz de novos presentes? Só assim se entendem leituras tão díspares como as de Cornford[48] e Cochrane[49], que representam duas tendências antagónicas de posicionamento diante da obra de Tucídides. Todavia, no meio reside uma panóplia complexa e nada consensual de análises e interpretações que transformam a *História da guerra do Peloponeso* numa densa nuvem hermenêutica da qual é impossível sair pacificado.

Por fim, diga-se, em abono da verdade, que Ricœur não consagra nenhuma monografia, capítulo ou mesmo página a Tucídides, mas evoca-o em todas as suas obras e na maioria dos artigos de reflexão histórica. Na maior parte das vezes, nomeia-o em notas de rodapé e por variados motivos: tendência generalizante do seu sistema explicativo, o carácter verosímil (poético) dos discursos ou a função do

---

[48] CORNFORD, F. M. - *Thucydides Mythistoricus*. Philadelphia: University of Pennsylvania Press, 1971.

[49] COCHRANE, C. N. - *Thucydides and the science of history*. London: Oxford University Press, 1929.

histor na Grécia Antiga e a sua relação com o aedo[50]. Em *La mémoire, l'histoire, l'oubli*, Ricœur ensaia mesmo uma explicação para as famosas "lições para sempre da história" (*ktema es aei*), colocando-as no lugar de "estados de coisas". No entanto, não há indícios inequívocos de que Ricœur tivesse um conhecimento direto ou frequente da obra de Tucídides. É muito provável que em tempos, enquanto estudante e apreciador dos Clássicos, tivesse lido a *História da guerra do Peloponeso* e por isso possuísse uma ideia geral do texto. Em todo o caso, ficamos com a sensação de que Ricœur conhece as problemáticas inerentes ao texto do historiador ateniense por intermédio de abordagens de outros autores, nomeadamente, Aron[51], Hartog[52], Dosse[53] e, talvez, Châtelet[54] – intelectuais que dedicam importantes estudos à obra do autor grego e que Ricœur cita amiúde. Em suma, independentemente do largo hiato epistemológico e temporal, com tudo o que isso representa, achámos possível e extremamente profícuo ler a obra de

---

[50] Em *Histoire et Vérité*, Ricœur consagra uma nota a Tucídides onde refere que o tipo de causalidade praticada pelo historiador ateniense é próximo do da ciência física do seu tempo, distanciando-se, nesse particular, de Heródoto (p. 29). O nome de Tucídides surge depois duas vezes em *Temps et Récit I* e uma vez em *Temps et Récit II*. Em *Temps et Récit I* Ricœur declara, num parêntesis, que a *História* de Tucídides contradiz o dito aristotélico de que a história é demasiado episódica para as exigências da *Poética* (p. 288). Na vez seguinte (p. 308), o nome do historiador ateniense aparece atrelado a Paul Veyne, historiador e intelectual francês que cita amiúde o nome de Tucídides na sua obra *Comment on écrit l'histoire*. Em *Temps et Récit II*, a evocação faz-se a propósito do carácter permanente das *ktema* humanas narradas por Tucídides (p. 273, nota 1). Em *La mémoire, l'histoire, l'oubli*, o nome de Tucídides surge pelo menos quatro vezes, nas páginas 29, 168, 173, 209: uma vez no âmbito das "*ktema es aei*"; outra em que apoda Tucídides "um mestre de verdade"; outra relacionada com a escrita e a finalidade que Tucídides outorgou à escrita da sua obra; e a última a propósito da distinção entre o *histor* e o aedo. Para além disso, há ainda menções ao nome do historiador grego numa série artigos que, *grosso modo*, se referem a Tucídides e Heródoto como os pais da história.

[51] ARON, R. - *L'histoire et ses interprétations: Entretiens autour d'Arnold Toynbee*. Paris: Mouton, 1961.

[52] HARTOG, F - *Le miroir d'Hérodote: essai sur la représentation de l'autre*. Paris: Gallimard, 1980.

[53] DOSSE, F. - *L'histoire*. Paris: Armand Colin, 2000.

[54] CHATELET, F. - *La naissance de l'Histoire*. Paris. Minuit, 1962.

Tucídides seguindo algumas das coordenadas fundamentais da reflexão ricœuriana. E os resultados não nos defraudaram as expetativas.

Em primeiro lugar, notámos uma semelhança excecional na forma como o filósofo francês teoriza e o historiador ateniense aplica a ficção na história: os privilégios da imagem retórica, decorrentes da representação literária, em Ricœur, e a vividez imagética, *pathetika*, em Tucídides, conseguida por meio da *ekphrasis* e da *enargeia*, têm como finalidade fazer ver ou pôr sob os olhos dos leitores acontecimentos unicamente únicos que, no entender de Ricœur, clamam por justiça e não podem de modo algum ser esquecidos, que, ademais, demandam louvor ou execração e pedem um envolvimento emocional e psicológico do leitor – condição *sine qua non* da refiguração ou *mimesis* III.

Em segundo lugar, ambos trabalham contra uma mentalidade relativista que ameaça fazer da história uma disciplina tão fantasiosa como a ficção literária e procuram formas de conferir credibilidade científica ao ofício do historiador. Ambos foram, no seu tempo e cada um a seu modo, baluartes da verdade contra tendências relativistas de reduzir todo o discurso histórico à retórica ficcional; mas os dois reconhecem igualmente alguma razoabilidade às teorias que combatem e preservam delas o que pode valorizar a dimensão ética do ofício do historiador.

Em terceiro lugar, temos um elo de ligação e de problematização entre Tucídides e Ricœur, que é Aristóteles. Ricœur constrói a sua teoria narrativa, que abrange a história e a ficção, alicerçada na *Poética* aristotélica; e a obra de Tucídides ajusta-se ao modelo da tríplice mimese aristotélico-ricœuriana; porém, paradoxalmente, Aristóteles recusa colocar os historiadores ao mesmo nível dos poetas, com base no argumento de que os primeiros imitam o particular e os segundos o universal. Ora, uma das características principais da obra de Tucídides é o seu pendor generalista, universal, e o caráter, a todos os níveis, verosímil e trágico do seu texto. Esta questão convoca uma outra que é central em Ricœur e passível de se reconstituir em Tucídides: a dialética compreensão/explicação. Outro problema nuclear em Ricœur e em Tucídides é a crítica dos testemunhos e das testemunhas, dos indícios, das provas, dos documentos, em suma, da memória. A reflexão de Ricœur sobre a memória, o papel das testemunhas e os limites da representação inscrevem-se numa reflexão histórica suscitada por uma guerra contemporânea ou do tempo presente (a Segunda Guerra Mundial), onde as principais fontes não são já escritas mas orais, provenientes de testemunhas vivas. Em Tucídides, os mesmos tópicos emergem também sob a influência de uma guerra contemporânea, cujas fontes de informação são a memória, os testemunhos orais dos sobreviventes e a observação direta (*autopsia*).

Novas vias de investigação: reler os clássicos com Ricœur

Dentro dos limites que tínhamos balizado para esta retrospetiva de um percurso intelectual, do qual resultaram tese de Mestrado, de Doutoramento e uma série de artigos e comunicações, procurámos dar conta da presença dos autores clássicos na filosofia de Paul Ricœur. Obviamente, fora deste itinerário ficaram importantes obras onde a herança clássica tem uma forte presença e que os limites impostos por ora nos impediram de alcançar. No entanto, não queremos concluir sem antes mostrar, de relance, algumas vias por onde se pode prosseguir no encalce dos Clássicos na obra do filósofo francês e as pistas que o mesmo nos deixa para novas abordagens da cultura clássica greco-romana.

As teses em torno da identidade, em *Soi-même comme un autre*[55], dão-nos como núcleos de permanência e de reconhecimento da pessoalidade o *caráter* e a *fidelidade à palavra dada*. Estas duas vertentes da permanência no tempo, uma mais atreita a um "quê?" que se anuncia como *idem* e outra a um "quem?" que se anuncia como *ipse*,

---

[55] RICŒUR, P. - *Soi-même comme un autre*. Paris: Seuil, 1996.

têm claros contornos éticos radicados na *Ética* aristotélica, passíveis de se estenderem em análises hermenêuticas aos modos dramático e narrativo, com enfoque na construção das personagens. Da *Ética a Nicómaco*[56] Ricœur retira conceitos estruturais para a definição do núcleo identitário do sujeito. O valor de *Êthos* deriva da sua riqueza semântica e polissémica: significa "ética", "caráter" e, no plural, "morada", mas pode traduzir-se também por "hábito" e "personagem". *Heixis*, traduzido por "disposição adquirida", é para Ricœur e Aristóteles um constituinte fundamental do caráter e conceito antropológico de base da *Ética* aristotélica; é nuclear na distinção que se faz entre mesmidade (*idem*) – afeita ao caráter e ao "quê?" da identidade –, e ipseidade – afeita à manutenção da promessa e ao "quem?" da identidade. *Phronesis*, com o sentido de "sensatez" e "sabedoria prática", define o homem que sabe conduzir as suas ações para a felicidade e para a vida boa, através da eleição da virtude. A *arête* exprime a "virtude" ou a "excelência" que deve guiar toda a ação humana. A este propósito, Ricœur tenta demonstrar como a virtude, definidora do que é bom e ético, pode desconstruir e transcender a lei, definidora, na esteira de Kant, do que é obrigatório e moral. *Praxis, telos, ergon, hedonê, eudaimonia, philia, dikaiosunê, pathos* são outros tantos suportes lexicais em que se apoia o filósofo francês ao longo dos vários estudos que dedica ao tema da identidade narrativa.

A *Ética a Nicómaco* volta a merecer a atenção de Ricœur em *Parcours de la reconnaissance*, particularmente, no segundo estudo, redigido, em grande parte, sob o signo da tradição clássica grega. A *Ética* aristotélica funciona aí como porta de acesso aos géneros trágico e épico, através da teoria da deliberação, que permite a Ricœur desenvolver uma interessantíssima reflexão em torno do reconhecimento de si, enquanto agente responsável.

---

[56] ARISTÓTELES - *Ética a Nicómaco*. Trad., introd. y notas José Luis Calvo Martínez Madrid: Alianza, 2001.

> *Entre Homère, les Tragiques et Aristote, il existe une continuité thématique forte qui se marque jusque dans les mots: aition, akôn, hekôn, phronein. Le philosophe, comme le poète épique et le poète tragique, mais aussi comme l'orateur dans l'exercice rhétorique de la parole publique, parle de personnages qui, selon la terminologie de Bernard Williams, sont des «centres de décision» et des êtres capables de «reconnaissance de responsabilité»*[57].

Esta citação resume o projeto de Ricœur para a releitura dos Clássicos neste segundo estudo da obra, e deixa entreaberta uma interessante via para quem quiser dar continuidade ao filão temático por ele apenas desvendado. Mas Aristóteles não esgota o *corpus* grego citado por Ricœur. O filósofo francês entra ainda nos *Poemas Homéricos*, com o intuito de explorar a problemática do reconhecimento de Ulisses por Penélope; entra no género trágico, para uma releitura sagaz e original do *Édipo em Colono,* de Sófocles; regressa aos textos de Platão e Aristóteles, já anteriormente referidos, e aos conceitos de *mneme* e *anamnesis*; e ainda às *Confissões* de Santo Agostinho, que vêm coroar as meditações sobre a problemática da memória.

As releituras originais e estimulantes de Ricœur deixam um manancial de pistas para os classicistas que procuram novas formas de ler e questionar os Clássicos. Sem me querer adiantar muito nesta matéria, apenas direi que as suas reflexões em torno do conceito de reconhecimento, quando entendido como "identificação" e "reconhecimento de si" (como sujeito moralmente responsável pelos seus atos), consubstanciam estímulos preciosíssimos para novas abordagens à produção dramática e épica, em cruzamento com a *Poética* e a *Ética* aristotélicas. O "reconhecimento mútuo" pode ser também um desafio a quem queira demonstrar e fundamentar for-

---

[57] RICŒUR, P. - *Parcours de la reconnaissance*. Paris: Gallimard, 2004, p. 135.

mas de reconhecimento mútuo na Cultura Clássica, desconhecidas dos Modernos, incluindo Ricœur.

Em síntese, estas e outras obras de Ricœur, aqui não referidas, como por exemplo *La simbolique du mal* ou *Être, Essence et Substance, chez Platon et Aristote*, permitem abrir novas vias de reflexão no seio da própria cultura clássica greco-romana, mostrando o fundo inesgotável e perene que esta constitui para a reflexão sobre o Humano.

Sentido Ético do Perdão em Paul Ricœur: Perdoar o Imperdoável
Ethical Sense of Forgiveness in Paul Ricœur: Forgiving the Unforgivable.

Fernando Acílio Saldanha[1]

Resumo

A vingança, porque não faz mais do que reforçar a espiral da maldade, não é uma boa forma de resposta à agressão de que se é vítima. A justiça, por sua vez, depara-se com as suas limitações e a impossibilidade de ser justa quando, face a crimes imensos como o genocídio, não é possível a equivalência entre crime e pena. É talvez por isso que, pelo menos em certas situações, a melhor forma de lidar com o mal seja o perdão que, gesto difícil, excecional, de uma generosidade extrema e inscrevendo-se numa lógica da superabundância e do dom, só manifesta plenamente o seu sentido e a altura a que se situa face à baixeza do mal, na sua relação com o imperdoável. Consciente de que houve perda e de que essa perda é irreparável, aquele que perdoa, sem confundir o ato mau com o seu agente e achando-se agora no direito e também mesmo no dever de punir

---

[1] asaldanha1@gmail.com
Doutor em Filosofia pela Universidade de Coimbra. Professor do quadro de nomeação definitiva da Escola Secundária de Viriato de Viseu. Áreas de investigação: Filosofia de P.Ricœur, Ética, Educação para a sexualidade nas escolas.

http://dx.doi.org/10.14195/978-989-26-1091-7_9

este, renuncia a fazê-lo e, num voto extraordinário de reconhecimento nas capacidades regeneradoras do ser humano, liberta-o da dívida para consigo e liberta-se a si do ressentimento para com ele.

Palavras-chave: Mal; vingança; justiça; perdão.

Abstract

Given that revenge only reinforces the spiral of evil, it is not a good way of responding to the aggressions of which we can be victims. Justice, on the other hand, is faced with its limitations and the inability to be fair when, facing immense crimes such as genocide, equivalence between crime and punishment is not possible. Maybe that is why, at least in certain situations, the best way to deal with evil is forgiveness, which is a hard, exceptional gesture, of an extreme generosity and a gesture that belongs to a logic of superabundance and gift. It only expresses fully its direction and its superiority against the backdrop of evil, in its relation with the unforgivable. Aware that there was loss and that this loss is irreparable, he who forgives, without mistaking the evil deed with its agent and now finding himself in the right, and even in the duty to punish, renounces to do so and, in an extraordinary wager of recognition in the regenerative capacities of the human being, frees the other from the debt to himself and frees himself of resentment towards the other.

Key words: Evil; revenge; justice; forgiveness.

O mal moral existe e é obra humana[2]. Podendo revestir-se de formas muito diversas, que vão da agressão psicológica, do insulto, da ofensa

---

[2] A expressão "mal moral" é aqui utilizada para designar o mal quando este é provocado pelo ser humano que livremente e consciente do que está a fazer, sabe que

e da traição, à agressão física, à violação e ao homicídio, o mal moral é obra de alguém, de um ser, o ser humano que, sem ser mau por natureza e sem arrastar consigo, ao contrário do que pretendia Santo Agostinho, nenhum pecado original[3], não é, originalmente, nem bom nem mau mas inocente e livre e, como tal, capaz tanto do bem como do mal.

A questão que então se coloca é a de saber o que fazer, como reagir face a alguém que pratica o mal, que ofende, que agride e que, mais do que isso, o faz de forma deliberada, consciente e livre.

A primeira forma, a mais imediata e antiga, de o ser humano lidar com o problema do mal moral foi a vingança que, inscrita no princípio da reciprocidade, traduz a propensão para responder a comportamentos negativos, a injúrias e agressões, com comportamentos negativos, injúrias e agressões equivalentes[4]. Mas a vingança não é uma boa solução para o problema, uma vez que, incapaz de pôr fim ao mal moral, não faz mais do que multiplicá-lo, levando à entrada numa espiral de violência puramente destrutiva[5]. Com efeito, nessas situações, enquanto a vítima tende a considerar as ofensas que recebeu como mais danosas do que o agressor pensa, este, por sua vez, tende a considerar a vingança com que a vítima

---

ao agir assim está a produzir em outrem danos (dor e sofrimento) de natureza física ou psicológica. Desta forma, o mal moral distingue-se do mal natural, que acontece sem a intervenção da vontade humana e que engloba tanto fenómenos da natureza como as tempestades ou os terramotos, como ainda as doenças e a morte.

[3] Cf. RICŒUR, P. - Le péché original: étude de signification. In *Le conflit des interprétations: Essais d'herméneutique*, Paris: Seuil, 1969, p. 281, 282.

[4] McCullough e Witvliet consideram que o ser humano tem uma propensão inata para responder a comportamentos interpessoais negativos com mais comportamentos interpessoais negativos. Para sustentarem esta sua posição, os autores citam Reiss e Havercamp, que consideram a tendência para a vingança como uma das quinze motivações humanas fundamentais. Referem também estudos de primatologistas, que observam esse mesmo comportamento em chimpanzés e macacos, animais que por vezes, mesmo passado um período considerável de tempo após terem sido vitimizados, coordenam respostas retaliatórias contra outro animal. Cf., MCCULLOUGH, M.E; WITVLIET, C.V. - The psychology of forgiveness. In SNYDER, C. R.; LOPEZ, S. J. - *Handbook of Positive Psychology*. New York: Oxford University Press, 2002, p. 446.

[5] Cf. RICŒUR, P. - *Le juste*. Paris: Esprit, 1995, p. 11 ; Cf. ainda, RICŒUR, P. - Sanction, réhabilitation, pardon. In *Le juste*, p. 194, 195.

originária lhe responde, como maior do que a ofensa original por si cometida, sentindo-se por isso tentado a retaliar, perpetuando--se assim um círculo vicioso de vingança[6]. Para evitar que esta escalada de violência, puramente destrutiva, pudesse ficar fora do controlo, desde cedo as diferentes culturas procuraram codificar uma *lei de talião*, isto é, uma lei da retaliação que, impondo o princípio da igualdade ("olho por olho, dente por dente") entre o dano causado e a punição a aplicar, viesse, de alguma maneira, com o aval da sociedade, regular o exercício da vingança e limitar o poder da "lei do mais forte".

Quem exerce a vingança proclama, muitas vezes, que dessa forma "faz justiça pelas próprias mãos". Mas isso é errado, e Ricœur diz que "a palavra justiça não deve figurar em nenhuma definição de vingança"[7]. Na verdade, como se vê na tragédia grega, nomeadamente em *Orestes*, de Eurípedes, onde "a cadeia de vinganças só é interrompida pela irrupção de *Diké*, a figura emblemática da razão penal confiada a um tribunal humano"[8], o ato fundador da justiça numa sociedade" é aquele em que esta retira aos indivíduos o direito e o poder de fazerem justiça por si mesmos – ato pelo qual o poder púbico confisca para si próprio este poder de dizer e de aplicar o direito"[9], colocando-o nas mãos de um terceiro, isto é, de um juiz independente e imparcial.

De facto, outra forma de lidar com o problema do mal moral e do crime é a da justiça fundada no direito, a da justiça que, seguindo a via do processo judicial e restabelecendo, por via do terceiro independente que é o juiz, a justa distância entre o culpado e a vítima, culmina no cumprimento da pena pelo sujeito declarado culpado pelo

---

[6] Cf. McCULLOUGH; M. E.; WITVLIET, C. V. - The Psychology of Forgiveness. In SNYDER, C. R.; LOPEZ, S. J., ed. lit.- *Handbook of Positive Psychology*, p. 446.

[7] RICŒUR, P. - Sanction, réhabilitation, pardon. In *Le juste*, p. 194.

[8] RICŒUR, P. - *Le juste, la justice et son échec*. Paris: L' Herne, 2005, p. 28.

[9] RICŒUR, P. - L'acte de juger. In *Le juste*, p. 190.

tribunal[10]. De acordo com a lógica da equivalência que lhe preside, a justiça, exercida agora à margem da emotividade que carateriza a vingança e com vista à restauração da ordem social rompida, visa a expiação do crime através do cumprimento, pelo culpado, da pena ou do castigo decretado pelo tribunal[11].

Mas a justiça, na estrita racionalidade com que pretende ser executada, depara-se com limitações, uma vez que não só nem sempre é fácil traçar, de forma clara, a linha de demarcação entre o justo e o injusto, como nem sempre a pena é recebida e aceite como justa, seja pelo culpado, que ora a vê como maior do que a ofensa praticada ora não se reconhece sequer no estatuto a que é sentenciado, seja pela vítima, para quem aquela fica aquém da gravidade da ofensa a que foi sujeita. Para além disso, dado o caráter irreparável de que muitas vezes as consequências da agressão se revestem para o agredido, a condenação do agressor nem sempre significa para aquele o total restabelecimento dos seus direitos, pelo que uma certa mágoa e um certo ressentimento podem permanecer. A acrescer a isto e nomeadamente quando colocada face a crimes imensos, a crimes como o genocídio, a justiça revela-se incapaz e impotente para, precisamente, fazer justiça, em virtude da desproporção abissal que se verifica entre a gravidade do mal cometido e as penas passíveis de aplicação pelos tribunais.

Dadas as limitações tanto da vingança como da justiça, outra forma de agir face ao problema do mal é através de atos super-rogatórios, isto é, de atos louváveis que vão para além do dever. Com efeito, se

> "alguém nos ofende gravemente podemos, em nome da justiça, reclamar, por exemplo, que o mal feito seja reparado, tanto quanto isso é possível. Mas também podemos perdoar e, de um ponto de vista pessoal, nada exigir de quem nos ofendeu, nem

---

[10] RICŒUR, P. - Sanction, réhabilitation, pardon. In *Le juste*, p. 195-197.

[11] A este respeito, pergunta-se Ricœur: "Mas em que consistirá a expiação senão numa absolvição obtida através do próprio castigo ...?", RICŒUR, P. - *La mémoire, L'histoire, L'oubli*. Paris: Seuil, 2000, p. 613.

mesmo, no limite extremo, o compromisso de não repetir ofensas no futuro, em relação a nós ou mesmo em relação a qualquer outra pessoa. Em vez de justiça, portanto, apelamos para o amor, a benevolência e a misericórdia, tudo conceitos próximos do perdão"[12].

Dado o caráter tantas vezes irreparável de que o mal moral se reveste, porquanto nada nem ninguém pode fazer com que a dor que então vivemos não tenha sido vivida, o perdão é, efetivamente, uma outra maneira, certamente a mais difícil mas também e seguramente a mais gratificante e libertadora, de com ele lidar. Podendo, de um ponto de vista psicológico, ser entendido como o enquadramento da perceção de uma transgressão, em que a ligação da vítima (pensamentos, memórias, afetos e comportamentos que surgem quando esta se lembra do que aconteceu) ao transgressor, à transgressão e às sequelas da transgressão se transforma de negativa em neutra ou em positiva[13], o perdão, gesto excecional de magnanimidade e grandeza, é, enquanto disposição pessoal e resposta de quem é ofendido ao seu agressor, uma vivência extraordinariamente complexa, que envolve aspetos de ordem afetiva, dado que quem perdoa põe de lado sentimentos como o ressentimento e o ódio em relação a quem o agrediu; de ordem cognitiva, uma vez que a pessoa que perdoa afasta as ideias de condenação e de vingança; e comportamental, porque aquele que perdoa não pratica atos de retaliação ou vingança mas, pelo contrário, manifesta comportamentos de benevolência e de amor[14].

Perdoar, gesto difícil e até, por vezes, arriscado para quem o concede, uma vez que envolve o risco de tornar a pessoa de quem

---

[12] LOURENÇO, Orlando Martins - *Psicologia do desenvolvimento moral: Teoria, dados e implicações*. 3.ª Ed. Coimbra: Almedina, 2002, p. 216.

[13] Cf. SNYDER, C. R.; THOMPSON, Yamhure, L. - *Measuring forgiveness*. In LOPEZ, Shane J.; SNYDER, C. R. - *Positive Psychological assessment: a Handbook of models and measures*. Washington D.C..: American Psychological Association, 2003, p. 302.

[14] Cf. LOURENÇO, O. M. - *Psicologia do desenvolvimento moral: Teoria, dados e implicações*, p. 217, 218.

perdoa mais vulnerável a uma possível revitimização, significa assumir e aceitar que houve efetivamente perda, que houve possíveis que se perderam mas, para além disso e face à imagem do outro confrontado com o seu crime e a sua culpa e especialmente quando este a reconhece, a assume e a declara publicamente, significa também libertá-lo da sua dívida para connosco e, ao mesmo tempo, por esse gesto, libertar-nos a nós próprios de sentimentos negativos, do ódio e do ressentimento para com ele, rompendo com a permanência abusiva e pesada do passado no presente e abrindo-nos para novos possíveis, novos presentes e novos futuros.

Entretanto, dado que o entendimento sobre o conceito de perdão nem sempre é o mesmo, para que se compreenda melhor a conceção de perdão a que Ricœur se refere, é importante notar-se que desde a década de 1990 têm sido desenvolvidos estudos, nomeadamente por Robert D. Enright, que mostram a existência de uma certa correlação entre os estádios do desenvolvimento do raciocínio moral, segundo Kohlberg e os estádios do desenvolvimento do pensamento sobre o perdão. Assim, foram identificados por aquele autor os seis estádios seguintes do desenvolvimento da ideia de perdão: 1.º, *o perdão como vingança* (perdoo se puder castigar quem me ofendeu); 2.º, *o perdão como restituição* (perdoo se tiver de volta o que perdi quando me ofenderam); 3.º, *o perdão como expectativa social* (perdoo porque é isso que as pessoas esperam que eu faça); 4.º, *o perdão como expectativa legal* (perdoo porque o perdão é uma exigência institucional da minha religião); 5.º, *o perdão como harmonia social* (perdoo porque o perdão é um modo de restabelecer a harmonia social e diminuir os conflitos sociais; 6.º, *o perdão com amor* (perdoo porque o perdão promove um verdadeiro sentido de amor entre as pessoas[15]. Ora, é ao nível do perdão como amor que Ricœur se

---

[15] Cf. LOURENÇO, O. M. - *Psicologia do desenvolvimento moral*, p. 218-220.

situa, proclamando mesmo, em *La mémoire, l'histoire, l'oubli*, que o perdão e o amor são da mesma família[16].

Mas se a decisão interior em que o perdão consiste não se confunde nem com a simples desculpa, uma vez que desculpando podem, apesar de tudo, permanecer no ofendido vestígios de ressentimento incompatíveis com o perdão autêntico, nem com atos como o esquecimento, a negação ou a indiferença, dado que o perdão implica o empenhamento ativo de quem é ofendido em ver o outro como alguém que é digno de amor, de benevolência e de compaixão[17], também não pode ser confundido nem com a prescrição que, "efeito do tempo", e com fundamento na necessidade e utilidade pública de pôr fim a determinados processos passado um determinado prazo (tempo longo) fixado na lei, consiste na extinção da ação da justiça e das consequências penais do delito cometido[18], nem com o "direito de graça", o indulto ou o também chamado perdão legal que, resíduo do direito quase divino tradicionalmente atribuído à vontade soberana do rei, o Chefe de Estado deve usar de forma parcimoniosa e que extinguindo a responsabilidade penal, não apaga a culpa nem a responsabilidade civil[19]. Mas é especialmente da amnistia que Ricœur põe especial empenho em distinguir o perdão, considerando que aquela, verdadeira "caricatura do perdão"[20], até pela proximidade não só fonética mas sobretudo semântica que mantem com *amnésia*, se situa nos antípodas deste que, ao contrário dela, supõe e valoriza a memória.

De facto a amnistia, ato que depende da instância política, em princípio do Parlamento, é uma espécie de esquecimento imposto

---

[16] Cf. RICŒUR, P. - *La mémoire, l'histoire, l'oubli*. Paris: Seuil, 2000, p. 605.

[17] Cf. LOURENÇO, O. M. - *Psicologia do desenvolvimento moral*, p. 218.

[18] Cf. RICŒUR, P. - *La mémoire, l'histoire, l'oubli*, p. 610, 611.

[19] Cf., RICŒUR, P - Sanction, réhabilitation, pardon. In *Le juste*, p. 205, e também RICŒUR, P. - *La mémoire, l'histoire, l'oubli*, p. 585. A Constituição da República Portuguesa, na alínea f) do Artigo 134º, confere ao Presidente da República o poder de "indultar e comutar penas, ouvido o Governo". Deve notar-se que o indulto apenas extingue a responsabilidade penal do indultado, mas não a responsabilidade civil.

[20] RICŒUR, P. - *La mémoire, l'histoire, l'oubli*, p. 634.

que, em nome da necessidade de reconciliação nacional, consiste no apagamento não só das penas como dos próprios delitos[21]. O perdão, por sua vez, gesto pessoal e não institucional que só a vítima, sem que seja um direito de quem o pede, pode conceder, mas também e com toda a legitimidade pode recusar[22], é o contrário do esquecimento. E é-o, não apenas porque não se pode perdoar aquilo que foi esquecido, como também, porque aquilo que deve ser destruído é a dívida em que o agressor se acha perante a vítima e não a lembrança. Efetivamente, o perdão não se dirige aos acontecimentos, cujas marcas não devem ser perdidas, uma vez que é com elas, é com os erros do passado que devemos aprender, mas à raiva que se sente, à punição a que se tem o direito de ver o agressor sujeito e à dívida, à dívida cuja carga paralisa a memória impedindo-a e à pessoa de se projetar de forma criadora no futuro. É por isso, é na medida em que liberta o sujeito da submissão ao ressentimento e ao controlo dos sentimentos negativos e lhe permite abrir-se e projetar com esperança o porvir, que Paul Ricœur, que escreveu um pequeno texto sugestivamente intitulado de *O Perdão pode curar?*[23], defende a ideia de que "o perdão é uma espécie de cura da memória, é a conclusão do seu luto; libertada do peso da dívida a memória fica livre para grandes projetos. O perdão dá futuro à memória"[24].

A partir do princípio de que se Deus perdoou aos homens, nós próprios temos o dever de perdoar aos outros, o tema do perdão, relegado para esfera da religião, nunca foi objeto de grande atenção por parte da filosofia. Paul Ricœur, porém, confere-lhe um especial relevo em obras como *Sanction, réhabilitation, pardon* e *La mémoire, l'histoire, l'oubli*.

---

[21] Cf. RICŒUR, P. - Sanction, réhabilitation, pardon. In Id., *Le juste*, p. 205, 206.

[22] Cf. RICŒUR, P. - Sanction, réhabilitation, pardon, p. 206, 207. Cf., também RICŒUR, P. - *La mémoire, l'histoire, l'oubli*, p. 626.

[23] RICŒUR, P. - O Perdão pode curar. Trad. Port. José Rosa. In HENRIQUES, Fernanda, ed. lit. - *Paul Ricœur e a simbólica do mal*. Porto: Afrontamento, 2005, p. 39.

[24] RICŒUR, P. - Sanction, réhabilitation, pardon. In *Le juste*, p. 206

Distinto da justiça, e a consciência dessa distinção é patente mesmo em expressões da linguagem comum, como quando, por exemplo, alguém diz que perdoou a determinada pessoa apesar de saber que o que ela fez não é justo ou, ao contrário, quando alguém diz a outrem que o que essa pessoa fez é justo, mas mesmo assim não a pode perdoar, o perdão funciona também com uma lógica distinta quer da que caracteriza a justiça que, de acordo com o princípio da equivalência, procura o estabelecimento de sanções tanto quanto possível proporcionais aos crimes, quer da lógica da reciprocidade, presente na troca e no intercâmbio económico-mercantil. O perdão tem lugar segundo o modelo do *dom*, do dar desinteressado e baseia-se não numa lógica da equivalência, mas na lógica da superabundância – entendida no sentido da expressão de S. Paulo em *Romanos* 5, 20, onde o Apóstolo escreve que "sobreveio a Lei para que abundasse o pecado. Mas onde abundou o pecado superabundou a graça", lógica que encontra a sua medida não na Regra de Ouro da moral cristã: "não faças aos outros o que não queres que te façam a ti", mas no princípio de "amar os inimigos"[25]. Com efeito, lê-se em Lucas 6, 32-35,

> "se amais os que vos amam, que recompensa mereceis? [...] Pelo contrário, amai os vossos inimigos, fazei bem e emprestai, sem daí esperar nada". Entendido assim, enquanto dar "sem nada esperar em troca", o perdão é um ato de extrema generosidade.[26]

Estabelecendo uma equação entre falta punição e perdão, Ricœur vê na imputação a alguém de uma falta ou da infração a uma regra social, o pressuposto "existencial do perdão"[27]. Com efeito, considera que só se pode perdoar onde e quando se pode acusar

---

[25] Este princípio é enunciado no Evangelho segundo São Lucas da seguinte maneira: "se amais os que vos amam, que recompensa mereceis? ... Pelo contrário amai os vossos inimigos, fazei bem e emprestai, sem daí esperar nada". Lucas 6, 32-35.
[26] RICŒUR, P. - *Le juste*, p. 39
[27] Cf. RICŒUR, P. - *La mémoire, l'histoire, l'oubli*, p. 595.

alguém, atribuindo-lhe uma falta, declarando essa pessoa culpada e, como tal, merecedora de uma punição. E Ricœur explicita aquela sequência de conexões esclarecendo que,

> "onde há regras sociais, há possibilidade de infração; onde há infração existe o punível, a punição que visa restaurar a lei, negando simbólica e efetivamente o dano cometido ao outro, à vítima. Se o perdão for possível a este nível [continua o autor], ele consistirá no levantamento da sanção punitiva aí onde se pode e deve punir"[28].

Se bem que o gesto de perdão possa dirigir-se do sujeito a si próprio[29], e sabe-se que há situações dramáticas de pessoas que, mesmo após haverem sido perdoadas por vítimas de atos seus – e não parece que seja possível alguém poder perdoar-se a si mesmo sem o prévio perdão do outro, da vitima da sua agressão – não são, apesar disso, capazes de se perdoarem elas próprias a si mesmas, vivendo, por essa razão, em grande amargura, Ricœur aborda o perdão tomando-o como uma experiência relacional de profunda alteridade, assemelhando-o nesse aspeto à promessa que, como aquele – apesar de uma certa dissimetria porquanto um desliga o sujeito do seu ato enquanto a outra liga o sujeito a uma ação[30] – não pode ter lugar na solidão[31]. Na verdade, e acentuando a necessidade da confissão enquanto forma específica de atribuição a si da falta e, nessa medida, como assunção pelo agente agressor da sua culpa, o perdão supõe, do ponto de vista de Ricœur, a presença necessária de dois atos de

---

[28] RICŒUR, P. - *La mémoire, l'histoire, l'oubli*, p. 608.

[29] Cf., SNYDER, C. R.; YAMHURE, L.T. - Measuring forgiveness, p. 302, 303; Cf., McCULLOUGH, M. E.; WITVLIET, C. V. - The Psychology of forgiveness. In SNYDER, C. R.; LOPEZ, Shane J. - *Handbook of positive psychology*, p. 451.

[30] Cf. RICŒUR, P. - *La mémoire, l'histoire, l'oubli*, p. 630, 631.

[31] Diz a esse respeito Ricœur que "a faculdade de perdão e a da promessa repousam em experiências que ninguém pode ter na solidão e que se fundam inteiramente na presença do outro". Cf. RICŒUR, P. - *La mémoire, l'histoire, l'oubli*, p. 632.

discurso, ambos performativos, o da confissão: "peço-te perdão" e o da absolvição: "eu perdoo-te"[32].

Há que recordar que o modelo de relação em que o perdão se enquadra não é o do intercâmbio económico-mercantil, uma vez que pedido e concessão de perdão não se situam, como se verá de seguida, num mesmo plano, num plano horizontal, de igualdade e de reciprocidade, o que faz com que não haja da parte da vítima a quem o perdão é solicitado nenhum dever ou obrigação de o conceder.

A confissão da culpa é importante, não apenas enquanto expressão de arrependimento, dado que neste âmbito "o reconhecimento de si é, de forma indivisa, ação e paixão, ação de mal agir e paixão de ser afetado pela sua própria ação"[33], mas também porque esperar do agressor a confissão e assunção da sua culpa significa ter consideração por ele e respeita-lo na sua qualidade de sujeito moral[34]. Mas no ato mesmo de perdoar, o plano horizontal a cujo nível se situa o reconhecimento da culpa deve ser substituído pela relação vertical de natureza não mercantil (como bem o expressa o princípio absolutamente desinteressado de "amar os seus inimigos") entre a altura do perdão e a profundidade da culpa.

De acordo com a interpretação de Marcelino Agis Villaverde, encontramo-nos aqui

> "em presença de uma nova «desproporção», conceito pascaliano que Ricœur tinha aplicado à condição frágil do homem, e que agora aplica àquilo a que chama a equação do perdão, constituída por duas polaridades: no polo inferior, a confissão da culpa; no superior, o hino ao perdão"[35].

---

[32] RICŒUR, P. - *La mémoire, l'histoire, l'oubli*, p. 630.
[33] RICŒUR, P. - *La mémoire, l'histoire, l'oubli*, p. 598.
[34] Cf. RICŒUR, P. - *La mémoire, l'histoire, l'oubli*, p. 620.
[35] AGÍS VILLAVERDE, Marcelino - *Paul Ricœur: a força da razão compartida*, p. 167.

A força invisível que liga os dois atos de discurso e torna o homem capaz de pedir, de dar e de receber perdão, é de tal ordem que, segundo palavras de Ricœur,

> "o perdão transpõe um intervalo entre o alto e o baixo, entre o muito alto do espírito de perdão e o abismo da culpabilidade. E esta dissimetria que é constitutiva da equação do perdão acompanha-nos como um enigma que jamais terminaremos de sondar"[36].

Assim, fazendo jus ao título *"Le pardon difficile"*, escolhido por Ricœur para a última parte de *la mémoire, l'histoire, l'oubli*, há que reconhecer que o perdão é difícil. É difícil para quem o pede, uma vez que implica o confronto do sujeito com a sua culpa, com a maldade do seu ato, mas é difícil sobretudo para quem o concede, para a vítima que tem de travar uma luta interior intensa contra a dor, o ressentimento e o desejo primitivo de vingança.

Mas a propensão para perdoar aos outros em diferentes situações de relacionamento interpessoal torna-se bastante mais difícil quando a experiência negativa da falta se reveste da dimensão excessiva e insuportável do mal[37]. E são muitas, são demais, infelizmente, as vezes em que seres humanos são colocados perante situações de violência e de maldade extrema, situações às quais, segundo Ricœur, se adequa a expressão *"o injustificável"*, utilizada por Jean Nabert para designar a baixeza, a crueldade inqualificável e a profundidade terrível e medonha de crimes onde, conforme relato de muitos dos sobreviventes da Shoah, a morte nem sequer é o pior de tudo, uma vez que ali, "para lá da vontade de fazer sofrer e de eliminar, se eleva a vontade de humilhar, de levar o outro à derrelição, ao abandono, ao desprezo de si".[38]

---

[36] RICŒUR, P. - *La mémoire, l'histoire, l'oubli*, p. 626.
[37] Cf. RICŒUR, P. - *La mémoire, l'histoire, l'oubli*, p. 600.
[38] RICŒUR, P. - *La mémoire, l'histoire, l'oubli*, p. 601.

Em situações desta natureza, onde tem lugar o encontro entre o extremo do mal feito a outrem e a extrema maldade íntima do criminoso, anunciam-se noções como *irreparável* (do lado dos efeitos), *imprescritível* (do lado da justiça penal) e *imperdoável* (do lado do julgamento moral)[39].

Ricœur vê, efetivamente, a propósito da culpabilidade ligada aos grandes crimes que no século XX caíram na categoria de *injustificável*, um paralelo entre os conceitos de imprescritível (no plano jurídico) e de imperdoável (no plano moral). O princípio da imprescritibilidade, que segundo Jean Greisch "é a tradução jurídica mais próxima do imperdoável"[40], aplicado aos crimes contra a humanidade e entre estes aos crimes de genocídio[41], suspende o princípio da prescrição e "autoriza a perseguir indefinidamente os autores de tais crimes".[42] É a gravidade extrema dos crimes por eles cometidos que justifica que a perseguição dos criminosos não conheça limites no tempo.

Em situações como estas, situações em que – como refere Jacques Fierens, a propósito dos atos de genocídio que tiveram lugar no Ruanda em 1994 – "o direito é definitivamente ultrapassado pelo absoluto do mal"[43] – a enormidade dos crimes "rompe com o princípio da proporção que rege a relação entre a escala de delitos e a dos castigos, não há castigo apropriado para um crime desproporcionado"[44], o que faz com

---

[39] Cf. RICŒUR, P. - *La mémoire, l'histoire, l'oubli*, p. 602.

[40] GREISCH, Jean - *Paul Ricœur. L'itenérance du sens*. Grenoble: Jérôme Millon, 2001, p. 316.

[41] Cf., RICŒUR, P. - *La mémoire, l'histoire, l'oubli*, p. 611. Os crimes contra a humanidade foram definidos pelos tribunais militares internacionais de Nuremberga em 8 de Agosto de 1945 e de Tóquio em 12 de Janeiro de 1946. As Nações Unidas precisaram a noção através da Convenção de 26 de Novembro de 1948. Mais tarde, a Convenção de 26 de Dezembro de 1968 sobre a imprescritibilidade dos crimes de guerra e dos crimes contra a humanidade e a resolução de 13 de Dezembro de 1973, preconizando a cooperação internacional na perseguição aos autores de tais crimes, trouxeram essa temática para o âmbito do direito internacional.

[42] RICŒUR, P. - *La mémoire, l'histoire, l'oubli*, p. 612.

[43] FIERENS, Jacques - Sanction ou pardon au Rwanda. In DRUET, Francois-Xavier ; GANTY, Étienne, ed. lit. - *Rendre justice au Droit: En lisant Le Juste de Paul Ricœur*. Namur: Presses Universitaires de Namur, 1999. p. 28.

[44] RICŒUR, P. - *La mémoire, l'histoire, l'oubli*, p. 612-613.

que, por isso mesmo, estes não sejam expiáveis pelo castigo[45] e, como bem refere Ricœur, "chamar inexpiáveis a certos crimes é o mesmo que declará-los imperdoáveis"[46]. Em cenários desta natureza, tudo leva a crer que não só não se pode, como não se deve substituir a justiça pela graça porquanto "perdoar seria ratificar a impunidade, o que seria uma grave injustiça cometida para com a lei e, mais ainda, para com as vítimas"[47], pelo que, assim sendo, tais crimes constituem um "imperdoável de facto".

Perante este quadro terrível da maldade profunda e imensa de que, na sua liberdade, o homem é capaz, só uma palavra deveria, aparentemente, poder ser pronunciada: imperdoável. E o imperdoável a que esta palavra se refere aplica-se não apenas aos crimes, nem apenas aos seus autores, mas também ao laço íntimo que liga o agente à ação, o culpado ao crime[48]. Contudo, e paradoxalmente, como testemunho, talvez, da altura e da grandeza do espírito humano, quando e onde nada o podia fazer prever, há o perdão. "Há o perdão como há a alegria, como há a sagesa, a loucura, o amor".[49] E se a voz da confissão da culpa, vinda da profundidade insondável da ipseidade, "é uma voz silenciosa mas não muda", a voz do perdão é uma voz alta e o seu discurso adequado é o do hino[50]. Perante isto há, sem dúvida, razões para concordar com Jean Greisch, quando este afirma que perdoar "releva de uma sagesa que excede de longe o quadro da «prudência» ou da «sabedoria prática» [...]. Num certo sentido, o «saber perdoar» é mais uma loucura do que uma sagesa".[51]

De facto, sem depender de quem o pede mas de quem o concede, o perdão, mesmo perante o injustificável, mesmo perante o imperdoável,

---

[45] Ricœur pergunta-se: "mas o que será e expiação se não uma absolvição obtida pelo próprio castigo [...]?" - RICŒUR, P. - *La mémoire, l'histoire, l'oubli*, p. 613.

[46] RICŒUR, P. - *La mémoire, l'histoire, l'oubli*, p. 631.

[47] RICŒUR, P. - *La mémoire, l'histoire, l'oubli*, p. 612.

[48] Cf. RICŒUR, P. - *La mémoire, l'histoire, l'oubli*, p. 603.

[49] RICŒUR, P. - *La mémoire, l'histoire, l'oubli*, p. 605.

[50] RICŒUR, P. - *La mémoire, l'histoire, l'oubli*, p. 604.

[51] GREISCH, J. - *Paul Ricœur. L'itinérance du sens*, p. 314.

sendo, sem nenhuma dúvida, muito difícil, não é, apesar de tudo, impossível. E é aqui, no seu confronto com o imperdoável, com o mal irreparável, isto é, é em situações de extrema maldade, nas quais, como foi dito, o direito é ultrapassado pelo absoluto do mal, que o gesto extraordinário e excecional do perdão faz verdadeiramente sentido, sentido que não passa pelo apagar da memória, mas pela sua cura.

Face a isto e dados os "termos da equação do perdão, a saber a incomensurabilidade aparente entre a incondicionalidade do perdão e a condicionalidade do pedido de perdão"[52], a questão que se coloca é a de compreender como é que é possível, em contextos desta natureza, a transposição do abismo que se desenha entre as palavras da confissão e do perdão. No seu esforço para compreender tal facto, que aparentemente vai contra toda a lógica e contra tudo o que se poderia pensar, Ricœur toma por referência o hino ao amor proclamado por S. Paulo na *Primeira Epístola aos Coríntios*, onde das três graças, a fé, a esperança e a caridade, a última, que possui, entre outras, a virtude de "tudo desculpar", é apresentada como a maior das três[53], e conclui que "se a caridade desculpa tudo, esse tudo compreende o imperdoável"[54]. Desta forma, consciente da desproporção entre a profundidade da falta e a altura do perdão, Ricœur concorda com Derrida, considerando que "o perdão se dirige ao imperdoável ou não é. Ele é incondicional, ele é sem exceção e sem restrição. Ele não pressupõe sequer um pedido de perdão"[55].

Entretanto, desde a Segunda Guerra Mundial, mas com mais intensidade nos últimos anos, vem-se assistindo à multiplicação, na

---

[52] RICŒUR, P. - *La mémoire, l'histoire, l'oubli*, p. 630.

[53] É assim que S. Paulo fala da caridade em Coríntios I, 13, 4-7: "a caridade é paciente, a caridade é bondosa. Não tem inveja. A caridade não é orgulhosa. Não é arrogante. Nem escandalosa. Não busca os seus próprios interesses, não se irrita, não guarda rancor. Não se alegra com a injustiça, mas rejubila com a verdade. *Tudo desculpa* [sublinhado nosso], tudo crê, tudo espera, tudo suporta". Um pouco mais adiante, em 13,13, da mesma Epístola, S. Paulo refere: "por ora subsiste a fé, a esperança e a caridade – as três. Porém a maior delas é a caridade".

[54] RICŒUR, P. - *La mémoire, l'histoire, l'oubli*, p. 605.

[55] RICŒUR, P. - *La mémoire, l'histoire, l'oubli*, p. 605.

cena geopolítica, de situações de arrependimento, de confissão, de pedidos de desculpa e de perdão. Ricœur, porém, manifesta uma certa desconfiança e coloca algumas reservas a esse tipo de "encenações", uma vez que em tais "rituais públicos", hoje vistos como politicamente corretos, levanta-se uma questão de legitimidade, decorrente de um problema de representatividade no tempo e no espaço. Com efeito, em nome de quem é que um chefe político ou religioso atual pode pedir perdão a vítimas de quem, de resto, não foi o agressor pessoal e que também não sofreram pessoalmente, elas próprias, o dano pelo qual o perdão é pedido? Quem delegou em quem o direito de pedir perdão e o poder de perdoar?[56]. Para além disso, há o fundado receio de que toda essa teatralização não conduza senão à normalização, à banalização e a um certo abuso do gesto de excecional magnanimidade e pureza[57] que é o perdão. Para Ricœur não há e não pode haver "política do perdão"[58], por isso ele demarca-se de todas as tentativas para o institucionalizar, seja sob a forma da amnistia, seja mesmo como "administração do sacramento da penitência na Igreja Católica"[59].

Mas será o perdão um gesto justo? Se só pode haver perdão onde e quando, havendo acusação, se pode e deve punir, não significará o ato de perdoar a ratificação, como há pouco foi dito, da impunidade? E não constituirá isso uma injustiça grave cometida não só para com a lei mas, sobretudo, para com as vítimas, especialmente quando se trata de crimes grandes, de crimes contra a humanidade?

Relativamente a estas questões há que, em primeiro lugar, lembrar que aquilo que é perdoado não são os crimes, mas sim os autores dos crimes

---

[56] Cf. RICŒUR, P. - *La mémoire, l'histoire, l'oubli*, p. 620.

[57] Diz Ricœur, com Derrida, que "cada vez que o perdão está ao serviço de uma finalidade, mesmo que seja nobre e espiritual (resgate ou redenção, reconciliação, salvação), cada vez que ele tende a restabelecer a normalidade (social, nacional, política, psicológica) através de um trabalho de luto, por qualquer terapia ou ecologia da memória, então o perdão não é puro – nem o seu conceito". RICŒUR, P. - *La mémoire, l'histoire, l'oubli*, p. 607.

[58] RICŒUR, P. - *La mémoire, l'histoire, l'oubli*, p. 635.

[59] IDEM - *Ibidem*, p. 634.

e, mais especificamente, a ligação íntima destes, enquanto agentes da ação, aos crimes que cometeram; depois, em segundo lugar, e Ricœur está disso bem consciente, há que ter alguma cautela relativamente ao perdão, de modo a evitar que se crie a ideia de impunidade. Por isso, e para que esse gesto também não se torne em atentado à memória das vítimas, não deve ser institucionalizado, tornado regra ou banalizado. Efetivamente, segundo palavras do autor, "o perdão não é e não deverá ser nem normal, nem normativo, nem normalizante. Ele deverá permanecer excecional e extraordinário"[60] e, para além disso, deverá ser solicitado pelo agressor e exigir por parte deste a confissão e assunção da sua culpa[61].

Em terceiro lugar, devem ter-se presentes as ideias de que o perdão não é uma obrigação moral, pelo que ninguém tem o dever de perdoar, mas um gesto gratuito e excecional de generosidade e grandeza de quem o concede. Por isso, é de todo legítima a decisão de não perdoar. Até porque, se o perdão é da mesma família que o amor nós, seres humanos, na fragilidade que nos é constitutiva, especialmente perante crimes hediondos, monstruosos e racionalmente planeados, talvez nos deparemos com "a nossa incapacidade de amar absolutamente". É esse, segundo Ricœur, o significado da expressão de Jankélévitch quando este diz que "o perdão é forte como o mal, mas o mal é forte como o perdão"[62].

Há ainda que dizer que o facto de existir o perdão não invalida que a justiça possa, através dos sistemas legais, prosseguir o seu caminho, mas isso somente desde que a motivação e o comportamento subjacente não sejam a vingança"[63]. Isso justifica-se até porque, uma vez que os seres humanos não são santos e estão muito longe de o serem, para o funcionamento e a manutenção da ordem social é mais necessária a justiça do que o perdão.

---

[60] IDEM - *Ibidem*, p. 607.
[61] IDEM - *Ibidem*, p. 597.
[62] IDEM - *Ibidem*, p. 614.
[63] SNYDER, C. R.; THOMPSON, Yamhure, L. - Measuring Forgiveness, p. 302, 303.

Finalmente, deve referir-se que o perdão não envolve necessariamente a reconciliação entre quem perdoa e quem é perdoado. Com efeito, se a renúncia à hostilidade, à raiva e ao ressentimeto em relação ao seu agressor fazem parte da mudança que se opera na pessoa de quem perdoa, o mesmo não se verifica relativamente à reconciliação, que "não é uma componente necessária do perdão", uma vez que enquanto aquela, que implica a restauração da relação fracturada, é um processo interpessoal, o perdão é um processo intrapessoal, se bem que, naturalmente, referido a relações interpessoais[64].

Referi há pouco uma expressão de *La mémoire, l'histoire, l' oubli* onde, citando Derrida, Ricœur expressa a ideia de que o perdão não deve ser institucionalizado nem normalizado, devendo, pelo contrário, permanecer excecional e extraordinário. Acontece, porém que a frase continua, dizendo que para além de extraordinário e excecional o perdão é também "à prova do impossível"[65]. E de facto, a última palavra não pode pertencer ao mal. Não pode ser deste o triunfo, mas da justiça e/ou do perdão. Mas para que isso aconteça, é preciso que aquele que comete o mal (sujeito capaz e pecador) se eleve, na falibilidade que lhe é constitutiva, ao lugar da esperança e do perdão. E o homem pode fazê-lo, e pode-o não apenas porque capaz do mal, não é menos capaz do bem, como ainda, e aqui Ricœur retoma Kant, por mais radical que seja o mal, ele não é tão originário como a bondade[66].

Mas se aquilo que é condenado são as infrações à lei, quem é punido pelos tribunais são os homens, os sujeitos a quem a ação é imputada. Ora, uma vez que só há perdão onde e quando se pode punir e dado que é aos homens e não aos crimes que o perdão se dirige, deparamo-nos aqui com uma grave dificuldade, uma vez que há quem, como Nicolaï

---

[64] Cf. SNYDER, C. R.; THOMPSON, Yamhure, L. - Measuring Forgiveness, p. 302.
[65] RICŒUR, P. - *La mémoire, l'histoire, l'oubli*, p. 607.
[66] Cf. RICŒUR, P. - *La mémoire, l'histoire, l'oubli*, p. 639-641 e também KANT, Immanuel - *A Religião nos limites da simples razão*. Lisboa: Edições 70, 2008, p. 25-58.

Hartmann e Derrida, defenda a impossibilidade de separar o ato do seu agente, considerando, no caso do segundo autor, que "separar o culpado do seu ato ou, dito de outra maneira, perdoar ao culpado e condenar a sua ação, seria perdoar a um sujeito diferente daquele que cometeu a ação"[67]. Ricœur, porém, responde a esta dificuldade introduzindo no próprio "poder de agir" (*agency*), a distinção "entre a efetivação e a capacidade que esta atualiza"[68]. A dissociação assim efetuada que, de certa maneira, está também presente em Kant, na distinção que este estabelece entre a radicalidade do mal e o caráter mais originário ainda da disposição do homem para o bem, não tem nada de estranho e encontra, subjacente a si, a ontologia aristotélica do ato e da potência, que permite a Ricœur pensar que o sujeito humano não se esgota em nenhum dos seus atos, o que faz com que o agir mal não elimine outras potencialidades, outras possibilidades de ação que permanecem intactas.

É exatamente naquela disposição primitiva do homem para o bem, de que fala Kant, disposição que não é destruída pelos atos maus resultantes da sua radical inclinação para o mal[69], que se funda a possibilidade de regeneração do homem. E assim, proclamando que "tu vales mais do que os teus atos"[70], Ricœur considera que, à luz do perdão, o culpado, que é homem e, como tal, dotado de muitas outras capacidades e potencialidades, é capaz de outras coisas que não os delitos e as faltas que cometeu. Ora, é nesta capacidade assim restaurada que se apoia a confiança de quem perdoa nas promessas de mudança, de outras e de melhores ações para o futuro, por parte daquele a quem a graça do perdão tocou.

---

[67] RICŒUR, P. - *La mémoire, l'histoire, l'oubli*, p. 638.

[68] São as seguintes as palavras utilizadas por Ricœur"...un découpage au coeur de la puissance d'agir – de l'*agency* , à savoir entre l'effetuation et la capacite que celle-ci actualise". RICŒUR, P. - *La mémoire, l'histoire, l'oubli*, p. 638.

[69] Diz Ricœur que, se a ação má é universalmente deplorável e deplorada, "permanece alguma coisa do sujeito que está isenta, que poderá não ter sido dissipada na adesão da vontade ao mal cometido, uma inocência que talvez não tenha sido totalmente abolida e que irromperá por ocasião de certas experiencias de felicidade extrema". RICŒUR, P. - *La mémoire, l'histoire, l'oubli*, p. 602.

[70] RICŒUR, P. - *La mémoire, l'histoire, l'oubli*, p. 642.

Identidade Narrativa e Envelhecimento
Narrative Identity and Aging

Maria Luísa Portocarrero[1]

Resumo

Pretendemos com este trabalho apresentar a novidade do conceito de identidade narrativa de P. Ricœur, para, em seguida, pensar como ele se aplica ao fenómeno do envelhecimento, normalmente definido como perda de capacidades e redução às limitações de um corpo. Nesta análise servimo-nos do romance de Vergílio Ferreira, *Em nome da Terra*.

Palavras-chave: Ricœur; envelhecimento; identidade narrativa; ipseidade.

Abstract

The main goal of this chapter is to present P. Ricœur's innovative concept of narrative identity in order to think how it can be applied to the phenomenon of aging, usually defined as loss of capacities and reduction of oneself to his or her body limitations. In this analysis we use Virgílio Ferreira's novel *Em nome da Terra*.

Keywords: Ricœur; aging; narrative identity; selfhood.

---

[1] mlp600@gmail.com
Professora catedrática na Universidade de Coimbra. Tem como áreas de interesse: a Fenomenologia, a Hermenêutica Filosófica e a Ética e Bioética.
Full professor at the University of Coimbra. His areas of interest: Phenomenology, Hermeneutics and Philosophical Ethics and Bioethics.

I- O conceito de identidade narrativa aparece pela primeira vez na conclusão do terceiro volume da obra *Temps et récit*[2] de P.Ricœur para designar simultaneamente: a) a importância da referência cruzada da ficção literária e da história na mediação da vivência humana da temporalidade; b) o tipo de identidade praxiológica que o sujeito ou as comunidades alcançam por meio da compreensão narrativa do mundo.

Recusando, desde a época da via longa da sua Hermenêutica, o acesso imediato do sujeito a si próprio, P. Ricœur desenvolverá, nas suas obras, a tese segundo a qual conhecer-se a si mesmo é reconhecer--se na relação com o outro, à luz de uma simbólica comum do agir, mediada nomeadamente pelo duplo registo da narrativa histórica e de ficção. Nas duas formas de narrativa temos acesso a experiências simbólicas do tempo vivido de outros e à forma como nelas foi feito sentido, e a estas duas formas de enredo dedicou o filósofo a obra *Temps et récit*, em três volumes. Esta obra parte de uma singular reapropriação da *Poética* de Aristóteles - para quem a tragédia era por excelência a mimese da praxis - e desenvolve as grandes implicações ontológicas da ficção poética na ordenação do tempo vivido do homem, enquanto verdadeiro espaço de experiência do agir humano.

O primeiro modo segundo o qual o homem tenta compreender e dominar a diversidade do campo prático, diz-nos Ricœur, é dando dele uma representação fictícia. «Quer se trate da tragédia antiga, do drama moderno, do romance, da fábula ou da lenda, a estrutura narrativa fornece à ficção as técnicas de abreviação, de articulação e de condensação por meio das quais se obtém o efeito de aumento icónico que se descreve, aliás, na pintura, e nas outras artes plásticas»[3].

É pois a narrativa, enquanto *mimesis praxeos*, feita por meio de um *muthos*, e enquanto poder esquematizador das peripécias temporais

---

[2] P.RICŒUR - *Temps et récit I: L'intrigue et le récit historique*. Paris: Seuil, 1983; *Temps et récit II. La configuration dans le récit de fiction*. Paris: Seuil, 1984; *Temps et récit III: Le temps raconté*. Paris: Seuil, 1985.

[3] RICŒUR, P. - *Du texte à l'action: essais d'herméneutique II*. Paris: Seuil, 1986, p.222.

da vida humana que, de outro modo, seriam meros incidentes descosidos, o que nos permite dar todo o relevo à própria ideia diltheyana segundo a qual as ciências humanas se distinguem das naturais pela relação interna que nelas existe entre vida, temporalidade e significação. Ou seja, pelo facto de o dado básico destas ciências não ser, como acontece nas ciências da natureza, um facto inerte, mas antes um encadeamento temporal da vida singular que exige ser reconhecido.

Para Ricœur este nexo é simbólico, é tributário da contingência do curso natural da ação e expressa-se na narrativa histórica e de ficção. Não é pois uma forma de sentido que deva ser repetida ou dominada; é, pelo contrário, um sentido ou direção que nos faz viver, acrescentando horizontes à inquietude que marca o diálogo interior consigo mesmo de todo o homem. Nexo narrativo que nos chega por meio da literatura e da história ajuda-nos a perceber *nuances* da vida concreta, abre-nos horizontes novos e desenvolve dimensões inéditas da realidade. Permite enfim *aplicar* de forma hermenêutica à compreensão do leitor, conceitos, modelos e valores que enriquecem a simbólica humana da sua praxis.

O resultado deste tipo de leitura é o seguinte: uma possibilidade de esquematização simbólica dos incidentes descosidos da praxis humana, a constituição dum terceiro tempo, o tempo narrativo, mediador entre tempo cósmico e tempo vivido. Mas é também, segundo Ricœur, a atribuição de uma identidade específica, dinâmica, a identidade narrativa a um indivíduo ou mesmo a uma comunidade.

Procurando então, e acima de tudo, ultrapassar o modelo substancialista e individualista tradicional do *Cogito*, em ordem a pensar o homem no *seio da ação, Ricœur pretende chegar depois de Temps et Récit*, mais precisamente na obra *Soi-même comme un autre*[4], a uma noção de pessoa que, situada desde logo no seio da temporalidade da interação, sabe que apenas se conhece de forma mediata. Isto é, que apenas toma conhecimento de si por meio do reconhecimento do outro, dos

---

[4] P. RICŒUR - Soi-même comme un autre. Paris: Seuil, 1990

seus testemunhos e, nomeadamente, pelo modo como é capaz de se designar a si mesmo perante um tu, pelo modo como age e adscreve a si as suas ações e ainda pelo modo como é capaz de reunir e contar a história da sua vida e de ser responsável e imputável.

A pessoa desenvolve estas capacidades no meio da narrativa e o seu si mesmo, assim mediado pela alteridade, já não é contemplativo, já não se reduz a um mero *que*, de que se descrevem propriedades, pois não é nem uma coisa puramente pensante, nem uma mera coisa sobre a qual se fala. A identidade mediada pela narrativa designa justamente o ente capaz de se fazer próprio na discordância da vida, na relação com o outro e de se reconhecer a si mesmo, como o mesmo na mistura de permanência e não permanência que implica a sua história de vida. Isto é, de se transformar numa pessoa ou num *quem*.

Poderá então perguntar-se o que é que isto significa. Responder à questão *quem*, dizia já H. Arendt, exige que se conte a história de uma vida, pois é na história contada que podemos compreender o quem da ação. A identidade narrativa é com efeito, uma categoria prática, feita e conquistada na ação, o que significa que refere, antes de mais, aquele que é simultaneamente agente e paciente. A este não se acede mais por meio da observação e da explicação, mas antes pelos seus testemunhos, isto é, por toda uma hermenêutica das suas obras, das suas ações e conversas ordinárias. Então só uma empírica do agir permite compreender o homem singular, o que exige a mediação da simbólica, textual e narrativa da praxis, na linha da *mimesis praxeos* da *Poética* de Aristóteles. Responder à questão *quem*, distinguindo o ente, que se faz pessoa singular, da mera coisa ou do *que* exige então que se conte a história de uma vida.

Daí toda a importância da narrativa na filosofia da pessoa de P. Ricœur: com efeito, procurando determinar o que constitui a qualidade humana do homem, a humanidade em sentido intensivo, o filósofo designa o poder que o ser humano tem de se considerar como autor dos seus próprios atos, de ser capaz de ações intencionais, de iniciativas que mudam o curso das coisas e ainda de ser ao mesmo tempo o narrador e o personagem da sua própria história[5]. Ricœur sublinha ainda o caráter hermenêutico da compreensão que temos de nós próprios: a compreensão de si é sempre uma interpretação[6]. Compreender-se a si mesmo é «compreender-se diante do texto e receber dele as condições para a emergência de um si próprio diferente do eu imediato» [7].

Neste contexto de crítica ao caráter não mediado do eu, a narrativa alcança um papel central, pois, é na medida em que decifro e interpreto o texto das minhas ações que tenho consciência da minha história e, por isso, de mim mesmo. Com efeito, a ordenação narrativa da praxis, que Ricœur herda da *Poética* de Aristóteles, é aquilo que me permite perceber a minha própria temporalidade, na medida em que, segundo o filósofo, a arte de contar diz o tempo vivido. Para Ricœur, com efeito, a narrativa começa por ser a mediação possível do tempo vivido – apesar de a *Poética* de Aristóteles nunca se referir ao tempo –, dado que a única hipótese de efetuar uma filosofia do tempo, raiz do agir, é partir do pressuposto de que existe entre a atividade de contar uma história e o caráter temporal da experiência humana uma correlação que não é puramente acidental mas representa uma necessidade transcultural[8].

> «A minha hipótese de base (...) é a seguinte: o caráter comum da experiência humana que é marcado, articulado pelo ato de contar sob todas as suas formas é o seu *caráter temporal*. Tudo o que contamos acontece no tempo, leva tempo, desenrola-se de forma temporal: e o que se desenrola no tempo pode ser contado. Talvez todo o processo temporal só seja reconhecido como tal na medida em que é contado»[9].

---

[5] JARCZYK, G., ed. lit. - Un entretien avec Paul Ricœur: Soi-même comme un autre. *Rue Descartes. Revue du Collège International de Philosophie*. Nº 1-2, p. 229.

[6] Cf., RICŒUR, P. - L'identité narrative. In P. BÜHLER, P.; HABERMACHER, J.-F., ed. lit. - *La narration : Quand le récit devient communication*. Genève: Labor et Fides, 1988, p. 298.

[7] RICŒUR, P. - *Réflexion faite: autobiographie intellectuelle*. Paris: Esprit, 1995, p. 60.

[8] RICŒUR, P. - *Réflexion faite*, p.85.

[9] RICŒUR, P. - Ce qui me préoccupe depuis trente ans. *Esprit*. Nº 117-118, p. 224-243.

O tempo só se torna humano quando é articulado sob o modo narrativo e a narrativa alcança, por sua vez, a sua significação plena quando se transforma numa condição da existência temporal[10]. Tudo o que se desenrola no tempo pode, com efeito, ser contado e tornar-se motivo de uma narrativa, e reciprocamente tudo o que é contado situa-se necessariamente no tempo. É pois no caráter temporal do ato de narrar que o filósofo se irá basear para meditar a própria temporalidade do si próprio: aquilo que o faz ser a singularidade de um *quem*.

Resumamos então: para o filósofo P. Ricœur, a esquematização do agir humano é muito diferente da esquematização explicativa das coisas; leva tempo, requer a imaginação criadora, que opera ao nível do texto, enquanto construção de um enredo. Além de que «quem diz a ação humana diz também e por definição um ou vários agentes»[11]. O que significa que o tipo de mediação do mundo, feita por meio de enredos, é narrativa, articula um começo que não é causal e que exige a tarefa da interpretação. Esta pressupõe toda uma lógica de apropriação que descentra o leitor do seu narcisismo imediato, promovendo o reconhecimento e a catarse de que falava Aristóteles na *Poética*.

É a ação e o personagem, nomeadamente, a sua identidade que são postas em intriga; o personagem é, de facto, uma categoria que não se pode dissociar dos atos que o põem em cena:

> «A correlação entre a história contada e o personagem é simplesmente postulada por Aristóteles na *Poética*. Ela parece ser aí tão estreita que toma a forma de uma subordinação. É de facto na história contada com as suas características de unidade, de articulação interna e de completude, fornecidas pela operação de construção da intriga que o personagem

---

[10] RICŒUR, P. - *Temps et récit I*, p.85.
[11] Cf. RICŒUR, P. - *Soi-même comme un autre*, p.181.

conserva, ao longo de toda a sua história, uma identidade correlativa da identidade da própria história»[12].

É a identidade da história que faz a identidade do personagem e é partindo fundamentalmente da identidade concordante e discordante da intriga que Ricœur pensa na identidade do personagem na narrativa – alguém cuja identidade implica a alternância de permanência e de mudança - para finalmente poder chegar à identidade do si próprio reconfigurada pelo ato de leitura. O filósofo sublinha que as grandes narrativas que formam o património de uma determinada cultura, as narrativas de ficção e as históricas, contribuem decisivamente para a constituição da identidade pessoal dos seus leitores[13].

Já que não somos um ser atemporal, imediato e redutível à categoria do *Cogito imediato*; já que apenas somos por meio das nossas ações e testemunhos e existimos primeiro perdidos e disseminados, em múltiplas tarefas e atividades, só a história da nossa vida nos mostra a identidade e singularidade que nos constitui. Apenas uma vida examinada é inteiramente vivida, daí a narrativa fazer parte integrante da construção da minha integridade. Esta não se resume apenas ao que recebi em termos de herança biológica, a identidade *idem*, marcada pelo caráter e pelo *que eu herdo com o meu corpo, um genótipo ou o conjunto de traços imutáveis que* em qualquer pessoa se mantêm os mesmos ao longo do tempo.

Assim distingue Ricœur dois sentidos da identidade pessoal: a identidade *idem* e a identidade *ipse* usadas, pela primeira vez, na obra *Soi-même comme un autre*, com o propósito de explicitar o que realmente se mantém como idêntico numa pessoa, ao longo do tempo, de tal modo que se possa dizer que há nela um núcleo de si mesmo. Isto é, uma identidade que se mantém apesar da distensão temporal.

---

[12] RICŒUR, P. - *Soi-même comme un autre*, p. 170.
[13] RICŒUR, P. - *Réflexion faite*, p.33 ss.

De acordo com o primeiro sentido, *idem*, idêntico quer dizer o semelhante, logo o que não muda com o tempo e, de acordo com o segundo, *ipse*, a identidade significa o próprio, o que se distingue do outro no sentido do estranho e não do diferente. Este segundo conceito de identidade, lembra-nos Ricœur, tem uma relação muito especial com a permanência no tempo.

Explicitemo-nos então: para nos podermos referir a nós próprios dispomos de dois modelos de permanência temporal que podem ser nomeados pelas expressões emblemáticas seguintes: o caráter e a capacidade de mantermos a nossa integridade. São com efeito dois os núcleos do que se mantém em nós ao longo do tempo: o carácter que diz respeito à identidade *idem, ao que eu herdo com o meu corpo, um genótipo ou o conjunto de traços imutáveis que* perduram ao longo do tempo. O caráter designa pois o conjunto de disposições duradouras pelas quais uma pessoa é reconhecida como a mesma. A estas disposições estáveis e às que procedem de hábitos adquiridos, devemos acrescentar ainda o conjunto de identificações conquistadas mediante valores, normas, ideais, modelos e heróis, por meio dos quais a pessoa ou a comunidade se reconhece a si mesma.

Então, a própria mesmidade ou identidade *idem*, lembra-nos o filósofo, é um conceito de relação e uma relação de relações; tem diferentes sentidos que podemos enunciar do seguinte modo: o nível mais básico é a identidade numérica; isto é, identidade significa aqui unicidade e entende-se pelo confronto com a pluralidade. Um segundo sentido desta mesmidade diz respeito à semelhança extrema; o contrário desta conceção de identidade seria a diferença; o terceiro tem a ver com uma similitude enfraquecida pela distância temporal, isto é, com a continuidade evolutiva que qualquer ente vivo experimenta ao longo do tempo; quer dizer, ele é o mesmo, apesar das transformações físicas que foi experimentando. O quarto sentido tem justamente a ver com a identidade como permanência no tempo e está intimamente relacionado com a busca de um invariante relacional dando-lhe a significação forte de permanência no tempo[14]: por exemplo, as impressões digitais.

Mas são, como vimos, dois os modelos para a permanência no tempo e um deles «não é redutível à determinação de um substrato (....), em suma, é uma forma de permanência no tempo que não se limita simplesmente ao esquema da categoria de substância»[15].

Então, se o caráter é o conjunto de marcas distintivas que permitem voltar a identificar um indivíduo como sendo o mesmo, a outra forma de permanência que mantemos ao longo do tempo só pode ser de natureza ética, é a palavra comprometida, a tal *ipseidade* que Ricœur define pela forma de reflexividade que caracteriza o traço ético mais notável da humanidade: «apesar de o meu desejo poder mudar, apesar de eu poder mudar de inclinação, eu manterei a palavra»[16]; o que significa: eu manter-me-ei o mesmo.

> «Existe, de facto, um modelo de permanência no tempo diferente do caráter. É o da palavra mantida, isto é, a fidelidade à palavra dada. Manter a palavra, de tal modo que o outro possa contar comigo, é uma característica única do ente humano e ela diz uma manutenção do si mesmo que não se deixa inscrever, como o caráter, na dimensão do qualquer coisa em geral, mas apenas na do *quem*»[17].

Quer isto dizer que, ao contrário do caráter, a identidade, expressa pelo compromisso, pela atitude e pela promessa, não exige qualquer suporte material. Isto é, não está inscrita geneticamente num corpo mas faz-se com outros no tempo e mantém-se como um traço de integridade, apesar de poder existir num corpo mutilado.

---

[14] RICŒUR, P. - *Soi-même comme un autre*, p. 143.
[15] RICŒUR, P. - *Soi-même comme un autre*, p. 143.
[16] IDEM - *ibidem*, p.149.
[17] IDEM - *ibidem*, p. 148

A *ipseidade* é uma outra forma de permanência que, apesar das mudanças físicas se mantém; não exige que eu continue sem mudanças físicas ou mesmo mutilações ao longo do tempo. Pressupõe, pelo contrário, «que eu enfrente os desafios suscitados pelas minhas crenças e sentimentos que continuamente mudam. Mas, apesar destas modificações, eu manterei a minha palavra»[18]. Estamos neste caso diante de uma manutenção de si, de raiz profundamente ética, que inclui em si mesmo a alteridade. Esta manutenção de si representa o advento da dimensão fiduciária que deve estar na raiz de todo o laço social e mostra-nos como a mesmidade (*idem*) e a ipseidade (*ipse*) podem deixar de coincidir na pessoa. Permitir que o outro possa contar comigo, pressupõe justamente a inscrição da alteridade em mim, ser si mesmo como um outro e revela uma constância que está muito longe de implicar qualquer forma de substancialismo. O outro, a sua interpretação e a sua confiança asseguram a manutenção do si mesmo enquanto *ipse*. A *ipseidade* situa-se pois ao nível do poder ser afetado e interpelado pelo outro correspondendo a essa interpelação

Tal é, de facto, o significado da *ipseidade*: poder responder à confiança que o outro deposita em mim, reconhecer-me como alguém com que o outro pode contar, porque ajo de forma idêntica ao longo do tempo e sou, por isso mesmo, ainda capaz de salvaguardar a instituição da linguagem[19]. Isto é, não sou troca-tintas, alguém que compromete a relação intersubjetiva e o próprio sentido das palavras. Assim a estabilidade do caráter é algo de muito diferente da constância na amizade.

Neste sentido, mesmidade e ipseidade distinguem-se claramente: «a manutenção da palavra dada abre a porta a uma disjunção possível entre o si mesmo como o *quem* da questão «quem sou eu?» e o si mesmo como o *que* da questão «o que é que eu sou ?». Ora, podemos dizer que esta distinção nunca foi pensada pela filosofia moderna,

---

[18] RICŒUR, P. - Le soi digne d´estime et de respect. In AUDARD, Catherine - *Le respect: de l´estime à la déférence: une question de limite*. Paris: Autrement, 1993, p.89.

[19] RICŒUR, P. - Le soi digne d´estime et de respect, p.149.

pois toda ela foi marcada pelo questionamento de D. Hume sobre a identidade. Para Hume, identidade significava mesmidade, qualquer coisa que ele não encontrava de todo quando se examinava a si mesmo[20]. Com efeito, como bom empirista que era, Hume exigia para cada ideia uma impressão correspondente: «deve existir a impressão que dá origem a cada ideia real»[21].

Entrando assim de maneira mais intensa em si mesmo, o filósofo encontrava apenas uma diversidade de experiências e nenhuma impressão invariável referente à expressão de um si. Logo, este último, pensava Hume, era uma ilusão gerada pela imaginação e mantida pela crença. Segundo Ricœur, Hume procurava qualquer coisa que não podia encontrar, um si mesmo que fosse apenas mesmidade, um *datum* desprovido de toda a ipseidade. Esqueceu a questão *quem*, com a qual aparece a ipseidade no exato momento em que desaparece a mesmidade. A réplica de Ricœur a este tipo de discurso muito comum ou da pura mesmidade ou da pura alteridade é poético-narrativa e introduz a própria questão da alteridade no seio da constituição da ipseidade. A identidade própria da ipseidade é dinâmica e baseia-se numa estrutura temporal e relacional, conforme ao modelo poético da composição narrativa. Inclui justamente a mudança e a alteridade na coesão de uma vida.

A questão *quem* indiciadora da *ipseidade* e absolutamente central na filosofia ricœuriana da pessoa remete sobretudo para uma série de questões que nunca se poderiam colocar sem o advento da filosofia da linguagem e da ação. Logo sem o lugar do outro na linguagem.

A própria pergunta: *quem age?* implica a problemática da adscrição, que diz respeito à atribuição de predicados específicos, os da ação, aos particulares de base que são as pessoas. A natureza deste tipo de atribuição acontece, desde logo, na vida quotidiana, sempre que precisamos de perceber até que ponto uma pessoa está implicada

---

[20] RICŒUR, P. - Le soi digne d'estime et de respect, p.89.

[21] Cf. RICŒUR, P. - Le soi digne d'estime et de respect, p.89.

num acontecimento que supõe a cooperação de várias outras. Vejam-se os casos da explicação histórica e da investigação judicial. O laço entre ação e agentes que aqui se perscruta, com pertinência, levanta problemas que, em parte, são semelhantes aos colocados pela autodesignação dos autores no ato de discurso e que em parte são novos.

O problema inédito que aqui aparece, a filosofia analítica da linguagem não conseguiu resolver e é o seguinte: a tónica na adscrição diz sempre respeito ao poder ou capacidade que subjaz ao poder humano de agir. Quer dizer: convicção que resume do modo designar-se a si mesmo como agente implica reconhecer a sua capacidade de agir. Ora, a ação não é um facto observável; deve exercitar-se, isto é, é uma capacidade que um agente pensa poder exercer, com toda a confiança. Ricœur usa aqui a palavra atestação para exprimir esta ideia que é a seguinte: «tenho confiança no meu poder de agir e creio que, como eu, tu podes».

A ação não é para mim mesmo um facto observável e verificável, separado, uma coisa segura; aparece pelo exercício do meu corpo, por meio dos testemunhos, de indícios que este deixa e é a base de uma adscrição e de um conceito ético-jurídico de imputação. Compreendemos então que seja na literatura e com o conceito de identidade narrativa que se constitui o laço indispensável entre a identidade de um sujeito agente e a de um sujeito ético-jurídico imputável. Como? Pelo modo como esta identidade toma em consideração a dimensão temporal do agir, pelo modo como dá origem ao nascimento da dialética *idem* e *ipse* e como contribui para a clarificação ética da noção de identidade. Por outras palavras: as variações imaginativas provocadas pela da identidade narrativa e sustentadas pelas experiências de pensamento enriquecidas pela literatura, permitem descrever toda uma gama de combinações entre a mesmidade e a ipseidade e perceber a ideia de imputabilidade.

Em conclusão: foi para dar conta da dialética da identidade humana entre *idem* e *ipse* que Ricœur se propôs tomar como fio condutor o modelo narrativo do personagem que, nas narrativas comuns, aparece colocado em intriga ao mesmo tempo que a história contada. Mas o intuito foi ainda o de mostrar como a função narrativa alarga o campo prático para além dos limites estreitos do observável e verificável e permite pensar a dimensão da iniciativa. Foi ainda revelar como a identidade narrativa prepara a ética, pelo modo como é feita da representação de ações e da sua avaliação, em termos de fortuna ou de infortúnio e pelo papel fundamental do outro no cerne da minha ipseidade.

É esta para nós a questão central do romance que vamos analisar. Formulêmo-la então: até que ponto a personagem central da obra *Em nome da Terra* é ou não símbolo da atestação de uma irredutível ipseidade?

II- Perguntemos ainda neste contexto: desaparecerá sempre a minha ipseidade com o fenómeno do envelhecer, da deterioração do corpo ou, pelo contrário, ela pode revelar-se, por contraste, nas experiências de comprometimento da minha integridade física? É chegada a altura pois de refletir sobre o modo como esta forma de identidade, a ipseidade, se revela ou se dissolve no processo do envelhecimento.

Envelhecer é habitualmente um fenómeno caraterizado pela perda de capacidades e funções, pela restrição do círculo habitual de relações, pelo simples facto de se deixar de trabalhar e de entrar, como tal, noutros contextos de vida. Sabemos muito bem que o tempo não passa do mesmo modo para quem trabalha e para quem já não o faz, para quem espera e para quem não espera. E sabemos também que a espera é um dos traços fundamentais da velhice. Nem de todas é claro; existem com efeito pessoas idosas que vivem muito tempo uma vida ativa e plena, para quem envelhecer não é apenas perder, mas conseguir uma sabedoria, uma serenidade e uma arte de viver que o tempo do trabalho, como tempo de corrida, de eficácia e stresse não podia permitir.

Mas será que aquilo que o envelhecer faz muitas vezes ganhar – uma capacidade de efetuar uma revisão da história de vida de cada um, um confronto com a sua singularidade ética – é hoje valorizado na nossa sociedade? Será que a própria transmissão narrativa do tempo vivido do mais velho, num mundo como o de hoje, marcado pelo primado da imagem instantânea, pelas relações apressadas e substituíveis, tem ainda hoje algum valor? Haverá uma simbólica do agir comum entre as gerações dos dias de hoje? Os universais verosímeis da condição humana transmitidos pela narrativa histórica e de ficção serão ainda comuns aos mais velhos e aos mais novos? Porque será que o trágico, a tragédia clássica, é ainda hoje traduzida e interpretada, apesar dos nossos valores parecerem ser os da eficácia, da produtividade e da redução do homem a animal *laborans*?

Vamos tentar hoje pensar algumas destas questões a partir da obra de Vergílio Ferreira *Em nome da terra*. Trata-se de um texto literário que gira em volta dos revezes de fortuna acontecidos a João, personagem principal, advogado reformado, recentemente amputado de uma perna e pai três filhos adultos. Tendo vivido na sua casa com uma empregada que o ajudou a tratar da mulher Mónica, doente – o grande amor da sua vida – João é internado num lar e esta experiência traumática, resultante da amputação da sua perna e do despedimento da empregada, provocado pela filha, leva-o a escrever uma grande carta a Mónica, já morta.

Márcia, a filha, uma boa rapariga, nas suas palavras, várias vezes casada e com filhos dos vários maridos, acumulando ainda os filhos só deles, fica com a casa e, por vezes, vai visitar o pai ao lar, assim como Teo, o filho padre. Existe ainda um outro filho que telefona mas está fora, André, o filho ausente.

Temos nesta carta-narrativa um personagem principal, João, duplamente afetado pela nova situação do seu corpo (e o modo como ela lhe compromete a praxis relacional do dia a dia) e pelo internamento num lar, onde nas palavras da filha não lhe falta companhia. No entanto, a perda da identidade dos outros, os mais velhos que com ele estão no lar ou daqueles que parecem reduzidos a um monte de roupa numa cadeira, a falta de visitas dos filhos aguça-lhe a ipseidade e a sua capacidade de avaliação.

> «A companhia que tenho é a memória de ti, para lá do horror e da degradação. Sim, sim. A companhia que me dá

uma certa ajuda é a memória do que passou e existe agora num estranho irreal. Tudo tem o seu espírito, a gente é que não se dá conta. Mas depois as coisas morrem, desaparecem e o espírito delas vem ao de cima e então dá-se. Dá-se conta. Mas das coisas mais reais (....), mesmo os filhos, não sei, às vezes penso que também morrem e tenho medo. Porque um filho, pois, é um ser sagrado. Mas o sagrado está também neles por acréscimo e quando se tira o acréscimo o que lá fica é quase sempre um estupor».[22]

Todo este romance é o exemplo do tecer de uma narrativa - uma longa carta à mulher morta que padeceu de uma doença, em que se adivinha o Alzheimer - que cumpre o papel fundamental de esquematizar acontecimentos traumáticos e de manter a ipseidade do seu autor. A pessoa que aqui se atesta surge na atividade e na capacidade de contar a sua história. A sua ipseidade revela-se na capacidade de retomar o sentido do tempo como história de sentido, um *ipse* que é a base de um encontro com o outro que contribuiu para a sua constituição. Vimos já que, de acordo com Ricœur, a ipseidade releva do modo como o si mesmo de alguém se mantém a si próprio, como é, no interagir com o outro que se realiza e como só a narrativa pode contá-la. Ela não tem um suporte material, embora possua um corpo, mas revela um modo singular de ser com os outos que a narrativa apresenta ao ordenar as ações.

Com efeito, esta narrativa, *Em nome da terra*, ordena acontecimentos do presente, um caos de incidentes discordantes, numa ação com sentido ou seja numa história capaz de ser seguida. O recurso é aqui a memória de um grande amor, ou de um tempo kairologicamente vivido, pela relação ao outro, que vai dando sentido ao tempo cronológico pobre do internamento num lar e do confronto com a quase

---

[22] FERREIRA, Vergílio - *Em nome da terra*. Lisboa, Bertrand, 1997, p. 45.

redução do homem idoso ao desgaste do seu corpo, "curvado, amarelo estropiado e com ar taralhouco". Isto é, com o cheiro a corpo na «sua urgência insofrida de se manifestar». Toda a narrativa joga, aliás, com o corpo envelhecido, sofrido, aquele que se impõe de forma quase obscena e com o eu ou ipse, que existia antes da degradação e que tinha pulso no corpo, aquele que só a narrativa permite recordar.

Se podemos dizer que uma das caraterísticas fundamentais de qualquer narrativa é a sua capacidade para integrar numa intriga coerente e significativa diferentes acontecimentos, ações e as suas avaliações, esta mostra-nos a recusa pelo personagem principal do tempo vivido da velhice, como a simples redução a corpo dependente de outros e que espera um fim próximo. Haverá ainda alguém a fazer-nos companhia quando parece que nada mais há para além do corpo? É esta a questão central que a narrativa *Em nome da terra* dá que pensar. A memória narrativa, em que a personagem se reconhece, preserva o lugar do outro e permite ser si mesmo, apesar das mutilações e falências de alguns órgãos. Sem o outro a questão da identidade pessoal desapareceria, não haveria ipseidade, mas coisas entre as coisas, corpos entre corpos.

Será então que envelhecer significa sempre perder a faculdade de conduzir a sua vida segundo princípios diferentes do apetite e das necessidades imediatas? Não esqueçamos que esta capacidade é a faculdade que caracteriza a vida propriamente humana, na sua dignidade. Por isso mesmo são descritos, por João, os mais idosos do lar nestes termos:

> são seis «todos debruçados sobre a gamela». «Deixaram para trás de si mil chatices de serem gente, o sexo, os projetos, o poder e a alegria e a dança e a casa e o trabalho (...), agora não têm mais nada e comem. É a última probabilidade de terem um corpo e aproveitam-na (...). A vida manipulou-os, sugou-lhes tudo da alma até ficarem só um tubo digestivo».[23]

---

[23] IDEM - *ibidem*, p. 37.

Reduzidos a situações extremas, perderam a ipseidade, toda a dialética do mesmo e do outro e o conjunto de hábitos, de formas de vida e de capacidades que mantinham a sua dignidade. João, a personagem central deste texto, mostra-nos que envelhecer não se reduz sempre a tanto. Envelhecemos sim, com a fragilidade brutal da usura do corpo, mas a personagem central do romance demonstra, até certa altura, que a memória pode continuar em nós o seu trabalho narrativo de manutenção de um quem na sua relação ao outro, por meio de uma articulação narrativa de emoções, de acontecimentos, ações e pensamentos passados, com factos do presente. A solidão do sofrer, a emergência de um mundo já não plenamente habitável, no qual se está lançado, não afeta aqui, no entanto, o poder de João contar uma história de vida e de reunir o essencial do seu tempo vivido. A sua *ipseidade*, a sua coesão de vida emerge, como a necessidade de um ser ontologicamente habitado pela alteridade, apesar de mutilado na sua mesmidade. Ligando o presente ao passado, a memória pode assim religar cada um a si mesmo, mostrando neste caso que a tragicidade do envelhecimento, a perda progressiva de si ainda não acontece completamente neste personagem.

Surgem assim com a velhice, mostra o romance, novos nexos que revelam o tempo vivido do personagem e formam a coesão de vida que caracteriza a sua identidade narrativa, apesar de se estar jogado num presente de penúria. Escrever para ser, dado que a vida tem contornos trágicos pouco claros, é o grande lema deste texto e a forma de exteriorizar uma convicção: «e sinto que há gente ainda dentro de mim, o corpo habitado. Mas o desprendimento há-de acontecer. É difícil, mas há-de. O desprendimento é um misticismo ao contrário — ocorreu-me agora isto, não o entendi ainda bem. Porque o máximo da união é o dos místicos, minha Mónica, eles passam-se todos para o lado de Deus. Hei-de passar todo para o lado de mim. Ainda lá não estou, mas vou estar».[24]

---

[24] FERREIRA, Vergílio - *Em nome da terra*, p.53.

Neste romance de reconstituição de uma identidade (em que sobressai a força da ipseidade na própria mutilação da mesmidade) a partir de situações de perda e novos incidentes discordantes, que exigem ordenação, um mínimo de concordância, é a reestruturação da identidade narrativa daquele que recorda que está em jogo. Relembremos Ricœur:

> «o modelo específico de conexão entre acontecimentos que constitui o fazer da intriga permite integrar na permanência do tempo o que parecia ser-lhe contrário, sob o regime da identidade–mesmidade, isto é, a diversidade, a variabilidade, a descontinuidade, a instabilidade»[25].

Percebemos aqui que a reconstituição de Mónica, o outro que permite à personagem principal ser ainda um si mesmo responsável, cumpre a função de não deixar que o envelhecimento reduza a sua ipseidade a uma mera identidade idem, em decadência. Será verdade que na velhice apenas temos como companhia o peso de um corpo que dolorosamente se sente? O romance desmente-o, mostrando que a vida humana não é meramente biológica e que resiste a uma tal redução. Poder falar, poder ainda agir, poder narrar as suas ações e mesmo ser imputável por elas é o traço do que se mantém e agudiza a necessidade de um laço e a manutenção das relações.

Vimos já que todo o texto gira em volta da capacidade de João se afirmar a si mesmo ou de se perder como Mónica, reduzida ao peso de um corpo desabitado, incapaz de se manter como um si mesmo e de se estimar a si própria:

> «Lavo o teu corpo mas tu não estás lá. Lembro-me. Outrora vinhas de dentro de ti e chegavas até ao limite dos dedos das

---

[25] RICŒUR, P. - *Soi-même comme un autre*, p. 196.

unhas dos cabelos. Estavas em todo o corpo e eu reconhecia-te. Na pele nos gestos. Nos olhos elétricos vivíssimos. Mas agora está só o teu corpo sem ninguém que se responsabilize por ele. O teu corpo é irresponsável, querida, a quem pertence? (...) Não te vejo nos olhos, são incertos, olham para parte nenhuma. Não tens centro - onde é que moras?» [26]. «Que é que te existe por fim num corpo em farrapos?»[27]

Manter a integridade pessoal não é o mesmo que sobreviver reduzido a um corpo desabitado que, no envelhecimento e na demência, se impõe enquanto anteriormente era apenas espaço da revelação de um si. Só a narrativa permite, de facto, passar dos mecanismos da recordação a uma teoria do sentido da memória. A própria demência compreendida como uma alteração radical da personalidade não tem aqui o poder de reduzir Mónica a uma coisa. Ela vive na memória do outro, João.

A identidade *idem*, quando desabitada, faz realçar o corpo objeto ou puramente físico, em decadência. Quem de facto a habita e nela faz sentido? Onde fica a singularidade ética da ipseidade? Como pode manifestar-se? A ipseidade só pode aqui revelar-se por meio da relação ao outro que a partilhou e que conta a sua história de vida. É também esta a mensagem da carta que pretende ainda revelar uma ipseidade, a de Mónica, que a demência levou, ainda antes da morte.

---

[26] RICŒUR, P. - *Soi-même comme un autre*, p, 131.
[27] IDEM - *ibidem*, p. 74.

www.ingramcontent.com/pod-product-compliance
Lightning Source LLC
Chambersburg PA
CBHW071839230426
43671CB00012B/2003